대중을 읽고 기획하는 힘

트렌드
2023
모니터

대 중 을 읽 고 기 획 하 는 힘

트렌드
2023
모니터

마크로밀 엠브레인
최인수·윤덕환·채선애·이진아 지음

시크릿하우스

2023
TREND
MONITOR

통제의 방향 전환,
내가 속한 사회에서 '나의 작은 일상'으로

불황의 대처법은 객관적 통계가 아니라, "
'주관적 기억'이 좌우한다

불황이 오면 전문가들이 자주 꺼내 보는 자료가 있다. 20여 년 전 일본의 경제 상황에 대한 자료다. 저출산(인구문제), 내수 부진, 부동산시장 하락 등 현재 한국 사회와 닮은 점이 많기 때문이다. 그래서 '불황'이라는 단어와 짝을 지어 단골로 등장하는 일본에 대한 각종 수치와 그래프는 이제 지루해질 정도로 익숙하다. 그런데 이런 일본의 장기 불황을 좀 다른 관점으로 바라본 학자가 있다. 일본은행을 거쳐 릿쿄立敎대학 경제학과 교수를 지낸 사이토 세이치로다. 엘리트 관료 출신인 그는 일본의 장기 불황이 시스템적인 문제라고 주장한다. 그런데 진단이 독특하다. 이 시스템 문제를 양산한 진짜 이유가 장기 불황의 근본 요인을 해결하려 하지 않았던 '정치의 부재', 그리고 그 정치적 부재를 문제의 본질로서 인식하지 못한 일본의 국민 의식에 큰 책임이 있다고 일갈하고 있기 때문이다. 그의 주장에 따르면, (당시) 일본의 국민들은 단순히 '이미지'로만 위기를 감상할 뿐이고, 현재의 경제 위기는 '남의 일'일 뿐으로 생각하는 경향이 컸던 것으로 보인다.[1] 국민들의 인식의 방향이 이렇다면 정치는 여론의 힘을 받지 못하고, 당연히 시스템 개혁의 우선순위는 뒤로 밀려날 수밖에 없다.

사이토 세이치로 교수는 다수의 사람들이 사회적·경제적 사건을 불안하게 바라보면서도 자신에게 닥치고 있다는 절박감과 위기감을 덜 느끼고, 나아가 실제로 개선이 돼야 하는 것이 무엇인지를 인지하지 못하는 현상을 '사회의 극장화'라는 용어로 설명한다.[2] TV, 신문, 잡지 등에서 날아드는 다양한 정보를 마치 극장의 좌석에 앉아 관람하는 것처럼 '감상'은 하지만, 실제 사회에서 무엇이 바뀌어야 하는지에 대한 감각은 거의 없는 상태라는 것이다. 이런 '극장화' 상태는 당장의 문제 해결을 위해 정부의 역할이나 정치적인 여론을 강하게 형성하지 못한 채 문제를 유예케 한다. 많은 경제학자들은 일본 경제의 버블이 1990~1991년에 깨지기 시작했다고 지적하고 있지만, 실제로 일본 국민들이 심각한 문제로 자각하게 된 시점은 1990년대 후반에 이르러서야 가능했다. 이 때문에 1997년, 100년이 넘은 당시 최대의 증권사인 야마이치증권[3]이 파산하는 상징적인 사건이 터지면서 일본 경제는 급속도 위축되고, 일본 국민들은 '현타'를 맞게 된다. 그제야 뉴스에서만 보던 사건이 실재한다는 것을 체감하게 된 것이다.

그런데 여기 좀 이상한 지점이 있다. 당장 불황이 닥치면, 실업, 실직, 금리 등 각종 문제를 일상에서 실감하게 되기 때문에 웬만해서는 '무감각'해지기가 쉽지 않다. 그런데 왜 많은 일본 국민들은 현실에서 위기를 체감하는 것이 늦어졌던 것일까?

사이토 세이치로 교수는 1990년대 경제 위기 시절에 보여준 일본 국민들의 이런 '여유로운 감정'은 당시의 주류 세대인 단카이 세대(일본의 베이비붐 세대로, 제2차 세계대전 직후인 1947년(과 그 직후)에 태어난 세대)가 가지는 '풍요의 기억과 경험'에 기인한 것일 수 있다고 설명한다. 제2차 세계대전 이전에 태어난 세대들이 볼 때 1990년대 일본의 생활은 자신들이 어렸을 때 체험했던 가난한 시대에 비해 '너무나도' 풍요로운 것이었다. 이 청년기의 '기억'이 '1990년대의 경제 위기'를 '그래도 예전에 비해서는 나은', 여유로운 경험으로 해석하게 한다는 것이다.[4] 바로 이 경험이 '어떻게 되겠지' 증후군을 낳았다고 설명한다. 당시 일본의 주류 세대였던 이 세대가 겪은 청년기의 기억과 경험은 당시를 '위기'라고 인식하는 경향성을 떨어뜨리고, 정치를 통한 시스템 개혁의 국민적 여론이라는 동력을 낳지 못한 악순환의 시작이었다는 것이다.

세계적인 투자자인 레이 달리오 역시 같은 맥락의 주장을 한다. 레이 달리오는 경기의 사이클을 '새로운 질서'가 생겨난 다음, 부상→정점→쇠퇴를 거쳐 다시 새로운 질서가 나타나는 방식으로 주기성이 있다고 전제한다. 이 '부상'의 단계에서 번영이 얼마나 지속

되는가 또는 지체되는가 하는 것이 바로 '세대별'로 다른 경험과 가치관이 직접적으로 영향을 끼치는 것이라고 주장한다.[5] 큰 경제적 위기를 경험한 '내재적 기억'은 사람들로 하여금 보수적으로 움직이게 하고, 단 한 번의 실패 경험이 없는 '성공적 우월감'은 불황을 투자의 기회로 여기게끔 만들 수 있다. 이런 관점에서 보면, 미래는 '객관적 통계 수치'가 아니라, '다수의 대중'이 어떤 방향의 태도를 취하는가에 달려 있을 것이다. 이런 차원에서 《2023 트렌드 모니터》에도 현재를 사는 '대중의 생각과 태도'를 담았다.

통제의 방향 전환, "
'사회'에서 '나'로 회귀

많은 전문가들이 외부 경제 환경의 급변과 불황을 전망한다. 물가, 대출금리, 환율이 치솟고 대외 환경의 불확실성은 더욱 높아간다. 이를 개인이 통제할 수 있는 방법은 딱히 없다. 2022년 대통령 선거와 지방의회 선거를 거치면서 이제는 개인이 정치·사회에 영향을 끼치고 직접 통제할 수 있을 것이란 기대감도, 기회도 당장은 없다. 이제 '내가 무언가를 바꿀 수 있는' 대상은 오직 '나 자신'뿐이다. 그래서 지금 많은 사람들은 지출을 줄이고, 시간을 계획하고, 의미 있는 기억과 경험 그리고 사람에 돈과 시간을 집중하고 축적하려고 한다. 그리고 이 과정에서 조직 생활에 대한 태도도 바뀌고 있다. 《2023 트렌드 모니터》는 통제의 방향이 사회에서 '나'로 바뀌는 과

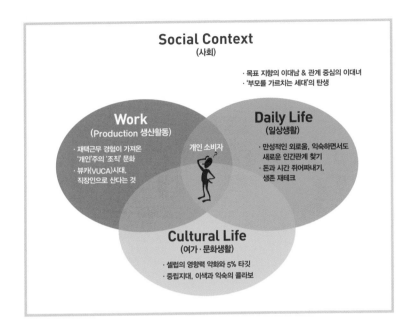

정에서 발생하는 일상생활에서의 태도를 담고 있다.

다시 돌아온 오래된 감정, 77
근심 걱정

약 3년여의 코로나19를 겪으면서 '답답함'이란 감정은 다소 누그러지고, 2022년 대중 소비자들이 가장 자주 경험하는 감정은 또다시, '근심 걱정'이었다.[6] 그리고 한 가지 더 눈에 띄는 결과는 '재미있다'는 감정의 약진이었다. 이 감정은 2014년 이후 상위 10위권 안에 한 번도 들지 못한 감정이었다. 그런데 2022년 '재미있다'는 감정이

순위	2014(N=15,000)		2015(N=2,000)		2017(N=10,000)		2018(N=10,000)		2019(N=10,000)		2020(N=10,000)		2021(N=10,000)		2022(N=10,000)	
1	근심걱정	42.9	근심걱정	45.2	근심걱정	46.6	귀찮다	44.2	근심걱정	43.3	답답하다	44.7	답답하다	45.9	근심걱정	43.1
2	답답하다	42.8	답답하다	44.3	답답하다	45.2	답답하다	43.9	답답하다	41.3	근심걱정	43.9	근심걱정	44.7	답답하다	41.7
3	귀찮다	38.2	귀찮다	41.3	귀찮다	41.4	근심걱정	43.5	귀찮다	40.1	귀찮다	37.8	귀찮다	43.7	귀찮다	41.4
4	심란하다	37.5	심란하다	39.0	심란하다	39.2	심란하다	36.6	심란하다	35.9	심란하다	36.3	불안하다	37.7	심란하다	34.3
5	불안하다	31.1	불안하다	34.9	불안하다	34.7	불안하다	34.1	불안하다	33.7	불안하다	36.0	심란하다	37.7	불안하다	33.5
6	우울하다	29.6	우울하다	31.2	우울하다	31.6	지겹다	31.1	지겹다	28.3	지겹다	31.2	지겹다	33.9	지겹다	32.9
7	행복하다	29.2	외롭다	29.5	지겹다	31.1	좋다	28.8	좋다	28.2	우울하다	28.1	우울하다	31.3	우울하다	28.1
8	고맙다	28.1	허무하다	29.4	고맙다	28.4	행복하다	28.7	행복하다	28.1	행복하다	25.7	허무하다	27.6	재미있다	27.7
9	지겹다	28.1	지겹다	28.5	행복하다	28.3	우울하다	28.0	우울하다	27.9	허무하다	24.2	행복하다	26.9	행복하다	27.2
10	좋다	27.5	고맙다	27.0	허무하다	28.2	고맙다	27.3	즐겁다	26.9	고맙다	23.9	속상하다	26.4	좋다	26.4
11	외롭다	27.4	행복하다	26.7	외롭다	28.1	재미있다	27.1	재미있다	26.4	편안하다	23.9	좋다	26.3	즐겁다	26.0
12	속상하다	26.8	속상하다	26.5	좋다	27.0	즐겁다	27.1	편안하다	25.8	좋다	23.2	고맙다	25.9	편안하다	26.0
13	허무하다	26.7	화나다	26.2	속상하다	27.0	허무하다	27.0	허무하다	25.8	속상하다	23.1	아쉽다	25.6	허무하다	24.8
14	즐겁다	26.2	후회하다	26.2	재미있다	26.4	외롭다	26.1	고맙다	25.8	아쉽다	23.1	외롭다	25.6	고맙다	24.6
15	화나다	25.5	아쉽다	26.0	즐겁다	26.1	편안하다	26.1	아쉽다	24.7	초조하다	22.7	화나다	25.6	화나다	23.5
16	재미있다	25.3	좋다	25.9	화나다	26.1	속상하다	25.9	외롭다	24.5	외롭다	22.6	재미있다	25.5	아쉽다	23.2
17	아쉽다	25.2	재미있다	25.8	아쉽다	25.8	화나다	25.5	속상하다	24.4	화나다	22.3	초조하다	25.4	만족하다	23.1
18	후회하다	24.6	초조하다	25.5	후회하다	25.8	후회하다	25.0	후회하다	23.9	불편하다	22.2	후회하다	25.1	속상하다	23.1
19	사랑스럽다	24.3	즐겁다	25.4	초조하다	24.7	아쉽다	24.8	초조하다	23.8	즐겁다	22.0	편안하다	24.8	후회하다	22.6
20	편안하다	24.0	편안하다	22.5	편안하다	24.2	초조하다	24.4	화나다	22.3	재미있다	22.0	즐겁다	24.1	외롭다	22.4

'행복하다'는 감정보다 더 자주 경험하는 감정으로 등장했다. '재미'라는 감정이 '행복'이라는 감정에 비해 보다 구체적인 대상을 특정하고 있는 내적 정서 상태라는 측면에서 볼 때, 사람들은 막연한 대상보다는 구체적인 재미의 경험을 하나씩 찾아가고 있는 것으로 해석해볼 수 있다. 지금은 '큰 비전과 기대, 열망'보다는, '소소한 재미와 의미'가 일상에서 더 필요한 시기이기 때문이다.

한편, 대중 소비자들이 경험하는 욕구는 2021년과 다른 패턴을 보이고 있었다. 전체적으로 성장에 대한 욕구(568.09점)보다는 결핍 욕구(594.79점)를 더 많이 느끼고 있었는데,[7] 이것은 결핍 욕구를 이루는 네 가지 욕구(생리적 욕구, 안전 욕구, 사회적 욕구, 자존에 대한 욕구) 모두가 2021년에 비해 증가한 것이 특징적인 결과였다. 특히 자존에 대한 욕구와 생리적 욕구는 그 결핍감이 다른 욕구들에 비해 더 큰 것으로 나타나, 현재 많은 사람들이 타인으로부터의 인정이나 아주 기본적인 생리적인 욕구를 충족하는 것에 상당한 스트레스를 받고 있는 상황으로 예상해볼 수 있었다.

[목표 지향의 이대남 & 관계 중심의 이대녀] 편은 앞으로의 미래를 주도하게 될, 20대 남녀의 생각과 태도의 차이를 이해하려고 기획되었다. 특히, 지난 20대 대통령 선거에서 드러난 20대 남녀의 현저한 인식 차이의 원인을 라이프 스타일 측면에서 확인하고자 했다. 분석 결과, 20대 여성은 관계에 좀 더 관심이 많았고, 20대 남성은 뚜렷한 목표를 정하고 그 방향성에 집중하는 것을 보다 중요하게 생각하는 모습을 보였다. (Keyword: 젠더 갈등 확대, 연애 경험의 대리 만족)

['부모를 가르치는 세대'의 탄생] 편에서는 최근 다양한 형태로 표출되고 있는 각 연령대의 주도성에 주목한다. 2030세대의 부모 세대에 대한 '리버스 멘토링' 이슈가 특징적이

욕구		2016년	2017년	2018년	2019년	2020년	2021년	2022년
자기 초월 욕구 (타인을 돕고 자기 외부의 무엇과 연결되고자 하는 욕구)		495.84	514.98	504.34	516.91	557.91	551.32	550.28
자아실현 욕구 (자기 잠재력 발휘)		488.69	490.51	492.04	497.55	519.08	522.72	519.99
심미적 욕구 (질서, 아름다움, 균형 추구)		535.59	556.27	545.82	545.32	564.56	564.09	568.62
인지적 욕구 (알고 이해하고자 하는 욕구)		576.48	580.57	577.13	584.12	603.58	607.87	614.21
자존에 대한 욕구 (성취, 인정, 존경, 능력에 대한 욕구)		652.91	647.60	645.15	633.11	623.37	619.69	627.42
사회적 욕구(소속에 대한 욕구) (수용, 우정, 친밀감, 관계에 대한 욕구)		573.57	565.67	571.37	562.24	556.20	553.87	564.09
안전에 대한 욕구 (보안, 안정감, 건강, 집, 돈, 일자리에 대한 욕구)		623.43	608.36	585.72	583.93	571.12	560.34	563.20
생리적 욕구 (공기, 음식, 물, 잠, 온기, 운동에 대한 욕구)		641.01	651.94	658.10	652.06	647.24	641.68	648.18

성장 욕구
2022년 568.09
2021년 566.36

<

결핍 욕구
2022년 594.79
2021년 588.05

다. 과거의 경험이 미래를 계획하고 적응하는 데 한계가 있는 현대사회의 일반론을 넘어, 최근 다양한 프로그램에서 부모를 동등한 인격체로 평가하고, 역으로 조언하는 현상은, 부모 외 다른 권위로의 확장 및 이동 가능성을 시사한다는 점에서 의미 있는 변화라 할 수 있다. (Keyword: 리버스 멘토링, 세대 크로스오버 콘텐츠, 삶의 자기주도성)

[셀럽의 영향력 약화와 5% 타깃] 편에서는 코로나 이후 미디어 채널 선택권이 콘텐츠를 선택하는 습관으로 변해가면서 나타나는 현상을 다룬다. 이렇게 되면 기존의 미디어가 가졌던 콘텐츠 편집권과 큐레이팅^{curating} 역할이 줄어들면서 전통적인 미디어가 가졌던 권위가 사라지게 된다. 본 챕터에서는 바로 이 부분에서 발생하는 다양한 현상과 이슈를 집중적으로 다룬다. (Keyword: 선을 넘지 말 것, 대중적 영향력의 종말, 리얼리티에 열광)

[중립지대, 이색과 익숙의 콜라보] 편에서는 통제 불가능한 현실과 불확실한 미래, 그 사이에 놓인 대중 소비자들이 '불안'이란 감정을 해소하기 위한 방안으로서 콘텐츠를 소비하는 방식을 살펴본다. '익숙한 것', '새로운 것', 그리고 '익숙하면서도 새로운 콜라보' 콘텐츠를 취사선택하는 대중 소비자들의 소비 방향성을 집중적으로 다뤘다. (Keyword: 인증 소비 확산, 버티컬 취향, 평균의 종말)

[만성적인 외로움, 익숙하면서도 새로운 인간관계 찾기] 편에서는 앞선 소비 분야에서 나타난 '콜라보(컬래버레이션)'의 의미가 인간관계의 차원으로 확대되고 있는 현상을 다룬다. 코로나19 시대의 사회적 거리 두기가 해제되면서, 사람들은 타인을 만나고 싶어 하지만, 주춤한다. 그래서 대안은 '익숙한 모임(예: 동창회)에서 자신의 취향과 맞는 사람'을 다시 골라내는 중이다. (Keyword: 접촉 결핍과 낮은 공동체 의식, 모임 속 모임, 관계 복원 욕구)

[돈과 시간 쥐어짜내기, 생존 재테크] 편에서는 다양한 일상생활의 장면에서 돈과 시간을 아끼면서 동시에 이 자원을 보다 의미 있게 집중적으로 소비하는 라이프 스타일을 소개한다. (Keyword: 자기 계발의 귀환, 내 생활의 통제, 작고 사소한 습관의 힘)

[재택근무 경험이 가져온 '개인'주의 '조직' 문화] 편에서는 지난 3년간 조직 생활에 큰 영향을 준 '재택근무 경험'의 파생 효과를 다룬다. 재택근무 경험의 확산으로 일의 내용과 조직 생활에 큰 변화가 이뤄지고 있으며, 특히나 '업무 평가의 공정성'과 관련해 경영진과 실무진 사이의 뚜렷한 인식 차이가 만들어내는 다양한 이슈를 점검해본다. (Keyword: 약한 유대, 낙인 효과 가속화, U세대의 등장)

[**뷰카**VUCA **시대, 직장인으로 산다는 것**] 편에서는 고물가 시대에 다시 직장 생활에 높은 관여를 보이는 직장인들의 일상에 대해 살펴보고, 불확실성이 높은 '뷰카'의 시대에 '동료'와 함께 어려움을 견디는 방법에 대해 고민해본다. **(Keyword: '작은' 회식의 부활, 소수 집중의 인간관계, 문제는 '머니')**

갑작스러운 고물가, 고환율, 이에 따른 금리 인상, 여기에 연쇄반응 하는 부동산시장에 주식시장 대폭락까지. 매일같이 어두운 경제 뉴스가 쏟아진다. 많은 경제 전문가들은 앞으로 상당한 불경기가 이어질 것으로 전망하고 있다. 뉴스는 한 방향으로 외치는 듯 보여도 개인의 대응은 제각각이다. 인생에서 한 번도 경제 위기를 실감하지 못했던 사람들은 자신이 믿고 있는 '자산시장의 우상향'에 대한 신념을 불안해한다. 한편 몇 번의 경제 위기를 경험한 투자의 베테랑들은 현금을 확보하고 호시탐탐 투자 기회를 노린다. 최종 승자가 누가 될지는 알 수 없다. 하지만 분명한 것은 그 누구도 앞으로의 전망을 정확히 할 수는 없다는 것이다.

지금 보기에는 조금 황당해 보이지만, 2018년을 전망하는 다수의 전망서에는 '2018년의 북핵위기설'[8]을 포함하고 있었다. 하지만 실제로는 한반도 평화 무드로 급반전되었고, 코로나19로 금리가 급하게 떨어지기 전인 2017년에도 이미 우리나라의 부동산시장 전문가들 상당수는 '거래 절벽'을 예언하고 있었다. [9]

그렇다면 우리가 실제로 대비하고 준비해야 하는 것은 무엇일까? 앞으로 무엇을 준비해야 하는가에 대한 근사한 통찰이 하나 있다. 바로 모든 것에는 '주기'가 있다는 것이다. 이에 관해 언급한 유명한 투자자가 한 명 있다. 전 세계 가치 투자자들 사이에서 멘토로 통하는 오크트리캐피털매니지먼트의 회장이자 공동 설립자인 하워드 막스다. 자신의 책《투자에 대한 생각》에서 하워드 막스는 "대부분의 것들이 주기를 따른다"고 강조한다. 주기는 자기 교정self-correcting적이기 때문에 성공은 그 자체로 실패의 씨앗을 품고 있으며, 동시에 실패는 그 자체로 성공의 씨앗을 품고 있다고 비유한다.[10]

경제의 순환은 요약하면, 번영 → 자본의 팽창 → 리스크 회피 → 사업 확대 → 추가 투자 → 과열 → 수익 감소/손실 → 리스크 회피/투자 보수화 → 자본금 축소 → 기업/대출자 파산 → 경기 위축 → 방향 전환 준비의 과정을 반복한다는 것이다. 이 대목은 앞서 언급한 레이 달리오의 설명과 매우 흡사하다. 이 '경기의 주기'를 고려한다면, 앞으로 오게 될 큰 '경제 위기'는 '큰 기회'라는 씨앗을 품고 있는 것이 된다. 그렇다면 우리가 준비해야 할 지점은 분명해 보인다. 막연한 경기 전망을 찾아 헤매기보다 앞으로 오게 될 기회를 위해 실력을 기르고 준비하는 것이다. 이 지점에서 혹시 당신이 아무리 실력을 기른다고 해서, 운이 좋은 사람은 당할 수 없다는 믿음이 있는 사람이라면, 다음의 글을 잘 읽어보기를 바란다. 운은 확률의 문제이고, 확률은 반복적인 시도로 당첨 확률을 높일 수 있다. '운'은 노력에 의해 높일 수 있는 어떤 것이다.

행운을 만났다면 다음에 만나게 될 불운에 대비해야 한다. 그리고 불운을 만났더라도 상심할 필요가 없다. 우리가 선택한 방법이 옳았다면 결과가 신통치 않더라도 훌훌 털어버리고 똑같은 방법으로 계속 시도해야 한다. (중략) 운에는 행운도 있고 불운도 있다. 복권에 당첨되는 것은 행운이지만 낙첨이 불운은 아니다. 충분히 예상되었던 결과이기 때문이다. (중략) 노력과 준비는 실력을 구성하는 핵심 요소로 대개 좋은 성과를 불러온다. 그런 면에서 위 격언들은 정확한 표현이 아니다. 열심히 노력하는 사람이 성공하는 것은 운이 좋아져서가 아니다. 운은 전혀 바뀌지 않는다. 실력이 향상될 뿐이다.

– 마이클 모부신,《운과 실력의 성공 방정식》, p.40

이제 14번째 한국 사람들의 삶의 기록을 내어놓는다. 답답함은 좀 벗어났지만, 새로운 국면을 맞이한 '근심 걱정'이 가득하다. 이 책을 당신과 우리가 같은 '근심 걱정'을 공유하고 있다는 의미로 받아주셨으면 좋겠다. 어려울 때일수록 타인과 같은 감정을 공유한다는 것이 위로가 될 수 있기 때문이다. 그런 면에서, '타인의 삶'에 대한 이해를 지향하는 우리의 작업은 여전히, 그리고 아직도 중요하다고 믿는다. 대중적 감각을 얻는 첫발은 '타인의 생각'을 읽는 노력에서 시작된다고 우리는 여전히 믿는다. 그리고 이 책의 지향점도 여전하다.

항상 뜨거운 관심과 지지를 보내주는 마크로밀 엠브레인 가족에게 늘 감사의 마음을 전한다. 올해도 패널빅데이터 분석이란 어려운 미션을 잘 수행할 수 있도록 물심양면 도움을 준 패널빅데이터센터 데이터사이언스 팀에도 특별히 감사의 인사를 전한다. 그리고 올해 컨텐츠사업부에 함께한 문학적 감수성이 철철 넘치는 안승우 매니저에게는 특별한 감사의 마음을 전한다. 승우 매니저가 없었다면 이 책은 너무나 건조한 숫자만 나열되는 책이 될 뻔했다(술 사주께).

시크릿하우스의 전준석 대표와 황혜정 부장께는 언제나 마음 깊은 감사와 의리의 인사를 전한다. 특이하게도 올해는 별로 안 싸웠다(싸우다 지쳤을려나?). 관계의 역사가 주는 신뢰 때문이었을까?

올해도 여전히 이 책을 기다려온 독자분들께 마음 깊은 감사를 드린다. 매년 이 책에서 제시한 우리의 고민과 질문이 독자들이 현재 가지고 있는 문제를 풀어가는 데 한 줌이라도 도움이 되는 도구가 된다면 더 바랄 것이 없다. 독자 여러분의 건강과 안전한 일상을 기원한다.

2022년 10월

㈜마크로밀 엠브레인 컨텐츠사업부 저자 일동

CONTENTS

PART 1

SOCIAL
경험의 리버스, 달라진 세대 역할

PART 2

CULTURE
콘텐츠 선택권의 나비 효과, 버티컬 취향 시대

Chapter 3. 셀럽의 영향력 약화와 5% 타깃
선을 넘지 말 것, 대중적 영향력의 종말, 리얼리티에 열광

트렌드 뾰족하게 멀리 보기_3

PART 3

LIFE
시간, 돈, 인간관계의 선택적 소비

2023
TREND MONITOR

2023
트렌드 모니터

PART 1
SOCIAL

경험의 리버스,
달라진 세대 역할

목표 지향의 이대남
& 관계 중심의 이대녀

젠더 갈등 확대, 연애 경험의 대리 만족

주목해야 하는 것은 ”
'그 세대의 경험과 신념'

사실상 (**)년, 한국 정치에서는 '세대'가 무엇보다 중요한 변수로 떠올랐다. 오직 '지역'이라는 절대적인 변수가 결정적이었던 선거에서 '세대'라는 새로운 변수가 나타난 것이다. 세대가 이처럼 선거에서 독립적인 변수로 떠올랐다는 것은 주목할 만한 변화다. 왜냐하면 그 전까지의 선거에서는 오직 '지역'이라는 한 가지 변수만 있었을 뿐, 계층, 정책, 이데올로기 등 다른 모든 변수는 별 영향력이 없었기 때문이다. (**)년 (**)월 대선이 끝난 후, 언론은 20~30대의 영 파워에 주목했다. 그동안 자기 자신의 문제에만 지나친 관심을 보이며 사회

개혁이나 정치적 사안에는 무관심하다는 비판을 받아왔던 젊은이들이 대선이라는 중요한 역사적 길목에서 새롭고 중요한 역할을 담당했기 때문이다. (중략) 인터넷 속에서 놀고만 있을 것 같던 젊은 세대들이 마침내 골방에서 벗어나 보다 적극적으로 의사를 표현하기 시작하여, 선거 이벤트 한마당에서 그들의 에너지를 발산한 것이다. 언론에서는 이를 두고, 대통령 선거를 통해 이전 세대와는 확연히 다른 감수성을 가진 세대가 탄생하였으며, 변화를 갈망하는 이들은 이제 엄연히 커다란 정치 세력으로 인정받았다고 진단한다. 이들의 부상을 전문가들은 '세대 혁명' 또는 '세대 전쟁'이라고 표현하기도 했다.

― 정성호,《20대의 정체성》, p.6~7

2022년의 2030세대를 분석한 듯한 이 글은, 사실 지난 2002년에 있었던 제16대 대통령 선거 직후의 세대를 분석한 글이다. 지금부터 20년 전이었던 이 당시에도 2030은 '핫hot'한 세대였다. 세대 혁명이나 세대 전쟁을 불사할 만큼 이들 세대는 기성세대와 충돌했으며, 정치·사회·문화 분야에서 적극적으로 자신의 목소리를 드러냈다. 당시 50대 교수가 쓴 이 글에서는 청년세대를 바라보는 시선이 그대로 드러난다. 기성세대의 관점에서 보면, '늘' 청년세대는 새로워 보인다. 기존의 규칙을 깨려 하고, 갈등을 불사하며, 혁명적으로 느껴진다. 그래서 기성세대에게 청년세대는 시대를 가로질러 매번 '새로운新 세대'로 인식된다. 청년세대들이 스스로를 신세대로 인식하는 경우는 없다. '신'세대라는 명칭은 선배 세대들이 붙인 이름이다. 그리고 이들을 '새롭다'고 명명한 근거는 자신의 청년기와의 비교를 통해 얻어진 인식이다. 자신이 살았던 20대, 30대와는 살아온 패턴이나 양식이 다르기 때문이다. 이런 관점에서 보면, 생각해야 할 지점이 있다.

매년 '새로운 세대'는 태어난다. 하지만 새로움이라는 차원을 기성 세대와의 차이점을 인식하는 부분에만 집중한다면, 신세대에 대한 정의는 선사시대 벽화에 남아 있다고 하는 "요즘 젊은 아이들은 버릇이 없다"의 관점과 다를 것이 없다. 이렇게 되면 위와 같은 때만 되면 등장하는 동어반복적인 신세대 분석은 앞으로도 반복될 가능성이 매우 크다. 청년세대를 이해해야 할 이유가 앞으로의 국가의 방향이나 미래 사회 전망에 있다면, 이 세대의 구체적인 사고의 방향과 경험의 내용을 제대로 파악할 필요가 있다. 이것은 이 청년세대가 앞으로 하게 될 수많은 정치·경제·사회·문화적 의사 결정에 결정적인 영향을 줄 것이기 때문이다.

청년 시절의 경험은 어떻게 한 세대의 성격을 규정할까? 역사가이자 사상가인 재레드 다이아몬드는 자신의 저서 《대변동》에서 독일인들의 사례를 들어 이렇게 설명한다. 독일에서는 유독 "1945년에 태어났다"는 것이 그 사람의 정체성을 설명하는 중요한 상징이다. 독일에서 1945년에 태어났다는 것은 히틀러를 총통으로 선택했던 '자신의 부모 세대'를 부끄러워하며 부정한다는 뜻이고, 유럽을 강타한 1968년의 68혁명[1]을 주도했던 세대라는 경험을 평생 간직하고 있다는

뜻이다.[2] 재레드 다이아몬드는 현재 70대가 훌쩍 넘은 이 세대들이 실제로 대부분의 사회적 이슈에 여전히 가장 진보적인 태도를 취하고 있다고 전한다.[3] 이런 관점으로 보면, 세대, 특히 청년세대의 정의는 해당 국가나 사회, 역사적 맥락에 따라 '어떤 경험'을 했는가로 규정해야 하는 것이지, 출생 연도라는 단일한 기준으로 정의되는 일관된 개념은 아닐 수 있다.

더불어, 한 세대의 경험은 경제 사이클(성장→정체→쇠퇴→정체→다시 성장)의 동력이 되기도 한다. 세계적인 투자자인 레이 달리오는 자신의 책《변화하는 세계질서》에서 이렇게 주장한다. 모든 경제 상황은 사이클(순환)을 동반하는데, 이 사이클 내의 구성원들이 갖고 있는 '당시의 경험과 인식'이 그 사이클의 한계와 진폭을 결정한다는 것이다. 레이 달리오는 세대의 경험이 경제 사이클에 끼치는 영향에 대해 자신의 가족의 사례를 들어 이렇게 설명한다.

레이 달리오의 부친은 1929년 미국의 대공황과 제2차 세계대전을 겪은 세대이고, 이 세대는 전쟁 이후에 경제 호황이 올 것을 전혀 예상하지 못했다고 한다. 레이 달리오의 부모 세대에게 있어서 경제 호황은 '한 번도 겪어보지 못한 경험'이었기 때문이다. 그래서 이들 세대에게 있어 돈을 빌리거나 어렵게 번 돈을 주식시장에 투자하는 것은 상상할 수도 없는 일이었다고 전한다. 이렇게 되면, 이들 세대의 특성상 실제로 충분히 투자의 기회가 와도 사회 분위기는 투자에 억압적일 수밖에는 없다. 이와는 정반대로, 2020년대에는 전혀 다른 경

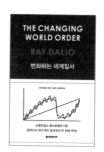

험이 지배하고 있다고 주장한다. 수많은 사람들이 할 수 있다면 '최대한 대출을 더 받아서 투자해야 한다'고 생각하고 있을 만큼 빚에 대한 두려움이 없고, 이것은 결국 투자 과열과 버블로 이어지는 사회 분위기를 형성하게 된다. 빚으로 낸 호황의 끝은 항상 좋지 않았다는 것이 역사적으로 증명됐음에도 사람들은 빚을 낸다는 것이다.[4] 이처럼 각 세대가 가지고 있는 '사고방식과 경험의 한계'로 인해 불황과 성장이라는 사이클이 반복된다고 레이 달리오는 설명한다.

68혁명과 대공황, 그리고 투자 열풍의 시대. 역사적으로 보면 당대를 겪은 청년세대의 이런 경험이 이들의 삶의 문제를 판단하는 중요한 경험적 근거가 돼왔다. 그래서 청년세대의 '경험의 내용과 사고방식'을 이해하는 것이 중요하다. 이것은 단순히 기성세대의 입장에서 '나와 무엇이 다른가?'의 차원을 아는 것을 넘어, 이들이 주도하게 될 미래를 예측하는 매우 중요한 단서가 되기 때문이다. 그렇다면, 이제 본격적인 질문을 해야 할 것 같다. 한국 사회의 미래를 주도하게 될 청년세대, 그중에서도 한국 사회의 '20대'들은 어떤 생각과 어떤 경험을 하며 살고 있을까?

이대남과 이대녀는 "
대통령 선거에서 무엇을 기대한 것일까?

20대 청년세대를 콕 집은 이유는 바로 2022년 3월에 시행된 제20대 대통령 선거 결과에서 눈에 띄는 또렷한 결과를 보여줬기 때문

이다(아마도 뭔가 눈에 띄지 않은 결과가 나오지 않았다면 이들의 사고나 가치
관 등을 궁금해하지 않았을 수 있다). 어쨌든 이 선거 결과에서 드러난 두
드러진 특징은 바로 '성별에 따른 정치적 의사 표현의 차이'였다.

성별·연령별 분석이 가능한 출구 조사 결과[5]를 보면, 20대와 30대
는 40, 50, 60대와 완전히 다른 특징을 보인다. 40대와 50대, 60대는
남·여의 투표 패턴이 대체로 유사한 형태를 보이지만, 2030세대는
성별에 따라 전혀 상반된 후보를 지지하고 있었던 것이다. 특히 20
대의 경우 지지율의 상반성은 더
극단적이다. 전통적으로 같은 세
대라고 하면 동일한 시대를 사는
동일한 경험을 기반으로 분석한
다. 하지만 대한민국의 현재 20
대 남·녀는 전혀 동일하다고 볼
수 없는 사고방식과 정치적인 선
택을 하고 있는 것으로 보인다.
이들은 어떤 사고방식과 경험을
하고 있기 때문에 이렇게 상반된
선택을 하고 있는 것일까?

대통령 선거 직전에 진행한 마
크로밀 엠브레인 조사 결과[6]를
보면, 20대 남성과 여성은 이번
대선에 대한 관점과 태도부터가
달랐다는 것을 알 수 있다. 우선

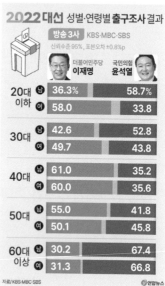

2022 대선 성별·연령별 출구조사 결과
방송3사 KBS·MBC·SBS
신뢰수준 95%, 표본오차 ±0.8%p
더불어민주당 이재명
국민의힘 윤석열

		이재명	윤석열
20대 이하	남	36.3%	58.7%
	여	58.0	33.8
30대	남	42.6	52.8
	여	49.7	43.8
40대	남	61.0	35.2
	여	60.0	35.6
50대	남	55.0	41.8
	여	50.1	45.8
60대 이상	남	30.2	67.4
	여	31.3	66.8

자료/KBS·MBC·SBS 　연합뉴스

20대 여성들은 이번 대선에 대한 기대감보다는 걱정이 더 앞섰던 것으로 보인다(나는 향후 대한민국 5년을 책임질 대통령이 누가 됐든 걱정이 된다 - 20대 남성 70.4% vs. 20대 여성 88.0%).[7] 그래서 선거 막판까지 누구를 뽑아야 할지 선택의 고민을 하고 있었다(이번 대통령 선거는 모두 마음에 들지 않아서 누굴 뽑아야 할지 모르겠다 - 20대 남성 62.4% vs. 20대 여성 78.4%).[8] 반면, 20대 남성들의 경우 이번 대선에서는 정권을 교체해야 한다는 의견을 강하게 피력했다(이번 대선에서는 꼭 정권이 바뀔 필요가 있다 - 20대 남성 58.4% vs. 20대 여성 36.0%).[9] 그래서 향후 대한민국 5년에 대해 걱정보다는 기대를 가지고 있었다(나는 향후 대한민국 5년을 책임질 대통령이 누가 될지 기대가 된다 - 20대 남성 66.4% vs. 20대 여성 50.4%).[10] 흥미로운 것은 대통령 선거와 자신의 정체성을 연결 짓는 부분이었는데, 20대 남성 2명 중 1명은 대통령 선거에서 어느 후보

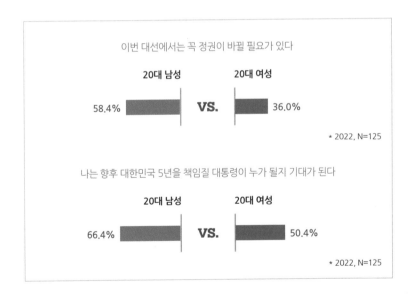

PART1 SOCIAL_경험의 리버스, 달라진 세대 역할 ● **35**

를 지지하는가 하는 것을 자신의 정체성과 연결 짓고 있었고(대통령 선거에서 어떤 후보를 지지하는가 하는 것은 나의 정체성과 관련이 있다 – 20대 남성 48.0% vs. 20대 여성 40.8%), 이런 태도는 여성들에 비해 높은 공개 지지와 연결되고 있었다(나는 내가 지지하는 후보를 자랑스럽게 드러내어 지지한다 – 20대 남성 40.0% vs. 20대 여성 19.2%).[11] 하지만 20대 여성들은 남성들에 비해 내가 좋아하는 후보에 집중하기보다는 싫어하는 후보가 당선될까 봐 불안해하고 있었다(대통령 선거에서 내가 싫어하는 후보가 당선될까 봐 불안하다 – 20대 남성 64.8% vs. 20대 여성 76.0%).[12]

이상을 정리해보면, 20대 남성들은 이번 대통령 선거에서 정권 교체란 대의명분으로 자신의 정체성에 부합하는 후보를 강한 신념을 갖고 지지했다. 반면, 20대 여성들은 최선의 후보를 선택하기보다는 불안을 줄일 수 있는 차선의 후보를 전략적으로 선택한 것으로 보인다.

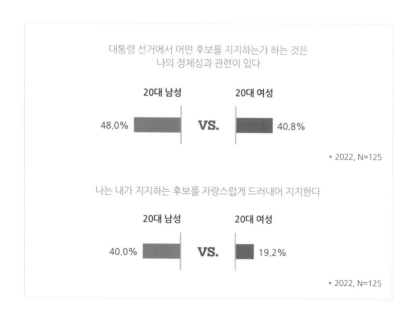

동일한 시기에 태어나 동일한 시대적 배경을 경험한 20대 여성과 남성은 대통령 선거에서 서로 다른 전략적 판단을 하고 있었다. 이것은 무엇을 의미하는 것일까? 왜, 이들은 서로 전혀 다른 판단을 하게 됐을까? 이것을 이해하는 것은 청년세대의 핵심인 20대들의 삶의 태도와 양식을 이해하는 것일 뿐만 아니라, 앞으로 발생할 사회적 이슈에 어떻게 대처할 것인가에 대한 중요한 단서가 될 수 있다. 마크로밀 엠브레인 연구진은 이들 20대 남·여의 마인드 파악을 위해 20대 남성과 여성, 딱 2개의 대상만을 각 500명씩 선정하여(총 1,000명) 이에 관해 집중적으로 질문했다.

목표에 진격하는 이대남, "
주변을 둘러보는 이대녀

20대 남성과 여성이 가장 두드러지게 달라지는 가치관은 '운運'에 대한 태도에 있었다. 남성들의 경우에도 상당수의 사람들이 운의 역할에 대해 인정하고 있었지만 20대 여성들은 압도적인 비율로 운의 역할을 높게 보고 있었다(일을 할 수 있는 기회를 부여받는 것도 일종의 운이라고 생각한다 - 20대 여성 88.6% vs. 20대 남성 78.0%).[13]

일이나 사회적 성공 또는 어떤 결과에 있어서 '운'의 역할에 대한 생각은 필연적으로 실력과 능력에 대한 생각을 수반한다. 그리고 이 생각은 현재 한국 사회뿐 아니라 미국 사회에서도 뜨거운 논쟁 중 하나다. 이 '능력주의 논쟁'에 불을 당긴 철학자 마이클 샌델

일을 할 수 있는 기회를 부여받는 것도 일종의 운(運)이라고 생각한다

20대 남성　　　　**20대 여성**

78.0%　　　**VS.**　　　88.6%

* 2022, N=500

은 자신의 저서 《공정하다는 착각》에서 운과 실력의 관계에 대해 이렇게 설명한다. 샌델의 관점에서 보면, '운'은 실력으로 나타나는 결과나 성과의 한계를 규정하는 역할을 한다. 즉, 모든 결과는 실력으로'만' 귀결되는 것은 아닐 수 있다는 것이다. 분명히 어떤 사회적 성취나 성과에는 운이 작용을 한다. 하지만 우리가 사는 자본주의 시장경제에서 성공이라는 것이 실력보다는 운에 크게 좌우되는 것이라면, 자신이 이루어놓은 성과(혹은 부(富, wealth))는 자신의 실력(혹은 능력) 또는 자격 덕분이라는 주장을 하기 어렵다.[14] 때문에 이처럼 현재의 능력주의는 '운'과 상반된, 또는 반대 개념처럼 다루어지고 있는데, 이 조사에서도 이런 패턴은 그대로 나타나고 있었다. 운에 대한 태도가 '공정'함과 '평가'에 대한 태도 역시 갈라놓고 있었던 것이다.

　20대 남성들의 경우, 시험을 통한 점수와 성적만이 객관적이고 공정한 평가라고 보는 경향이 여성들에 비해 좀 더 강했고(나는 시험을 통한 점수와 성적만이 객관적이고 공정한 평가라고 생각한다 – 20대 남성 24.2% vs. 20대 여성 17.2%), 이렇게

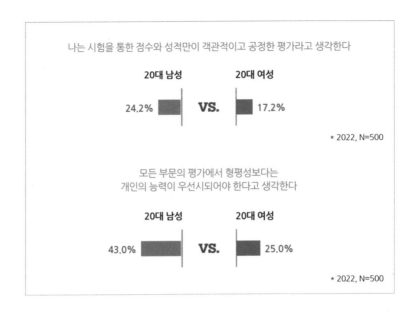

나는 시험을 통한 점수와 성적만이 객관적이고 공정한 평가라고 생각한다

20대 남성   **20대 여성**

24.2%   **VS.**   17.2%

* 2022, N=500

모든 부문의 평가에서 형평성보다는
개인의 능력이 우선시되어야 한다고 생각한다

20대 남성   **20대 여성**

43.0%   **VS.**   25.0%

* 2022, N=500

능력이 검증된 사람만이 성공해야 한다는 믿음이 좀 더 강했다(20대 남성 37.6% vs. 20대 여성 25.4%). 그래서 20대 남성들은 여성들에 비해, 평가의 우선순위를 '형평성'보다는 '개인의 능력'에 좀 더 두고 있었다(모든 부문의 평가에서 형평성보다는 개인의 능력이 우선시되어야 한다고 생각한다–20대 남성 43.0% vs. 20대 여성 25.0%). 반면, 20대 여성들은 남성들에 비해, '과정'에 좀 더 무게를 두고 있는 것으로 보였다. 시험 점수라는 결과보다는 과정을 공정하게 하는 시스템을 좀 더 중요하게 생각하고 있었던 것이다(시험의 결과보다는 과정을 공정하게 하는 평가 시스템이 중요하다고 생각한다–20대 여성 67.2% vs. 20대 남성 60.6%).

이처럼 과정에 좀 더 무게를 두는 것도 '운에 대한 태도'와 관련된다고 볼 수 있다. 세계적인 투자자이면서 블루마운틴캐피털 매니지먼트 리서치 센터장이자 교수인 마이클 모부신은 자신의 책 《운과

시험의 결과보다는 과정을 공정하게 하는 평가 시스템이 중요하다고 생각한다

20대 남성   **20대 여성**

60.6%   **VS.**   67.2%

* 2022, N=500

실력의 성공 방정식》에서 '운의 역할이 큰 활동'은 필연적으로 과정에 관심을 둘 수밖에는 없다고 주장한다. 결과를 통제할 수 없다면, '과정'을 관리하려고 한다는 것이고, 이 의사 결정 과정을 '잘 관리'하는 것이 진정한 '실력(능력)'이라는 것이다.[15] 운은 개인이 '통제할 수 없는 그 무엇'으로 정의된다. 하지만 필연적으로 인간은 거의 본능적으로 미래를 예측하려고 하고, 통제하려고 한다. 이 과정에서 운權의 역할에 무게를 두는 사람들은 내가 '통제할 수 있는 결과', 즉 과정에 좀 더 관심을 두게 된다는 것이다.

　20대 남성과 20대 여성이 갖고 있는 '결과와 과정'에 대한 인식의 차이는 다양한 일상에서도 관찰된다. 과정을 중시한다는 것은 '어떤 문제적 사건'이 일어나면, 그 사건의 상황적 맥락과 배경에 대해 좀 더 관심을 보인다는 것을 의미한다. 이러한 측면은 사회적 이슈에 대한 20대 남성과 여성의 태도 차이에서도 그대로 나타난다. 20대 남성 2명 중 1명은 출근 시간에 장애인들 단체에서 시위하는 모습에 대해서 이해할 수 없어 하는 경향이 많았지만, 20대 여성들은 그 비율이 남

출근 시간에 지하철에서 시위하는 장애인들을 이해할 수 없다

20대 남성   20대 여성

49.0% **VS.** 26.6%

* 2022, N=500

성들에 비해 현저히 낮았고(출근 시간에 지하철에서 시위하는 장애인들을 이해할 수 없다 - 20대 남성 49.0% vs. 20대 여성 26.6%), 어떤 사회적 이슈가 등장할 때 그 이슈가 등장한 배경을 남성들에 비해 좀 더 궁금해 하고 있었다(어떤 사회적 이슈가 등장할 때 나는 그 이슈가 등장한 배경에 관심이 있다 - 20대 여성 72.6% vs. 20대 남성 67.4%).

이런 관점의 차이는 일상적인 이슈나 사건을 대하는 20대 남·녀 집단의 태도를 뚜렷하게 나누는 하나의 기준이 되고 있는 것처럼 보인다. 20대 남성은 복잡한 과거의 과정을 따지기보다 현재의 잘잘못을 따지는 것에 좀 더 무게를 두고 있었고(나는 복잡한 과거보다는, '현재 존재하는 이슈'의 잘잘못을 따지는 것이 중요하다고 생각한다 - 20대 남성 47.0% vs. 20대 여성 34.4%), 20대 여성은 남성들에 비해 어떤 제도나 사건의 배경을 좀 더 중요하게 생각하고 있었던 것이다(나는 현재를 존재하게 한 모든 제도나 사건에 대한 역사적 배경이 중요하다고 생각한다 - 20대 여성 71.2% vs. 20대 남성 65.8%).

책《20대 남자》에서 저자들은 20대 남성들의 이런 사고의 특징을 "납작한 공정"이라고 정의한다. 저자들은 20대 남성들의 멘탈리티를 분석하면서, 현재 20대 남성들은 한 개인이 보여주는 성과나 결

과물을 지능, 학습 능력, 사회성 등 명백히 타
고나는 특성으로 협소하게 능력을 정의하고 있
다고 주장한다. 즉, 좋은 학습을 할 수 있게 하
는 사회·경제적 환경이나 제도적 측면 등의 맥
락^{context}을 제거한 채, '납작하게' 공정성의 문
제를 인식하고 있다는 것이다.

  그렇다면, 이렇게 정리해볼 수 있겠다. 20대 남성들은 목표에 집
중한다. 그래서 좌고우면하지 않고 자신이 가지고 있는 자원과 수
고를 좋은 결과를 만들어내는 데 최적화하려고 한다. 이 과정에서
주변을 두리번거리거나 과정을 돌아보는 것은 덜 효율적이라고 생
각하는 경향이 있어 보인다. 반면, 20대 여성들은 삶에 중요한 결
과는 의외로 운이 작용하는 경향이 좀 더 많이 있다고 생각하는 듯

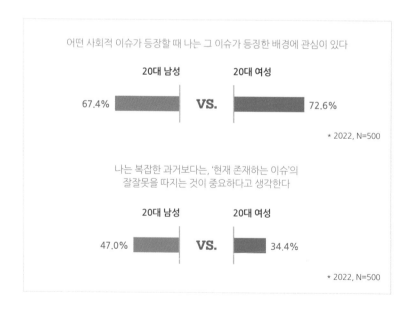

어떤 사회적 이슈가 등장할 때 나는 그 이슈가 등징한 배경에 관심이 있다

20대 남성   20대 여성

67.4%   **VS.**   72.6%

* 2022, N=500

나는 복잡한 과거보다는, '현재 존재하는 이슈'의
잘잘못을 따지는 것이 중요하다고 생각한다

20대 남성   20대 여성

47.0%   **VS.**   34.4%

* 2022, N=500

나는 현재를 존재하게 한 모든 제도나
사건에 대한 역사적 배경이 중요하다고 생각한다

20대 남성　　　　　**20대 여성**

65.8%　　**VS.**　　71.2%

* 2022, N=500

하다. 이런 사고는 목표 자체보다는 목표를 향해 가는 과정에 좀 더 중요점을 두는 태도로 확장되기 마련이다. 그래서 습관적으로 20대 여성들은 남성들에 비해 더 주변을 돌아보고, 과정을 살피는 라이프 스타일을 가지고 있는 것 같다. 그리고 바로 이러한 20대 남·여의 태도 차이가 일상생활에서 삶의 디테일을 바라보는 시선의 차이를 만들어내고 있는 것으로 보인다.

조직 생활에 대한 편견, ”
새로 고침 필요

주변을 두리번거리며 일상의 디테일에 좀 더 주목하는 20대 여성들의 특징은 주변을 관찰하는 태도에도 나타난다. 식당이나 가구, 패션을 보는 시선에도 이런 모습이 그대로 드러나기 때문이다(나는 식당의 분위기, 조명, 탁자, 실내 인테리어 등을 관심 있게 보는 편이다 - 20대 여성 67.6% vs. 20대 남성 50.4%, 나는 브랜드 로고, 색감, 옷감의 질 등 패션의 미세한 부분을 꼼꼼하게 살피는 편이다 - 20대 여성 54.4% vs. 20대 남성 43.0%). 이런 반복적인 습관은 자신이 원하는 스타일에 대한 강한 주관으로도 나타나고 있었다. 20대 남성들에 비해 현저하게 많은 여성들이 자신이 원하는 스타일의 가구나 공간의 이미지를 구체적으로 그리고 있었던 것이다(나는 내가 원하는 스타일의 가구나 공간의 이미지가 있다 - 20대 여성 75.4% vs. 20대 남성 57.4%).

20대 여성들은 영화를 볼 때 스토리의 구체성을 남성들에 비해 좀 더 좋아하는 것 같았다(나는 단순히 스타가 등장하는 영화보다는 스토리의 구체성을 중요하게 생각한다 - 20대 여성 79.4% vs. 20대 남성 67.4%). 특히, 일상에서의 소소한 이야기들을 좀 더 좋아했다(나는 일상의 소소한 발견이 있는 스토리를 좋아한다 - 20대 여성 77.4% vs. 20대 남성 66.6%). 20대 여성이 좋아하는 이 소소한 이야기는 주로 '인간관계'에 대한 것이

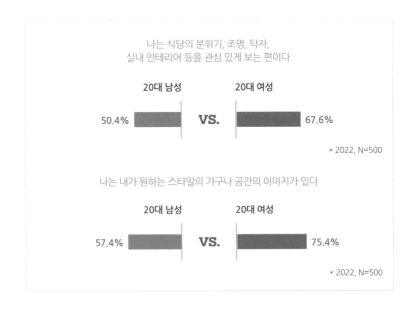

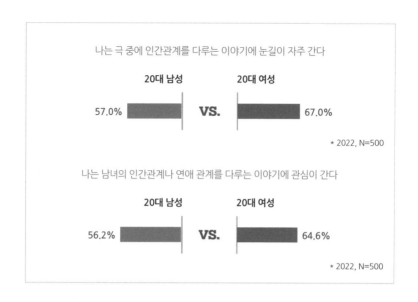

나는 극 중에 인간관계를 다루는 이야기에 눈길이 자주 간다

20대 남성   20대 여성

57.0%   **VS.**   67.0%

* 2022, N=500

나는 남녀의 인간관계나 연애 관계를 다루는 이야기에 관심이 간다

20대 남성   20대 여성

56.2%   **VS.**   64.6%

* 2022, N=500

었다(나는 극 중에 인간관계를 다루는 이야기에 눈길이 자주 간다 – 20대 여성 67.0% vs. 20대 남성 57.0%, 나는 남녀의 인간관계나 연애 관계를 다루는 이야 기에 관심이 간다 – 20대 여성 64.6% vs. 20대 남성 56.2%). 인간관계에 대 한 이런 관심은 평소 가까운 주변 사람들과의 대화 빈도에서도 확 인할 수 있다. 20대 여성들은 친구들과 형제·자매·남매 간에 대화 의 빈도가 남성들에 비해 좀 더 잦았다(형제·자매·남매 간 대화 빈도: 자주 대화하는 비율 – 20대 여성 63.4% vs. 20대 남성 45.3%, 친구와의 대화 빈 도: 자주 대화하는 비율 – 20대 여성 86.5% vs. 20대 남성 80.7%). 이처럼 인 간관계에 대해 20대 여성이 좀 더 관심을 가지고 있는 것은, 필연적 으로 조직 내에서 사람과 관계를 맺고 함께 일을 해야 하는 회사 생 활에 대한 태도에도 그대로 드러난다. 20대 여성들은 남성들에 비 해 회사에서 인간관계가 좋고 인간성이 좋은 사람으로 인정받고 싶

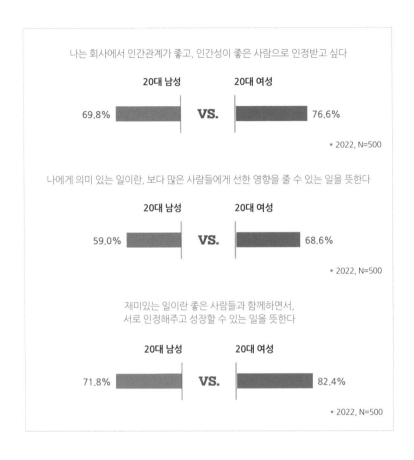

나는 회사에서 인간관계가 좋고, 인간성이 좋은 사람으로 인정받고 싶다

20대 남성　　　　　**20대 여성**

69.8%　　**VS.**　　76.6%

* 2022, N=500

나에게 의미 있는 일이란, 보다 많은 사람들에게 선한 영향을 줄 수 있는 일을 뜻한다

20대 남성　　　　　**20대 여성**

59.0%　　**VS.**　　68.6%

* 2022, N=500

재미있는 일이란 좋은 사람들과 함께하면서,
서로 인정해주고 성장할 수 있는 일을 뜻한다

20대 남성　　　　　**20대 여성**

71.8%　　**VS.**　　82.4%

* 2022, N=500

어 했다(나는 회사에서 인간관계가 좋고, 인간성이 좋은 사람으로 인정받고 싶다 - 20대 여성 76.6% vs. 20대 남성 69.8%).

그래서 보다 많은 사람들에게 좋은 영향을 끼치고 싶어 했고, 이 것을 의미 있게 여기는 경향이 20대 남성들에 비해 강했다(나에게 의미 있는 일이란, 보다 많은 사람들에게 선한 영향을 줄 수 있는 일을 뜻한다 - 20대 여성 68.6% vs. 20대 남성 59.0%). 20대 여성들에게 일을 할 때 '재미'를 불러일으키는 상황은 좋은 사람들과 함께하면서 서로 인정

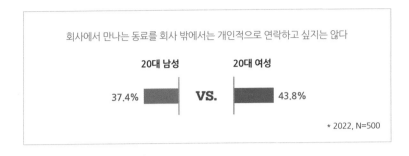

회사에서 만나는 동료를 회사 밖에서는 개인적으로 연락하고 싶지는 않다

20대 남성   20대 여성

37.4%   **VS.**   43.8%

* 2022, N=500

해주고 성장할 수 있다는 것이었다. 이런 경향은 남성들에 비해 현저하게 높았다(재미있는 일이란 좋은 사람들과 함께하면서, 서로 인정해주고 성장할 수 있는 일을 뜻한다 – 20대 여성 82.4% vs. 20대 남성 71.8%).

만약, 이 조사 결과를 보는 당신이 20년 이상 조직 생활 경험이 있는 50대 이상의 관리자라면 아마 놀랄 수도 있다. 전통적으로는 '남성'이 조직 생활을 좀 더 잘할 것이고, 그리고 조직 생활은 인간관계가 중심이기 때문에 당연히 인간관계는 남성들이 잘할 것이라는 '경험적 직관' 같은 것이 쌓여 있을 가능성이 높기 때문이다. 하지만 조사 결과는 이런 (기성세대의) 기대를 뒤집는다. 지금 20대 여성은 조직에서 인간관계를 더 잘 맺고 싶어 한다. 그래서 '조직 생활은 남자들이 더 잘하지'라고 아직도 생각하는 사람들은 전혀 근거가 없는, 또는 굉장히 오래된 편견을 '새로 고침' 하지 않은 채 살고 있다고 볼 수 있는 것이다.

20대 여성들이 조직 생활에 좀 더 높은 관여도를 보이고는 있지만, 여기에는 일정하고 분명한 '선'이 있다. '회사 내', 그리고 '일을 하는 상황'이라는 전제에서다. 흥미롭게도 20대 여성들은 남성들에 비해 회사 밖에서는 연락하고 싶어 하지 않았다(회사에서 만나는 동료를 회사 밖에서는 개인적으로 연락하고 싶지는 않다 - 20대 여성 43.8% vs. 20대 남성 37.4%). 20대 여성들은 일적으로 만난 관계는 일의 연장선일 뿐, 사적인 영역과는 분리해야 한다고 여긴다. 이들은 남성들에 비해 좀 더 엄격하게 일과 사적 영역을 구분하고 싶어 했다.

생각 차이 읽기 ❞
: 부富, 성性, 그리고 혼밥

20대 남성의 목표는 뚜렷했다. 이른 나이에 부富를 일구어, 경제적으로 자유를 누리는 것이다. 비록 회사 생활에서 얻을 수 있는 부의 한계가 명확하고, 부의 형성을 위한 공부는 회사 생활과는 별개

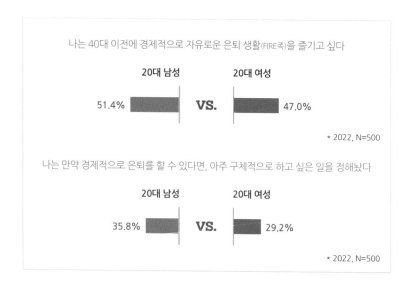

나는 40대 이전에 경제적으로 자유로운 은퇴 생활(FIRE족)을 즐기고 싶다

20대 남성   VS.   20대 여성
51.4%   47.0%

* 2022, N=500

나는 만약 경제적으로 은퇴를 할 수 있다면, 아주 구체적으로 하고 싶은 일을 정해놨다

20대 남성   VS.   20대 여성
35.8%   29.2%

* 2022, N=500

라는 인식은 20대 여성이 남성들에 비해 높게 가지고 있었지만(회사 생활을 열심히 한다고 부가 쌓이지는 않는다 - 20대 여성 75.0% vs. 20대 남성 66.8%, 돈 버는 공부는 회사 생활을 잘하기 위한 공부와는 별개로 따로 해야 한다 - 20대 여성 77.2% vs. 20대 남성 73.8%), 실제로 경제적 자유를 달성하려는 의지와 부를 이루고 난 이후의 로드 맵은 20대 남성들이 여성들에 비해 높았고, 뚜렷했다(나는 40대 이전에 경제적으로 자유로운 은퇴 생활(FIRE족)을 즐기고 싶다 - 20대 남성 51.4% vs. 20대 여성 47.0%, 나는 만약 경제적으로 은퇴를 할 수 있다면, 아주 구체적으로 하고 싶은 일을 정해놨

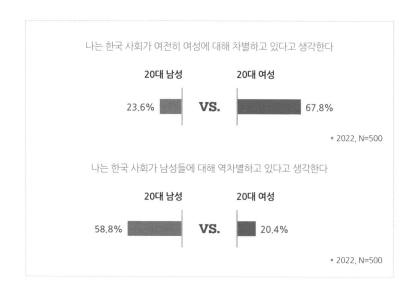

다 - 20대 남성 35.8% vs. 20대 여성 29.2%). 이를 위해 20대 남성들은 자신의 '마인드'와 생활을 통제하고자 했다(돈은 진정으로 원하면 따라오게 되어 있다 - 20대 남성 42.2% vs. 20대 여성 36.8%, 돈에 대해 부정적인 생각을 버려야 돈을 벌 수 있다 - 20대 남성 46.2% vs. 20대 여성 39.4%, 일상생활을 검소하게 하루하루 성실하게 쌓아가면 부는 따라온다 - 20대 남성 44.6% vs. 20대 여성 40.6%). 앞서 보여지는 20대 남성들이 여성들에 비해 관계에 덜 민감한 것은 이 뚜렷한 삶의 목표, 생활의 통제와 관계가 있을 수 있다. 흔들림이 없이 목표하는 지점에 도달하기 위해서 '두리번거림'은 허용되지 않기 때문이다.

여기서, 중요하고 민감한 질문을 하나 던지려고 한다. 지금까지의 흐름을 살펴보면, 20대 남녀들은 한국 사회의 차별의 방향이 각자 자신을 향한다고 느끼고 있었다(나는 한국 사회가 여전히 여성에 대해 차

나는 지난 1년간 성관계를 가져본 적이 없다

20대 남성   **20대 여성**

42.8%   VS.   40.8%

* 2022, N=500

내 주변에는 직접 성관계를 갖는 것보다
혼자서 성적 욕구를 해결하는 사람들이 많이 있다

20대 남성   **20대 여성**

36.8%   VS.   13.6%

* 2022, N=500

누군가와 성관계를 갖는 것보다
혼자서 성적 욕구를 해결하는 것이 편리하다고 생각한다

20대 남성   **20대 여성**

32.6%   VS.   23.8%

* 2022, N=500

별하고 있다고 생각한다 – 20대 여성 67.8% vs. 20대 남성 23.6%, 나는 한국 사회가 남성들에 대해 역차별하고 있다고 생각한다 – 20대 남성 58.8% vs. 20대 여성 20.4%). 그러다 보니, 삶의 방향도 다른 곳을 향하고 있는 듯 보인다. 목표 지향의 20대 남성과 관계 지향의 20대 여성은 서로 만나고 교감할 수 있을까? 일상적인 대화 수준을 넘어서 성^性적인 교감에 대해서는 어떻게 생각하고 있을까? 조사 결과는 그다지 밝지 않다. 20대 남녀는 유사한 비율로 지난 1년간 성관계를 가져본 경험

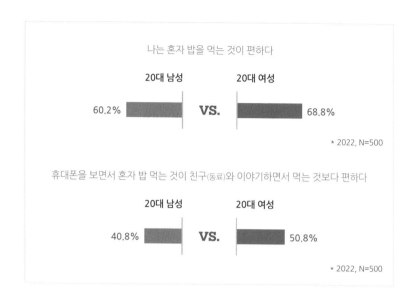

나는 혼자 밥을 먹는 것이 편하다

20대 남성   **20대 여성**

60.2%   VS.   68.8%

* 2022, N=500

휴대폰을 보면서 혼자 밥 먹는 것이 친구(동료)와 이야기하면서 먹는 것보다 편하다

20대 남성   **20대 여성**

40.8%   VS.   50.8%

* 2022, N=500

이 없었다(나는 지난 1년간 성관계를 가져본 적이 없다 - 20대 남성 42.8% vs. 20대 여성 40.8%). 그리고 20대 남성들은 성적 욕구를 스스로 해결하는 사람들이 여성들에 비해 현저히 많이 있다고 느끼고 있었고(내 주변에는 직접 성관계를 갖는 것보다 혼자서 성적 욕구를 해결하는 사람들이 많이 있다 - 20대 남성 36.8% vs. 20대 여성 13.6%), 그런 해결 방식이 차라리 편리하다고 느끼는 비율도 더 높았다(누군가와 성관계를 갖는 것보다 혼자서 성적 욕구를 해결하는 것이 편리하다고 생각한다 - 20대 남성 32.6% vs. 20대 여성 23.8%).

성적인 교감을 갖는다는 것은 자신의 사적私的인 부분을 모두 노출한다는 의미를 갖는다. 당연히 인간관계의 상당히 높은 수준의 신뢰와 안전을 전제로 한다. 이 단계로 들어가기 위해서는 사전에 많은 교감과 소통 과정이 필요하다. 이렇게 보면, 현재 한국 사회의

20대 남성과 여성 모두 이 과정에 들어가는 시간과 비용, 수고를 덜 들이는 것일 수도 있다.

재미있는 조사 결과도 있다. 소통을 더 많이 하고, 인간관계를 좀 더 중시하는 20대 여성들은 '의외로(?)', 혼자서 밥 먹는 것도 생각보다 불편해하지 않았다. '밥때'가 돼서 '밥 친구'를 찾는 것은 근소하게나마 남성들이 조금 더 많았다(나는 식사 때가 되면 밥 먹으러 함께 할 사람을 찾아보는 편이다 – 20대 남성 28.2% vs. 20대 여성 23.0%). 20대 여성들은 남성들에 비해 훨씬 더, 혼자서도, 휴대폰을 보면서, 밥을 잘 챙겨 먹고 있었다(나는 혼자 밥을 먹는 것이 편하다 – 20대 여성 68.8% vs. 20대 남성 60.2%, 휴대폰을 보면서 혼자 밥 먹는 것이 친구(동료)와 이야기하면서 먹는 것보다 편하다 – 20대 여성 50.8% vs. 20대 남성 40.8%). 이 데이터를 앞서 얘기한 회사 밖에서의 사적인 연락을 선호하지 않는다는 20대 여성의 특징과 연결하면, 이렇게 결론지어볼 수 있다. 20대 여성들은 남성들에 비해 훨씬 더 높은 수준으로 '공과 사'를 구분하는 것으로 볼 수 있고, 한국 사회의 20대 여성들에게 인간관계의 기준은 느슨하진 않지만, 명확하게 구분되는 어떤 것이다.

So what? 〃
시사점 및 전망

목표 지향의 20대 남성과 관계 지향의 20대 여성은, 그 지향점의 차이만큼이나 삶의 간극이 커 보인다. 그리고 안타깝게도, 이 차이는 앞으로 더 벌어질 가능성이 있다. 역사적으로 '모든 20대'는 개성이 강하다. 그리고 이것을 사회적으로 인정해왔다. 당연히 현재 대한민국의 20대 남성들과 여성들도 개성이 강하다. 비판이 있어도 나름의 표현 방식과 사고방식, 삶에 대한 태도를 고수하려 한다. 하지만 대부분의 삶의 과정에서 연인과의 관계, 결혼, 독립 세대 구성, 출산, 양육 등을 거치며 자신의 표현 방식과 삶에 대한 태도를 '표준적'으로 맞춰 나간다. 하지만 이런 '표준적'인 사회적 각본은 현재의 한국 사회에서는 거의 불가능해졌다. 결혼은 지속적으로 늦어지고 있고, 현재의 주택 가격은 20대에게 자립을 거의 허용하지 않는 수준까지 올라가 있다. 여기에 더해, 이들 20대들의 '부모와의 좋은 관계'가 '인위적인 출가'의 가능성을 더욱 낮추고 있다. 마크로밀 엠브레인의 조사 결과로 보면, 의식적이든 무의식적이든 20대 남녀 응답자들의 많은 수가 '현재, 부모와의 관계가 좋다'라고 진단하고 있었기 때문이다(현재, 부모와의 관계가 좋다 – 20대 여성 86.8% vs. 20대 남성 84.0%). 이렇게 되면, 집을 나와서 돌아갈 수 있는 퇴로를 끊고, 어쩔 수 없이 '한국 사회의 정해진 각본'에 적응해야 하는 상황은, 적어도 현재의 20대들에게는 상당 기간 유예될 수밖에는 없다.

현재, 부모와의 관계가 좋다

20대 남성 84.0% VS. 20대 여성 86.8%

* 2022, N=500

'현재의 사고방식'과 삶의 태도를 굳이 수정해야 할 이유를 찾지 못할 가능성이 매우 커진 것이다. 20대 남성들과 여성들이 라이프 스타일과 가치관의 지향점 차이라는 이러한 상황을 고려해볼 때 앞으로 세 가지 전망과 시사점이 있다.

첫 번째 전망은, 앞으로 정치·경제·사회·문화 분야에서 20대 남녀를 중심으로 한 젠더gender 갈등은 더욱 커질 가능성이 있다는 것이다. 이 전망은 앞서 이야기한 것처럼 현재의 20대 남녀가 각자 가지고 있는 관점을 강화할 수 있는 가정환경에 기인하는 것이기도 하면서, 동시에 조정할 수 있는 소통의 기회와 과정을 경험하지 못하는 것과 관련된다. 이것은 무엇보다 현재 정부와 정치 세력 간의 방향과도 관계가 있다. 현재 정부는 상당 부분 20대 남성 중심의 정책들(사병 월급 대폭 인상, 여성가족부 폐지 등)이 조정되고 있거나 우선시되고 있다. 이 과정의 조율이 되지 않는 한, 앞으로의 젠더 갈등은 줄어들지 않을 가능성이 높다. 하지만 세대 공통의 이슈(예: 등록금 이슈 등)에서는 20대 남녀의 합의된 결론을 도출하는 사례가 있는만큼, 공공 부분에서 정책적 조정이 이뤄지는 사례들이 많아진다면 갈등의 간극을 좁힐 수 있을 것으로 보인다.

두 번째 전망은 흥미롭게도, 앞으로 20대 남·녀의 연애 과정을 다루는 '리얼리티 프로그램'은 더 크게 흥행할 가능성이 매우 커졌다는 것이다. 이것은 현재 한국 사회의 20대 남·녀 상황에 대한

대단히 역설적인 전망이다. 20대 남성들 중 점점 더 많은 사람들이 소통의 빈도와 강도, 관심을 줄이고 있었다. 현재의 20대 남·녀는 결혼은 물론, 연애도 (과거에 비해) 잘 하지 않는다. 하지만 인간은 사회성이라는 본능을 뛰어넘어 존재할 수 없다. 당연히 성적인 교감을 포함한 타인과의 교류는 큰 결핍으로 남을 수밖에는 없다. 그리고 소통의 빈도와 강도가 줄어들면, 실제 상황에서 타인과 만날 때 '수월한' 관계로 확장되거나 깊어지는 데 어려움을 겪을 수밖에는 없다. 훈련되지 않은 관계는 반복적으로 많은 불협화음을 낼 수 있기 때문이다. 여기서도 소통 과정의 디테일에 대한 경험을 대리해서 채워야 하는 욕구가 생길 수밖에 없다. 다시 말해, 이러한 관계와 소통의 큰 결핍을 실제 연애 과정을 다루는 리얼리티 프로그램을 통해 채우려고 할 가능성이 높아진 것이다. 연인을 만드는 과정, 관계가 깊어지는 과정, 오해를 푸는 과정, 부드럽게(?) 헤어지는 법 등 인간관계, 특히 이성(또는 동성)의 연인에게서 일어날 수 있는 많은 과정을 '대리하는 프로그램'은 앞으로 상당 기간 흥행하게 될 것이다. 실제로 많은 미혼 남녀가 연애 예능 (리얼리티) 프로그램을 시청하면서 대리 만족을 경험하고 있었고(연애 감정을 대리 만족한 경험이 있다 - 54.2%, 설렘 등의 감정을 느낀 경험이 있다 - 65.2%), 이 프로그램에서 다루어지는 관계에 대한 정보를 얻고 있었다(연인 간의 심리를 이해할 수 있었다 - 63.4%).[16]

세 번째 전망은, '인간적 결함을 드러내는 부모'가 대거 등장하는 현상이 나타날 가능성이 매우 커졌다는 점이다. 인간적 약점이나 한계, 결함을 드러내는 부모를 다루는 프로그램과 콘텐츠가 지속적

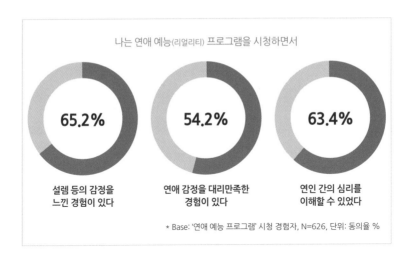

나는 연애 예능(리얼리티) 프로그램을 시청하면서

65.2%

설렘 등의 감정을
느낀 경험이 있다

54.2%

연애 감정을 대리만족한
경험이 있다

63.4%

연인 간의 심리를
이해할 수 있었다

* Base: '연애 예능 프로그램' 시청 경험자, N=626, 단위: 동의율 %

으로 흥행할 가능성이 커진 것이다. 이것 또한 부모와의 소통이 좋아지면서 생긴 역설적인 현상인데, '부모'라고 하는 신비적 권위의 대상이 사라지면서 나타나는 현상으로 볼 수 있다. '부모와의 관계가 좋다'라는 진단은, 곱씹어보면 부모와 자녀와의 관계에서 '자녀의 권한이나 선택권, 자율권' 등이 최대한 인정받는 선에서 이루어진다고 볼 수 있다. 이것이 반복되면, 자녀들은 부모를 일종의 '친구와 같은 급'의 대상으로 여기며, 대화의 주제도 사적으로 내밀한 영역으로까지 확대될 수 있다. 더 나아가, 나와 관련을 맺은 '권위 있는 대상'으로서의 부모가 아니라, '인간적 결함'이 있는 부모를 인식하게 하는 시각도 많아질 수 있다. 실제로 현재 방송되는 수많은 프로그램에서 '부모의 잘못(부모의 불륜, 도박 등의 매우 사적이고 문제적인 소재)'을 고발하거나, '부모의 한계'를 지적하고, 화해를 청하며, 서로의 삶을 인정하는 장면이 등장한다. 부모를 권위를 가진 거룩한 존재가 아니라, 나와 비슷한 인간적 한계를 가지고 있는 부모로 바라보는 관점은 앞으로도 다양한 콘텐츠 프로그램에서 다루어지게 될 가능성이 높다.

　지식 소매상 유시민 작가는 한 강의에서 현재의 청년세대를 "선진국에서 태어나 선진국에서 살고 있는 국민"이라고 정의한다. 그래서 가난한 대한민국을 살았던 기성세대와는 '경험하고 있는 국가' 자체가 다르다고 주장한다. 국가가 다르면, 문화가 다르고, 사용하는 언어가 다르다. 그런데 많은 장면에서 기성세대는 자신이 경험했던 '개발도상국가 대한민국'에서의 경험을, '선진국 국민들(지금의 청년세대)'에게 강요하려고 한다. 선진국 국민(청년세대)의 입장에서는 이런 '가르침'이 황당할 수 있다. 선배들의 가르침은 옛날 책에만 등장하는, 현실에는 존재하지 않는 상황을 가정하는 것일 수 있기 때문이다. 지금은 기성세대가 그 나라의 외국어를 배우는 자세가 필요할 수도 있다. 그래야 그 문화를 이해할 수 있고, '선진국 국민들'의 마인드도 이해할 수 있기 때문이다.

#글로벌 젠더 갈등
#연애 기피

'갈등 공화국' 대한민국 진단 >>>

영국 킹스칼리지런던이 최근 발간한 보고서에 따르면, 현재 우리나라의 갈등 지수가 심각한 상황인 것으로 나타났다. 이 보고서에는 28개국의 2만 3,000여 명을 대상으로 조사한 결과가 담겼으며, 12개의 갈등 항목별로 국민들이 느끼는 심각성 수준을 평가한 내용들이 포함돼 있다. 연구 결과를 살펴보면, 갈등 항목 7개 부문에서 한국 국민들이 "갈등이 심각하다"고 평가한 비율이 가장 높은 것으로 나타났는데,[17] 특히나 '성별, 나이, 학력'으로 인한 갈등 수준이 세계 평균의 약 2배에 달하는 것으로 조사됐다. 또한 BBC 외신 보도에 따르면 (유럽이나 일본과 달리) 한국 사회에서 '젠더 갈등' 이슈가 중·

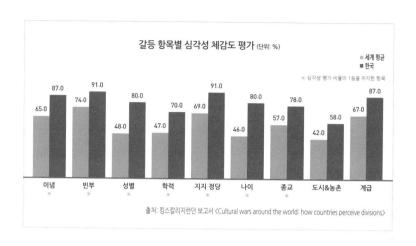

갈등 항목별 심각성 체감도 평가 (단위: %)

■ 세계 평균
■ 한국

* 심각성 평가 비율이 1등을 차지한 항목

이념	빈부	성별	학력	지지 정당	나이	종교	도시&농촌	계급
65.0 / 87.0	74.0 / 91.0	48.0 / 80.0	47.0 / 70.0	69.0 / 91.0	46.0 / 80.0	57.0 / 78.0	42.0 / 58.0	67.0 / 87.0

출처: 킹스칼리지런던 보고서 〈Cultural wars around the world: how countries perceive divisions〉

장년층보다 젊은 세대에게서 훨씬 심각하다는 내용이 보도된 바 있다.[18] 일본의 경우 온·오프라인에서 젊은 세대가 성별을 나눠 집단 대립했던 사례를 찾기란 매우 힘든 일이라며 한국 내 젊은 세대의 젠더 갈등 이슈의 심각성을 지적했다.[19] 한국 사회의 젠더 갈등, 세대 갈등, 학력 차별 등의 문제의 심각성을 글로벌 조사 자료를 통해 재확인한 다소 씁쓸한 결과라 할 수 있겠다.

연애, 성생활을 '사치'로 여기는 일본, 한국의 미래일까? >>>

최근 일본에서는 연애와 결혼에 소극적인 남자인 '초식남'을 넘어, 아예 무관심한 '절식남'이 늘어나고 있는 추세다. 2022년 일본 내각부 '남녀공동참가백서'에 따르면, 일본의 20대 남성 10명 중 7명은 현재 배우자나 연인이 없는 것으로 나타났으며, '지금까지 데이트해 본 사람이 몇 명이냐?'는 질문에 '전혀 없다'고 답한 20대 여성이 약 25%, 20대 남성은 약 40%인 것으로 나타났다.[20] 노다 세이코 저출산대책담당 장관은 "배우자와 애인이 없는 데에는 소득뿐만 아니라 만남 자체가 없는 점이 크게 작용했을 것"이라며 "혼자 보내는 시간이 많은 이들이 어떻게 사람을 만나도록 할지가 관건"이라고 설명했다.[21]

최근 10년간 일본 20대 젊은 층의 성 경험률 또한 하락 추세에 있는 것으로 분석된다. 일본 성교육협회가 1974년 이후 6년마다 미혼 남녀의 성 경험 비율을 조사해 발표하는 자료에 따르면, 2017년 20대 남녀의 성 경험 비율은 2005년 대비 15% 이상 줄어든 것으로 나타났으며, 성관계뿐 아니라 데이트, 키스 등과 같은 연애 관련 행동 경험률 또한 하락 곡선을 보이고 있었다.[22] 때문에 현재 일본에서는 앞으로 연애나 성생활조차 무관심한 '절식남·녀'들이 점점 더 늘어날 것이란 우려의 목소리가 제기되고 있다.

연애 기피는 만혼화와 혼인율 하락을 부추기고, 무엇보다 저출산 문제와 직결된다는 점에서 심각한 사회문제로 볼 수 있다. 문제는 이 같은 현상이 일본뿐만 아니라 한국에서도 이미 보편적 현상으로 자리매김하고 있다는 점이다. 미국 CNN은 "취업 경

2022년 일본 내각부의 조사 결과에 따르면, 20대 남성 중 40%가 데이트 경험이 없는 것으로 나타났다.
출처: 일본 ANN news 유튜브

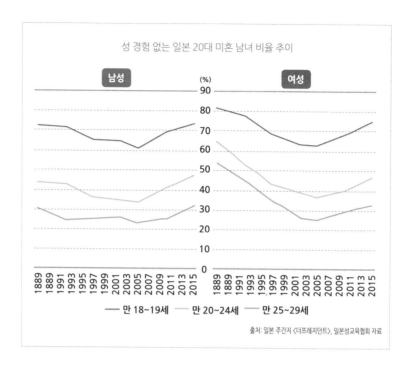

성 경험 없는 일본 20대 미혼 남녀 비율 추이

남성   여성

— 만 18~19세 — 만 20~24세 — 만 25~29세

출처: 일본 주간지 〈더프레지던트〉, 일본성교육협회 자료

쟁, 높은 집값 등으로 미래가 불안한 상황에서 'N포 세대'로 불리는 한국 MZ세대가 연애 상대 찾기에 시간과 노력을 들이지 않으려는 경향이 있다"고 보도한 바 있다.[23] 실제로 현재 일본 내 상황에 대해 한국의 청년층도 적지 않은 공감을 하고 있는 모습을 살펴볼 수 있었다. 학업, 경제적 상황, 귀찮음 등의 이유로 연애를 포기하는 것이 이해가 간다는 것인데, 네티즌들은 "경제적 여건도 여건이지만 책임지기 싫어하는 사회적 성향 등을 생각하면 혼자가 편하다", "굳이 연애나 결혼을 해서 고생할 필요 없다"며 공감의 이유를 전했다. 그러면서도 또 한편으로는 "한국 남성들도 일본처럼 절식남이 되는 건 아닐까 불안하다"는 의견을 일부 드러내기도 했다.[24]

'부모를 가르치는 세대'의 탄생

리버스 멘토링, 세대 크로스오버 콘텐츠, 삶의 자기주도성

'이상한 나라의 부모님' 🔽

'영혼의 집을 잃고 헤매는 방랑자들의 마음을 헤아려주는 본격 위로 방송'이란 콘셉트의 〈영혼의 노숙자〉는 월평균 조회 수가 100만이 넘을 정도로 인기가 많은 코미디 팟캐스트다. 2017년 개설된 이래 지금까지(2022년 8월 6일 기준) 약 230개 에 달하는 다양한 에피소드가 공개됐는 데, 이 중 기획 단계부터 뜨거운 반응을 얻어 최근 3탄까지 등장한 '이상한 나라 의 부모님(이하 이나부)' 코너가, 여러 가 지 의미에서 참 '핫'하다.

이나부는 이상한 부모 밑에서 성장한 자녀들이 부모의 문제점(?)을 제보, 고발하는 특집이다. 저 세상 문제아도 패드립[1]만큼은 절대 용서치 않는 보수적인 한국 땅에서 자식이 부모를 고발하다니!? 세상 참 말세다 싶다. 하지만 이나부는 자식이 부모를 문제 삼는 데에는 어림 반 푼어치의 변명도 허용하지 않는 이 사회의 불문율을 아주 유쾌한 방식으로 과감하게 깨버린다.

고발당한(?) 부모들의 사연은 이렇다. 자식의 명문대 합격을 자신의 '기도' 덕분으로 그 영광을 모두 돌리는 독실한 신자 엄마, 살쪘다고 타박하면서도 먹음직한 음식을 한 소쿠리 해놓고 기어이 다 먹을 때까지 기다리는 엄마(그러면서 식욕이 너무 왕성해졌다며 핀잔을 준다), 자식의 일기장을 마음대로 봐놓고선 미안해하기는커녕 훈계를 서슴지 않는 엄마, 몸져누워 있는 딸내미 방에 들어와선 새로 한 머

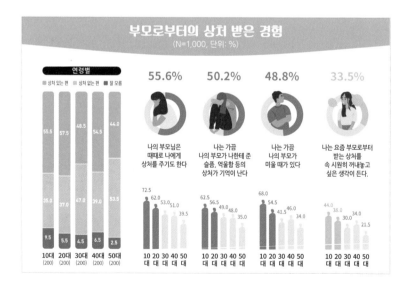

리 자랑을 하더니 방문도 안 닫고 나가버리는 엄마, 대구 출신의 뼛속까지 보수 성향으로 딸에게는 전라도 출신 그 어떤 사람과도 상종을 못 하게 하면서 정작 본인은 송가인을 무척이나 좋아하는 아빠(송가인은 전라도 출신으로 유명하다), 데이팅 앱으로 여러 여자들과 채팅하는 걸 딸에게 허무하게 들킨 아빠. 헛웃음 나오는 사연부터 '입틀막'하게 하는 흠칫흠칫한(?) 사연까지 생각보다 자식들을 힘들게 하는 부모들의 사례는 꽤 다양하고 많았다. 공통점은, 사연의 제보자들이 처음엔 가볍게 웃으며 사연을 쓰다가도 끝에 갈수록 점점 더 웃음기 싹 뺀 분노의 그러데이션 과정을 거친다는 점이다. 그렇다. 에피소드들은 가벼워 보이지만 메시지만큼은 결코 가볍지가 않다.

자식들은 태어나면서부터 경제적 독립이 불가능하고 자기방어 능력이 없기에 '별난 부모'와의 관계를 쉬이 끊어낼 수 없다. 오히려 자기들의 입장을 고수하며 밀어붙이는 '별난 부모'를 이해해야 하고, 사랑해야 하고, 효도로서 책임을 다해야 한다. 그렇지 않으면 자식 된 도리를 다하지 못했다는 죄책감을 갖고 평생 죄인의 심정으로 살아가야만 한다. 그런데 최근 그런 자녀들이 입을 열기 시작했다. 자신의 유년 시절이 아팠으며, 상처였고, 적지 않은 힘듦이 있었다고.[2]

시작부터 기울어진 관계 🙾

지금이라도 늦지 않았지만, 지금에서야 겨우 자식이 부모에 대한 이야기를 꺼낼 수밖에 없게 된 데에는 그동안 국가나 사회가 부모에게 지나칠 정도로 많은 권한을 부여했기 때문으로 볼 수 있다. 처음부터 사회구조적으로 부모와 자식의 관계가 기울어진 채로 시작됐다는 뜻이다. 현재 우리 사회의 육아는 부모가 유일한 보호자로서 많은 것을 부모가 알아서 해야 하는 시스템으로 이루어져 있다. 그야말로 부모에게 막강한 권위와 지위를 보장해준 셈이다. 때문에 어떤 부모는 '훈육'이라는 이름으로 아이에게 어떠한 권리도 주장할 수 없게 하거나, 일방적으로 부모의 말을 듣고 따르도록 강요하는 경우가 많다. 심한 경우 자신의 소유물로 간주하기까지 한다. 2022년 6월 29일, 전 국민을 충격에 빠뜨린 조유나 양 일가족 참변 사건 역시 이러한 인식에서 비롯된 것이라 할 수 있다. 요즘 들어서야 부모에 의한 '동반 자살'은 '자녀 살해'의 의미가 부각되면서 가장 극단적인 형태의 아동 학대 범죄로 질타를 받고 있지만, 이전까지만 해도 부모에 의한 '동반 자살'은 범죄라기보다 오히려 '자식을 끝까지 책임지겠다는 부정·모정'으로 포장되는 경우가 많았다. 반면 자식이 부모를 해치는 '존속살해'는 반인륜적 패륜이자 가중처벌의 대상으로 인식돼왔다.[3] 부모의 모든 행위는 그 자체로 너무나 완전하나, 그에 반하는 자식들의 행위는 모두 금기의 대상이 됐던 것이다.

이렇게 부모·자식 간의 위계가 견고한 현실에서 자식이 제 부모의 단점을 (비록 웃음으로 승화하겠다고는 하나) 공공연히 지적해서 공론화한다는 것은 의외의 변화이자, 눈여겨볼 만한 움직임이 아닐 수 없다. 자식들의 세대가 이전과는 '분명히', '달라진' 조짐을 보이고 있다.

'새롭게' 바라보니 🟢🟢
회복되는 주체성

가정이란 울타리를 통해 우리는 인생의 시작 단계에서부터 이미 '가져야 마땅한 감정'과 '갖지 않는 게 차라리 나은 감정'을 구분해서 배워왔다. 그래서 일반적인 상식은, '갖지 않는 게 차라리 나은 감정'을 억누르며 사는 것이었다. 이를테면 부모에게 화를 내는 것을 부정적인 감정으로 취급하고 억압하는 것 등이다. 하지만 중요한 것은 '나의 감정을 있는 그대로 감지'하고, '왜 그런 감정이 일어나는지 원인을 찾아보며', '지금 내가 느끼는 이 감정에 어떤 태도를 갖는 게 적절할까?'를 고민하고 대응하는 일일 것이다. 심리학에선 이를 '틀 바꾸기(리프레이밍)' 과정으로 설명한다. '틀을 새롭게 함'이란 뜻의 리프레이밍reframing'은 별 볼 일 없는 그림의 액자를 바꾸는 것만으로도 작품의 가치가 달라 보이는 것처럼 틀을 바꾸어 감정을 다른 관점에서 바라보고 새로운 의미를 부여하는 방식을 의미한다.[4] 사실 리프레이밍은 어떤 일련의 사건이나 사실 그 아무것도 바꾸지는 못한다(상처가 없던 일이 되진 않는다). 다만, 우리가 앞으로 나아가는 것을 가로막는 부정적인 생각을 바꾸도록 도와주는 데 그 힘이 있다. 즉, '내 힘으로 사는 인생'과 '다른 힘에 끌려다니는 인생'의 결정적 차이를 만들어낼 수 있다는 뜻이다. 바로 자녀 세대가 지금 자신의 상처와 정면 승부하며 목소리를 내기 시작한 이유이자, '이나부'란 프로그램이 기획된 진짜 이유가 이것 때문일 수 있다.

'주체적인 선택'에 **"**
집중해야 하는 이유

채널을 돌리다 우연히 마주
한 한 프로그램에선 어려 보
이긴 해도 분명 '교복'을 입을
만큼의 나이는 아닌, 딱 대학
생 정도의 앳된 친구들이 교복
을 입고 뭔가 조잘조잘 이야

기를 한다. 밝은 스튜디오 조명과 달리 내용은 심상치 않다. 자신의
첫 성 경험, 사회생활의 고충까지는 그렇다 치자. 그런데 헉! 육아
란다. 저 '애기들'이 지금 '육아'를 논하고 있다. 고등학생 때 이미 또
래 친구들보다 일찍 엄마, 아빠가 된 친구들의 얘기. 바로 MBN에
서 2022년 3월 6일 첫 방송을 한 〈고딩엄빠〉 프로그램이다.

프로그램에는 10대 어린 나이에 임신을 하게 되면서 결혼과 육아
에 올인한 어린 부부도 나오고, 아이 아빠나 가족의 도움 없이 혼자
서 아이를 키우는 10대 어린 싱글 맘, 미혼모도 나온다. 어린 부부
까지는 아니더라도 미혼모는 오랜 시간 우리 사회에서 사회적 낙인
으로부터 보호하겠다는 이유로 숨기기에 바빴던 대상이었다. 아이
를 호적에 올리지 않도록 하고, 출산 사실은 익명 처리 봉인되며,
아이만 조용히 포기하기를 권유하는 것이 미혼모를 돕는 일이라
고 생각해왔다.[5] 과거 국회입법조사처에 적시된 한 조사에 따르면,
동성애 집단 다음으로 가장 차별을 받는 집단으로 '미혼모'가 꼽히

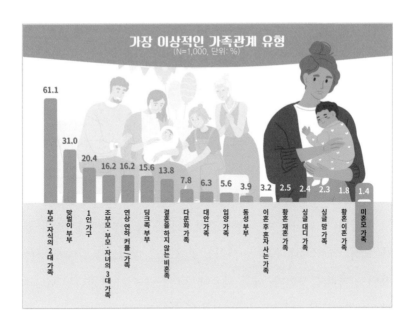

가장 이상적인 가족관계 유형
(N=1,000, 단위: %)

부모·자식의 2대 가족	맞벌이 부부	1인 가구	조부모·부모·자녀의 3대 가족	연상 연하 커플/가족	딩크족 부부	결혼을 하지 않는 비혼족	다문화 가족	대안 가족	입양 가족	동성 부부	이혼 후 혼자 사는 가족	황혼 재혼 가족	싱글 대디 가족	싱글 맘 가족	황혼 이혼 가족	미혼모 가족
61.1	31.0	20.4	16.2	16.2	15.6	13.8	7.8	6.3	5.6	3.9	3.2	2.5	2.4	2.3	1.8	1.4

고,[6] '호래자식(속칭 '호로자식')'이란 비속어가 쉽게 사용될 정도로 한 부모 가족은 사회에서 가장 많은 편견과 비난을 받는 부정적인 대상이었다. 물론, 지금까지도 현재 진행형이다. 2022년 마크로밀 엠브레인 조사에 따르면, 가장 이상적인 가족 관계를 묻는 질문에 미혼모 가족은 동성 부부, 싱글 대디, 싱글 맘 가족보다도 낮은 최하위의 응답률을 보이고 있다.[7]

그런데 이 음지의 아이템을 양지로 끌고 나오려는 시도가 10대의 어린 자녀 세대들로부터 시작되고 있다. 애초에 그런 일을 왜 벌였냐며 철없는 행동을 비난하고 고딩 출산을 미화하는 것 아니냐는 비판을 피할 순 없겠지만, 이러한 10대의 움직임을 표면화하지 않는다고 그들의 성 문화가 자연스레 개선되리란 보장이 없기에 근원적인 문제 제기는 일단 접어두도록 하자. 그저 오랜 기간 우리 사회에 존재해왔던 '엄청난 낙인감'을 바꾸기 위한 일환으로서 '실체를 드러내는 방법'이 취해지고 있다는 점에 좀 더 주목할 필요가 있겠다. 실제로 〈고딩엄빠〉에서는 또 다른 사고를 칠 것 같은 그들의 생활 태도와 미숙한 경제관념, 사회의 편견 어린 시선 등 만만치 않은 현실을 여과 없이 보여준다. 그렇다고 한심해만 하기엔 아이를 바라보는 눈빛과 돌보는 솜씨가 여느 엄마들과 다를 바 없는 모습도 포착된다. 나이를 떠나 부모로서 마음은 다 같다는 메시지와 함께 오히려 MZ세대다운 똑 부러진 훈육으로 패널들을 감탄케 하는 장면도 여럿 등장한다. 애들 싸움에 엄마들 사이가 괜찮냐는 MC의 물음에 "애들이 싸우면 집에 있는 홈 CCTV로 누가 잘못했는지를 판단"하기 때문에 아이 싸움으로 감정이 상할 일이 없다고 밝힌 일화가 대표적이다.

어린 10대 엄빠들의 모든 행동을 옹호하는 건 아니다. 하지만 자신의 실수, 상처와 정면 승부하며 목소리를 내기 시작한 '자녀 세대'가 생각보다 매우 어린 연령부터 시작되고 있다는 것은 우리에게 시사하는 바가 매우 크다. '나'에 대한 권리를 주장하며 주체적으로 자신의 삶을 이끌기 위해 노력하는 10대들의 모습을 '집중'해서 보면 일단 '보는 이의 마음'이 조금은 달라질 수 있기 때문이다.

스스로의 권리를 "
주장하기 시작한 10대

물론 특별한 사연이 있는 10대만이 유독 주체적인 선택과 결정을 하는 것 같지는 않아 보인다. 2022년 5월, 국가인권위원회 발표에 따르면 10대들의 권리 의식과 사회 전반적인 인권 감수성이 높아지면서 19세 이상 청소년의 인권위 진정 건수가 크게 늘었다는 보고가 있다. 청소년들의 주요 진정 내용은 이렇다. ▲휴대전화 사용 제한, ▲두발 규제, ▲대학 합격자 명단 공개, ▲게시물 게시 및 단체 조직 가입 금지 등 주로 개인의 자율성 침해에 대한 문제 제기가 많다.[8] 일례로 한 중학생이 학교에서 체육복 착용을 금지하고 계절별 교복을 일률적으로 착용하도록 한 점을 문제 삼아 인권위로부터 규정 점검 및 개선 방안 마련 권고를 끌어낸 사례는 지금까지도 많이 회자되고 있다. 전문가들은 이러한 청소년 진정이 늘어난 배경 이유로 청소년에 대한 인식 변화가 있기 때문이라고 설명한다. 청소년 스스로 자신을 '보호의 대상'이 아닌 '권리의 주체'로 인식하기 시작했다는 것이다. 때문에 학교나 부모가 정한 방침에 무조건 따르기보다 외부와 적극적으로 문제의식을 공유하고 주체적으로 해결하려는 경향이 점점 더 강해지고 있다고 전한다.[9] 2021년 말 선거 출마 나이 공직 선거법 개정으로 (당선인의 공천 절차의 공정성 문제와는 별개로) 사상 첫 10대 기초 의원이 탄생한 것도 단순한 우연의 일치는 아닐 것이다.[10] 이제 '10대=아무것도 모르는 철부지 어린 세대'란 착각에서 벗어나야 할 때가 됐다.

2030세대가 🔊
소득에 민감한 이유

주체적인 태도가 강해지고 있는 것은 비단 10대들만의 이야기는 아니다. 2020년부터 정치·경제·사회 전 영역에 걸쳐 새롭게 부각되고 있는 MZ세대 역시 그 어느 때보다 주체적인 태도가 뚜렷해지고 있다. 이들의 주체성을 가장 단적으로 설명할 수 있는 키워드 중 하나는 바로 '투자'다. 2021년 은성수 전 금융위원장이 국회 정무 위원회에 참석해 가상화폐에 대한 입장을 꺼내게 된 직접적인 계기도 MZ세대의 뜨거운 투자 열기 때문이었다. 2022년은 인플레이션에 따른 경기 침체, 국내외 금융시장 불확실성이 커짐에 따라 투자 심리가 다소 위축되고 있지만, 그럼에도 MZ세대에게 주식 투자 등의 투자 활동은 여전히 높은 수익을 낼 수 있는 재테크 수단으로 인식되고 있었다.[11]

대학가에는 투자연구회, 부동산학회, 가치투자동아리 등 투자 관련 동아리들이 성행하고 있고, 스마트폰 사용이 가능한 군부대에선 군인 신분으로 투자 활동이 가능한 일명 '병정개미'가 등장한 지 오래다. 아직 큰돈을 투자할 정도로 종잣돈이 충분하진 않지만 예금으로 돈을 묵혀두기보다 투자 활동을 해서 돈이 돈을 불리는 재테크 세계에 적극적으로 뛰어드는 세대가 바로 이들이다. 일각에서는 이 젊은 세대들이 전문성이 결여된 채 투기 유혹에 빠져 투자를 하는 것 아니냐는 우려를 제기하기도 한다. 하지만 지금의 MZ세대는 감이나 느낌만을 믿고 투자하기보다 투자와 관련한 기본적인 내

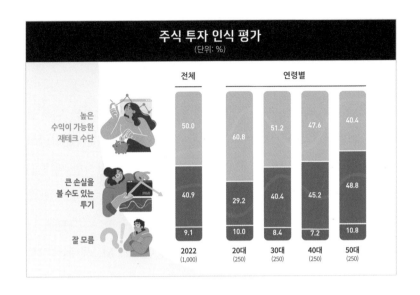

주식 투자 인식 평가
(단위: %)

	전체	연령별			
높은 수익이 가능한 재테크 수단	50.0	60.8	51.2	47.6	40.4
큰 손실을 볼 수도 있는 투기	40.9	29.2	40.4	45.2	48.8
잘 모름	9.1	10.0	8.4	7.2	10.8
	2022 (1,000)	20대 (250)	30대 (250)	40대 (250)	50대 (250)

용을 각종 콘텐츠 플랫폼이나 강의 등을 통해 '제대로 된' 공부를 할 정도로 본인만의 투자 관점이나 스스로의 논리를 세우는 데 공을 들이고 있다(물론, 필터 버블 문제가 있는 '유튜브'로 학습한다는 점이 마음에 걸리긴 한다). 중요한 것은 MZ세대가 투자 활동을 함에 있어 소문이나 유행을 좇기보다 자신만의 분명한 목표와 기준을 갖고 스스로 공부를 해서 접근하고 있다는 사실이다. 실제로 마크로밀 엠브레인 조사를 보면, MZ세대는 스스로 학습을 통해 투자 활동에 관한 정보를 얻는 경우가 다른 세대들에 비해 좀 더 많은 특징을 보이고 있었다(스스로 공부해서 투자 정보를 얻는 비율 – 20대(59.1%), 30대(51.8%), 40대(50.9%), 50대(49.3%)).[12]

이쯤 되다 보니 투자시장에서 이들의 영역과 영향력이 만만치 않은 상황이 됐다. 주요 은행 등의 금융권에서는 앞다퉈 마케팅 활동은 물론 각종 서비스 제공 프로세스까지 MZ세대에 공을 들이고 있다. 그렇다면 궁금하지 않은가? 도대체 이들은 어떤 마음과 목표를 갖고 이토록 투자 활동에 진심을 다하고 있는 걸까? 가장 설득력 있는 대답은 '경제적 자유를 통한 주체적인 삶을 지향하는 태도'를 꼽을 수 있다. 지금의 MZ세대는 다른 사람들의 눈치를 보지 않고 주체적인 행동을 두려워하지 않는 가치관과 특징을 장착한 세대다. 소비 행동 하나에도 '가치 소비'부터 '가성비'까지 다양한 소비 행태를 오가며 막강한 영향력을 행사해온 세대이기도 하다. 그런데 나의 선택과 결정에 제약을 주는 요소가 발생한다면 MZ세대는 그들 특유의 가치관을 행할 수 없다. 본질이 꼭 '돈'이 아닐 수 있겠지만, '돈'이 제한과 제약을 해결해주는 방법이 될 수 있기 때문에 지금의 MZ세대들은 그 어떤 세대들보다 '소득'에 민감하다. 미디어 등에서 '플렉스(flex: 과시성 소비)'와 같은 과분한 소비를 하는 세대로 그려지고 있지만, 그들이 모두가 허리띠를 졸라맬 때 돈을 펑펑 쓰기만 하는 소비 요정은 아니다. 오히려 '소비'만큼이나 '소득'과 '수익'에 예민하다. 다른 게 있다면 '노후'를 대비하기 위함보다는, 내일보다 젊은 '지금의 내가' 하고 싶고 해보고 싶은 것을 당당하고 자유롭게 할 수 있는 '소득'이 있기를 희망한다는 점이다. 그래서 그들은 재테크에 밝고 투자에 열을 올린다. 높은 금리나 유리한 조건의 금융 상품·서비스가 나오면 누구보다 먼저 이를 선택하고, 쟁취하려 한다. 최근 2030세대의 연금저축 가입률이 무려 70% 가까이 급증한 것도 이 같은 MZ세대의 성향을 뒷받침해주는 좋은 사례라 할 수 있다.[13] 그러니 '조기 은퇴'를 위한 첫 스타트 시점이 됐든, 아니면 은퇴 자

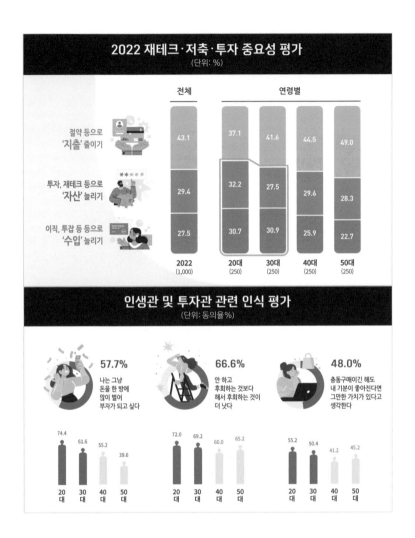

2022 재테크·저축·투자 중요성 평가
(단위: %)

	전체	연령별			
절약 등으로 '지출' 줄이기	43.1	37.1	41.6	44.5	49.0
투자, 재테크 등으로 '자산' 늘리기	29.4	32.2	27.5	29.6	28.3
이직, 투잡 등으로 '수입' 늘리기	27.5	30.7	30.9	25.9	22.7
	2022 (1,000)	20대 (250)	30대 (250)	40대 (250)	50대 (250)

인생관 및 투자관 관련 인식 평가
(단위: 동의율%)

57.7%
나는 그냥 돈을 한 방에 많이 벌어 부자가 되고 싶다

20대	30대	40대	50대
74.4	61.6	55.2	39.6

66.6%
안 하고 후회하는 것보다 해서 후회하는 것이 더 낫다

20대	30대	40대	50대
72.0	69.2	60.0	65.2

48.0%
충동구매이긴 해도 내 기분이 좋아진다면 그만한 가치가 있다고 생각한다

20대	30대	40대	50대
55.2	50.4	41.2	45.2

체를 정말 빨라지게 만들든 지금의 MZ세대는 뭐든 빠르면 빠를수록 좋다고 생각한다. 그래서 그냥 한 방에 부자가 됐으면 하는 소망도 크지만, (가상화폐 폭락 등으로 인한 뼈아픈 실패를 교훈 삼아) 소득을 증대할 수 있는 다양한 투자 활동에 관심이 많다.[14] 이제 MZ세대는

무모함으로 대변되는 청춘이 아니라 '주체적인 삶'을 목표로 '소득'에 민감한 투자 세대로 보는 것이 더 적절해 보인다.

스스로 문화를 **"**
주도해나가는 X세대

한편 다른 세대의 뚜렷한 존재감과 달리 유독 세대론 담론에서 저평가되고 밀려난 세대가 있다. 바로 아래로는 "하고 싶은 말은 다 한다"는 자유분방한 MZ세대, 위로는 '하면 된다' 정신으로 무장한 베이비붐 세대에 끼어 양쪽의 총알받이 역할을 하고 있는 1970년대생, 'X세대'다. 사실 지금 X세대는 차근차근 시기를 잘 보내서 선배 세대가 되면 자연스러웠을 모든 것이 일일이 부정되고 있기에 여러 가지 면에서 상처도 많고 소외감도 많이 느끼는 세대다. 나이와 연륜이 일종의 우월적 지위를 보장해주던 시기가 끝났음을 온몸으로 체득하고 있는 세대로, 뭔가 굉장히 억울한 세대인 것은 분명한 듯싶다.

호칭 면에서도 X세대는 희생양이 되고 있어요. 저희가 평사원, 대리, 과장일 때에는 깍듯이 "부장님, 차장님" 하고 불러드렸는데, 막상 저희가 부장 되고 차장 되자 직급을 뗀 호칭을 사용하라고 합니다. 열 살 아래의 후배 직원이 "○○ 님" 하고 이름을 부르는데… 내색은 안 하지만 묘하게 억울합니다. 솔직히 '왜 하필 우리 세대부터' 하는 생각도 들어요.

– 김민희,《다정한 개인주의자》, p.34

그런데 이러한 특징들로 인해 자칫 무심코 넘겨버린 X세대만의 특징이 있다. 바로, 그 어떤 세대보다 막강한 문화적 진보성을 갖춘 세대란 점이다. X세대는 개인주의자 첫 세대로 특유의 자유분방함을 무기로 자기만의 개성을 추구한 독특한 세대다. 기존 세대와는 달라도 너무 다른 사고방식이나 가치관 때문에 '이해 불가의 세대', 그래서 '규정할 수 없는 세대'였기에 'X세대'로 이름 붙여진 세대였다. 지금이야 어정쩡해 보이는 낀 세대로 무엇 하나 도드라지는 특징이 없어 보이지만, 이들 세대에게는 전에는 보지 못한 파격적인 20대를 선보인 찬란한(?) 역사가 있었다. 그런 X세대가 40대의 중년을 맞이했고, 그들은 나이가 들어서도 젊었을 때의 성향을 그대로 유지하려 애쓰고 있다. 마크로밀 엠브레인 조사 결과를 보더라도 이들은 여전히 개성 있는 명품을 소비하는 세대(20대 48.8%, 30대 39.6%, 40대 44.8%, 50대 40.8%)[15]이고, 의식주만큼이나 문화생활을 중요하게 생각하는 세대(20대 76.8%, 30대 70.0%, 40대 76.8%, 50대 75.6%)[16]이자 주위의 유행이나 대세를 따르기(10대 46.8%, 20대 38.3%,

이렇게 입으면 기분이 조크든요

30대 34.8%, 40대 30.0%, 50대 36.5%)[17] 보다 스스로의 주관을 믿고, 외모 성형도 일종의 자기 계발로 바라보는 적극적인 세대(20대 61.2%, 30대 58.4%, 40대 66.0%,

50대 63.6%)[18] 였다. 게다가 지금은 우리 사회에서 가장 뛰어난 경제력과 구매력을 갖춘 세대로 통하고 있다. 자유분방함과 개성, 자기주도적인 역량과 능력, 그리고 자본까지 완성된 X세대는 소비문화의 전성기를 열 수 있을 만한 막강한 파워를 갖췄다. 그래서일까?

책 《영 포티, X세대가 돌아온다》에서는 이들이 가진 막강한 문화적 영향력에 주목한다. 정치·경제와 상관없이 문화적 특징으로만 이름 붙여진 첫 세대인 만큼, 문화적인 부분에서 매우 특출한 역량을 가진 세대가 바로 X세대란 것이다. 저자는 각계각층의 세대가 추앙하는 다양한 문화 트렌드를 '직접 만들어내는' 세대, 지속적으로 각 세대에게 '소환될 문화를 생산'해내는 세대, 그래서 그 콘텐츠가 '메가트렌드가 되게끔 확장'하는 세대가 X세대라고 설명한다.[19] 심지어 그들은 정치·경제·문화 모든 면에서 중요한 결정을 할 수 있는 지위에 다수 포진돼 있을 만큼 권력 또한 막강하다는 특징이 있다. 매우 중요한 분석이다.

하지만 여기에서 더욱 중요하게 살펴볼 시사점이 한 가지 더 있다. 바로 각각의 세대들이 주목하게 될 다양한 콘텐츠가 결국은 이들 X세대의 가치관, 철학, 신념이 반영돼 '기획'되고 '생산'된다는 점이다. 사실 X세대는 외환 위기와 함께 시작된 사회생활에서 생존을 위해 유연하게 적응한 세대로, 위아래 세대의 '다양성'을 포용하고, 또 세대의 '다름'을 연결할 줄 아는 적임 세대이기도 하다. 양 세대의 생리를 몸소 경험한 세대로서 그들을 생산적으로 포용해낼 유일한 세대일 수 있다는 의미다. 이런 맥락에서 보면 X세대가 생산해내는 콘텐츠는 어쩌면 너도나도 주체성을 드러내는 요즘, 세대별 간극을 조금이나마 좁힐 수 있는 완충제 역할을 할 가능성이 높다. 뼛속 깊이 내재화된 그들의 문화적 주도성을 우리가 X세대란 이름 으로 주목해야 하는 이유다.

A세대의 등장 "

자의든 타의든 주체적인 삶이 인생의 목표이자 이유가 돼버린 세대 도 있다. 바로 이전까지는 힘없고 돌봄의 대상으로 인식돼왔던 그 들, 60대 이상의 시니어층이다. 지금의 시니어 세대는 자식에게 손 을 벌리기보다 일의 강도는 줄이되 유연한 일자리를 찾아 독립적인 삶을 추구하려는 경향이 강해지고 있다. 실제 마크로밀 엠브레인 조사를 보더라도 스스로 노후 준비를 하는 사람들이 많아진 것 같 다는 데에 고연령층의 동의율이 젊은 층에 비해 압도적으로 높다(10 대 72.0%, 20대 80.0%, 30대 81.5%, 40대 86.5%, 50대 92.0%).[20] 주로 전공 이나 취미를 살려 적극적으로 제2의 업을 찾거나, 자신의 경험과 지 혜를 바탕으로 새로운 일자리를 창출하는 등 대한민국의 시니어 수 준은 날로 새로워지고 있다.

이러한 변화가 가능한 이유는 이전보다 높아진 시니어들의 소득 과 관련이 있다. 2021년 6월 보건복지부가 발표한 〈노인실태조사〉 에 따르면, 60대 이상 시니어들의 개인소득은 2008년부터 계속적 으로 증가한 것으로 나타났다. 경제활동에 참여하는 비율도 지속적 인 증가세를 보였는데, 이렇게 높아진 소득 덕분에 자식들에게 의

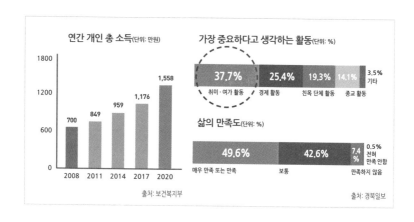

연간 개인 총 소득(단위: 만원)

1,558 (2020)
1,176 (2017)
959 (2014)
849 (2011)
700 (2008)

출처: 보건복지부

가장 중요하다고 생각하는 활동(단위: %)

37.7% 취미·여가 활동 / 25.4% 경제 활동 / 19.3% 친목 단체 활동 / 14.1% 종교 활동 / 3.5% 기타

삶의 만족도(단위: %)

49.6% 매우 만족 또는 만족 / 42.6% 보통 / 7.4% 만족하지 않음 / 0.5% 전혀 만족 안함

출처: 경북일보

지하지 않고 독립적이면서 주체적인 삶을 추구하는 것이 가능해졌다고 전문가들은 전한다. 어느 정도 모아놓은 자산도 과거엔 자녀 세대에 의존하는 노후 준비로 자녀에게 자산을 상속하는 경우가 많았다면, 요즘은 자신의 노후를 위해 사용하는 시니어가 많아지고 있는 것도 주체적 삶이 가능한 이유로 꼽힌다. 눈에 띄는 점은 높아진 소득만큼이나 '경제활동' 외 '취미·여가 활동'에 대한 니즈가 높게 평가되고 있다는 점이다. 시니어가 되기 전까지 수십 년을 인생의 목표를 '일'과 '가족'에 맞춰 살아온 그들이, 시니어가 되는 순간 하루에 더 많은 '내 시간'을 할애하고 싶을 정도로 삶의 우선순위가 바뀌고 있는 것이다. 때문에 지금의 시니어는 보다 적극적으로 그들의 시니어 라이프를 양적·질적으로 채우려 노력 중이다.

글로벌 광고회사 TBWA코리아는 이런 시니어 세대를 'A세대'로 정의한 바 있다. 기존 시니어 세대와 달리 광범위한 영향력, 즉 '에이스ace'다운 면모를 보인다는 뜻에서 붙여진 이름으로, ageless(나이를 초월한 라이프 스타일을 누리고 싶은 욕구), accomplished(가치 있는 성취를 이루고자 하는 욕구), 그리고 autonomous(자기 주도적인 삶을 살고 싶은 욕구) 등의 의미를 포함하고 있다.[21] 젊은 세대 못지않게 마케팅 활동과 소비시장에서 적극적으로 반응하는 소비 주체가 시니어 세대라는 것이다. 때문에 기업이 'A세대'를 간과해서는 안 된다고 조언한다.

콘텐츠를 소비함에 있어서도 수동적이기만 했던 시니어 세대는 이제는 스스로 콘텐츠를 생산하려는 열망까지 표출하고 있다. 50대 이상, 많게는 70~80대인 시니어들이 유튜브와 팟캐스트 등 뉴미디어 영역에 주인공으로 나서는 것은 이제는 꽤나 익숙한 풍경이다. 오히려 미디어에 대한 높은 이해도로 1인 미디어의 새로운 콘텐츠 '생산자'로 떠오르기까지 한 점이 낯설고 생경할 정도다. 일례로 전직 패션 바이어로 패션 팁과 정갈한 자신의 라이프 스타일을 공유한 장명숙 씨의 유튜브 채널 〈밀라논나〉는 구독자가 92만 명에 이를 정도로 엄청난 인기를 자랑한다. 유튜브 측에선 시니어 크리에이터들이 진정성 있는 이야기로 세대 공감을 이루는 것은 물론, 오랜 세월 자신이 쌓아온 전문 지식을 아낌없이 공유함으로써 젊은 세대에게 영감을 주고, 그들과 함께 즐기는 새로운 문화를 양성하기까지 한다고 전한다.[22] 이제 시니어 세대는 그들이 원하는 방향으로 시장의 흐름을 바꿀 만한 막강한 세력이 됐다. 콘텐츠는 물론 문화, 패션, 의식주, 라이프 스타일 전 영역에 이르기까지 그들이 무엇을 원하고, 무엇을 싫어하며, 어

■ 출처: 유튜브 〈밀라논나〉

떤 변화를 꿈꾸는지에 따라 패러다임의 변화는 불가피해 보인다.

새롭게 떠오르는 질문, 〃
'나이'란 무엇인가?

10대부터 시니어 세대에 이르기까지 전 세대가 주어진 역할에 안주하기보다 주체적으로 자신의 삶을 결정하는 태도가 강해지고 있다. 때문에 자연스레 공론화되는 이슈가 하나 있다. 바로 '나이'다. 때마침 윤석열 정부가 '만 나이 통일' 추진안을 발표하면서 2022년은 한국의 대중들이 그 어느 때보다 '나이'에 대한 관심이 높았던 한 해이기도 했고, 덕분에 우리 사회의 '나이'에 대한 고정관념과 '나이'의 경계 및 역할을 다시 한번 돌아보는 계기가 됐다.

실제로 2022년 초 마크로밀 엠브레인 조사 결과를 보면, 한국 사회의 대중들은 스스로의 나이에 얽매여 사는 사람들이 많은 것 같다는 데에 무려 84.0%의 동의율을 보이기도 했다.[23] 나이에 대한 선입견이 많이 약해졌다 하더라도 여전히 능력이나 지식, 경험, 실력보다 '독립하기에 적당한 나이', '결혼하기에 적당한 나이', '집을 사기에 적당한 나이', '출산하기에 적당한 나이'처럼 '나이'를 기준으로 의무감과 책임감을 부여하는 경우가 많다는 뜻이다. 그래서일까? 정부의 '만 나이 통일'과 같은 법적 제도 손질보다는 나이에 대한 사회적인 고정관념 개선이 우선돼야 하고(60.5%, 동의율), 나이에 따른 위계질서를 없애는 것이 먼저(53.3%, 동의율)라는 의견이 비교적 많은 편이다.[24] 은퇴 연금을 줘야 하고 시니어 디스카운트를 적용해야 하는 정부나 기업 입장에서나 나이가 중요하지, 실제 일상생활 속 대중들은 '명확한 나이 계산'이 문제라기보다는 '나이에 따른 명확한 역할(론)'을 더 문제라고 보고 있는 것이다.

'역할'이라는 것은 사회적 관계에서 개인이 가지는 특정한 지위나 범주, 그리고 그러한 범주 내 규정된 모든 행동거지를 의미한다. 그리고 우리 사회는 이를 '나이'에 맞춰 규정하는 것이 그 어느 국가보다 강한 사회다. 나이에 따른 역할이 있고, 이 역할에 맞는 욕망과 감정 같은 것들을 규범에 맞게 행해야 함을 전제하고 있다는 의미다. 그런데 전 세대에서 역전 현상이 일어나고 있다. 세대를 망라하고 규정된 나이를 넘어 주도적이고 주체적으로 자신의 삶을 영위하려는 욕망과 감정을 표출함으로써 세대에게 주어지는 각각의 역할

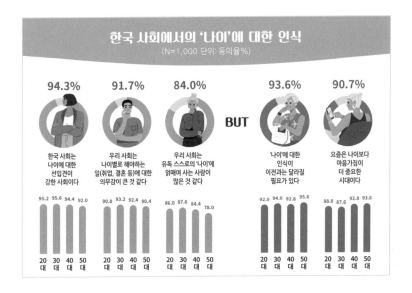

한국 사회에서의 '나이'에 대한 인식
(N=1,000 단위: 동의율%)

94.3%
한국 사회는
나이에 대한
선입견이
강한 사회이다
95.2 95.6 94.4 92.0
20대 30대 40대 50대

91.7%
우리 사회는
나이별로 해야하는
일(취업, 결혼 등)에 대한
의무감이 큰 것 같다
90.8 93.2 92.4 90.4
20대 30대 40대 50대

84.0%
우리 사회는
유독 스스로의 '나이'에
얽매여 사는 사람이
많은 것 같다
86.0 87.6 84.4 78.0
20대 30대 40대 50대

BUT

93.6%
'나이'에 대한
인식이
이전과는 달라질
필요가 있다
92.0 94.0 92.8 95.6
20대 30대 40대 50대

90.7%
요즘은 나이보다
마음가짐이
더 중요한
시대이다
88.8 87.6 92.8 93.6
20대 30대 40대 50대

들을 일제히 분산하고 있다. '그 세대가 해야 할 규정된 역할'이 아닌 '그 세대도 가능한 역할들을 확장'하는 쪽으로 가치관이 형성되고 있는 것이다. 이제 세대만이 갖는 전유물, 제2의 천성이란 것은 없는 시대가 됐다. 세대가 재편되고 있다.

나이는 세월을 공감하게 하지만 세월을 비극적으로 만들기도 한다. 공통의 조건으로 한데 묶이고 그대로 흔들리는 신세는 서글프다. 나이가 들었다고 해서 내가 꼭 그 나이인 것은 아니다. 서류상의 내 나이와 스스로 느끼는 내 나이 사이의 간극을 두고 하는 말이다. 이제 사람들은 인생을 자기 마음대로 여러 번 살 권리를 요구한다. 나이 먹는다고 철이 드는 것도 아니요, 나이 때문에 사람이 무너지지도 않기 때문에 자기 나이로 보이고 말고가 없다. 나이는 수많은 변수 중 하나일 뿐이다. 이제 우리는 생년월일, 생물학적 성, 피부색, 지위 따위에 얽매이고 싶어 하지 않는다. 인간 조건은 여기저기 금이 갔고, 우리는 정체성과 세대가 유동적인 시대에 진입했다.

– 파스칼 브뤼크네르, 《아직 오지 않은 날들을 위하여》, p.15

So what? 〞
시사점 및 전망

최근까지도 한국 사회에는 마치 MZ세대만 존재하는 느낌이 들 정도로 모두가 주된 소비 대상으로서 MZ세대를 언급하는 경우가 많았다. 간혹 X세대를 분석한 책이 등장하고 간간이 시니어 세대를 다룬 몇몇 연구 결과와 서적들이 등장하는 것이 추세 아닌 추세라고나 할까? 굳이 비중을 따지자면 MZ세대, X세대, 시니어 세대 순으로 볼 수 있겠다. 그런데 세대가 다름에도 이들 주장에는 공교롭게도 묘한 공통점이 한 가지 있다. 각각의 세대가 향후 소비시장의 주축이 될 것이란 믿음이다. 모두 맞는 말일 수도, 아닐 수도 있다. 이유는, 2023년은 과거의 상식·지식·정보가 통하지 않으면서 세대 구분 자체가 되레 무의미해짐을 느끼는 강력한 한 해가 될 것으로 전망되고 있기 때문이다. 저마다의 세대가 이전과는 확연하게 다른, '세대 역할에서 벗어나기' 전략을 펼치고 있다. 적극성과 능동성, 주체성을 발휘하며, 이른바 탈세대 역할론의 등장을 예고하고 있다. 이런 맥락에서 몇 가지 중요한 시사점을 살펴볼 필요가 있다.

첫째는 세대를 가르는 단어의 경계가 모호해짐으로써 생애 주기에 따른 연령 기준 교체와 같은 내용이 이슈가 될 가능성이 높다는 점이다. 2022년에 출간된 《대한민국 인구 트렌드 2022-2027》의 저자 전영수 교수는 노인 유병이 70세부터 본격화된다는 점을 감안, 60세를 중년으로 보고 10~39세를 청년, 40~69세를 중년, 70세 이상을 노년으로 구분하는 방법을 적용할 필요가 있다고 말한다.[25] 주장의 이유는, 이렇게 되면 일단 '젊은' 베이비부머가 한국 사회의 빚이 아닌 힘이 될 조건을 두루 갖춘 파워 있는 세대로 부각될 수 있다는 것이다. 데이터를 짚어보자. 현재 2021년 1년 출산율이 0.808명 (2021년 출생아수: 26만 6백 명)인 상황에서 100만 명 출생 시절을 살았던 베이비부머 세대는 앞으로 20년 동안 무려 1,700만 명이나 된다.

2025년이면 65세 인구 비중이 20%로 규모의 경제를 이룰 만큼 압도적이다. 그런데 이들은 자식들을 위해 모든 것을 포기하거나 절약이 정답이라 생각하지 않는 세대로, 높아진 경제력만큼이나 자신을 위한 씀씀이를 두려워하지 않는다는 특징이 있다. 게다가 민주주의라는 기치로 똘똘 뭉쳐 사회 진화를 주도했던 세대인 만큼 존재감 자체가 강력하다. 위기에 맞서 기회를 찾는 데도 익숙하고, 새로운 소비시장을 창출할 정도로 주도적이고 적극적이다. 이러한 세대를 기존의 연령 기준으로 '노인'으로 규정할 것이 아니라 나이 든 청년, '중년'으로 바라보는 세대 하향화 작업은 사회 전체가 부담해야 할 노년 부양비 감소 측면에서 미래 사회를 대비하는 합리적 해법이 될 수 있다. 물론 폭넓은 사회적 논의와 합의가 필요하다. 때문에 이러한 관점에서 생애 주기에 따른 연령 기준의 교체 이슈는 향후 더욱더 공론화될 가능성이 높아 보인다.

두 번째 시사점은 나이에 따른 고정관념(결혼, 연애관, 대학 입학, 취업, 적정 출산 연령 등)이 느슨해짐으로써 리버스 멘토링Reverse Mentoring에 대한 관심이 보다 급증할 가능성이 크다는 점이다. 리버스 멘토링은 실제로 최근 취업시장에서 주목받고 있는 제도로, 후배가 선배의 멘토가 되는 것을 의미한다(선배가 후배를 가르치는 기존 멘토링의 반대 개념이다).[26] 후배가 주제와 운영 방식, 장소 등을 주도적으로 정하고 선배는 이를 경청하는 것으로, 이후에는 서로 역할을 바꿔 서로에 대한 이해를 돕고 생각을 공유하는 소통 방식을 말한다. 1999년 고故 잭 웰치 GE 회장에 의해 창안된 이 제도가 20년이 지나 국내 도입이 거론됐던 이유는 순전히 MZ세대와의 조직 문화 융화를 도모하기 위함이었다. 기업 현장에서 기성세대와 MZ세대가 그야말로 첨예한 갈등을 빚고 있었기 때문인데, 처음 제도 도입이 공론화됐을 때만 해도 위계질서가 강력한 한국 사회에서 제도 자체의 실현 가능성을 부정적으로 보는 의견이 많았다. 하지만 최근 보수적으로 평가받는 공기관으로까지 이른바 '계급장 떼고 배우는' 문화가 점차 확산되고 있는 추세다. 심지어 MZ세대 사원을 '면접 위원'으로 배치해 다양한 세대의 시각에서 지원자를 평가하고, 함께 일하고 싶은 팀원을 '직접' 선발하는 파격적인 채용 프로세스까지 등장하고 있다.

한발 더 나아가 기업의 노조 문화 역시 급진적인 변화가 이뤄지고 있다. 이주환 한국노동사회연구소 연구 위원의 〈이슈페이퍼〉에 따르면, 2020~2021년 초반만 하더라도 노조 조합원은 대체로 남성·40대·제조업 중심인 경우가 많았다. 특히 40, 50대 조합원 수는 전체 노조 인원의 과반으로, 이 중 50대는 지난 2010년에 비해 조합원 비중이 9.5%p 증가하는 등 대체로 노조 연령대가 높아지는 양상을 보이는 것이 일반적이었다.[27] 그런데 최근 MZ세대가 주축이 된 노조가 등장하고 있다. 차이가 있다면 수십 년간 노동운동을 이끌어온 강성 노조와는 선을 긋고 '공정'을 기조로 그들만의 독자 노선을 선택한다는 점이다. 마크로밀 엠브레인 조사 결과에서도 MZ세대들은 '연봉 및 복리 후생'과 같은 측면보다는 '성과급 지급 이슈(20대 42.8%, 30대 34.8%, 40대 32.4%, 50대 35.2%)'나 '노동강도 문제(20대 31.6%, 30대 24.0%, 40대 27.6%, 50대 28.4%)', '인사 차별 이슈(20대 25.2%, 30대 21.2%, 40대 16.8%, 50대 18.0%)', '기업의 불공정 행위(20대

19.2%, 30대 12.0%, 40대 10.8%, 50대 12.8%)' 등 주로 '공정성'에 기반한 문제 해결을 직장 내 노동조합의 역할로 언급한 경우가 많았다.[28] 전 세계적으로도 경영계를 긴장시키는 MZ세대의 노조 설립 움직임은 활발하다. 스타벅스, 애플, 아마존 등 미국 주요 기업에서 노동조합 설립이 급증하고 있는 것으로, 주로 이런 움직임은 2030세대를 중심으로 이뤄진다고 해서 노조union의 이니셜을 딴 'U세대'란 키워드까지 등장했다.[29]

이렇게 보면 나이에 따른 전통적인 멘토링 개념의 진보화는 일상생활의 다양한 영역 중에서도 조직 생활과 일work 중심으로 많은 변화가 이뤄지고 있음을 확인할 수 있다. '일'은 개인에게 있어 삶의 중심이기에 어쩌면 필연적이면서 당연한 결과일 수 있다. 하지만 중요한 것은 조직 문화를 통해 습득한 많은 교훈들이 개인의 경험으로 축적돼 삶에 지대한 영향을 끼칠 수 있다는 점에 주목할 필요가 있다.[30] 이 점을 감안하면 앞서 살펴본 조직 문화에서의 다양한 개인적 경험들은 일상생활 전 영역에 영향을 끼칠 중요한 변수로 작용할 가능성이 크다.

세 번째 시사점은, 탈세대 역할론이 부각되면서 '세대 크로스오버' 콘텐츠가 확산될 가능성이 크다는 점이다. 이를테면 아이를 키우는 10대 부모의 이야기나 완숙미, 노련미로 대변되는 '어르신(老人)'들의 새로운 경험과 도전 등의 이야기를 담은 콘텐츠 등이다. 특히나 노년의 삶 자체가 하나의 자산인 인생의 대선배가 주축이 된 콘텐츠는 대중들에게 더욱더 많은 주목을 받을 것으로 보인다. 2022년 3월 14일 첫 방송을 한 JTBC의 〈뜨거운 씽어즈〉는 방송 전 선공개

〈뜨거운 씽어즈〉에서 나문희 씨가 노래하는 모습. 노래에 대한 진심이 고스란히 담긴 대배우의 무대는 많은 시청자들에게 깊은 울림을 줬다.
출처: JTBC 〈뜨거운 씽어즈〉

한 나문희 씨의 영상 조회 수가 100만 회에 육박하는 '대박'을 터뜨렸다. 60여 년간 성우로, 연기자로 활동했던 81세의 대배우도 노래하기 위해 올라선 첫 무대에선 바지 자락을 움켜쥘 정도로 긴장한 모습이 역력했는데, 이 모습은 새로운 도전을 앞둔, 또는 경험했던 모든 이에게 감동과 공감을 주기에 충분했다. 이렇게 각자의 분야에서 한 획을 그었던 인생의 대선배에게도 새로운 도전은 그야말로 '도전'일 수 있으며, 설사 실패를 하더라도 지나고 보면 행복한 '추억'이 된다는 것을 몸소 보여주는 콘텐츠들은, 다른 세대에게 여러 가지 의미에서 깊은 울림을 줄 수 있다. 진정성과 간절함을 담은 콘텐츠들이 앞으로 더 활성화될 것으로 예상되는 이유다.

세대를 크로스하는 콘텐츠 활성화와 함께 그동안 사회의 비주류로 소외됐던 세대와 계층에 대한 이야기도 다양한 방식으로 선보이게 될 것으로 예상된다. 동시에 비주류 소외 계층 자체를 대면해보지 않거나 낯설어하는 사람까지도 그들을 쉽게 접할 수 있을 만큼의 환경이 조성될 가능성도 높아 보인다. 사실 소외된 사람들에 대한 편견과 낙인감을 없애고 인식을 전환하는 가장 좋은 방법은 그들의 실체를 더 많이 드러내는 것이다. 극소수에서 다수로, 그 실체를 입체적으로 직면한 사람들이 많아질 때 편견이나 혐오가 이해와 인정으로 바뀔 수 있기 때문이다.[31] 앞서 언급한 〈고딩엄빠〉 프로그램이 무수히 많은 비판을 받고 있음에도 한편으로 그들의 입장을 이해하고 응원하는 부류가 생겨나는 것은 그만큼 기존의 사회적 낙인이 사라지고 그들에 대한 인식이 조금은 누그러졌음을 반증하는 것이기도 하다. 이런 관점에서 사회적 약자를 비롯해 사회적 혐오의 대상이 된 타자에 대한 이해의 태도가 필요하다는 주장이 제기될 가능성도 커 보인다. 그리고 그에 따른 콘텐츠들이 더 다양하고 뾰족한 방향으로 드러날 것으로 예상된다. 이를테면 LGBTQ[32]나 희귀병, 이상abnormal 성격의 캐릭터들이 콘텐츠 내 소재화로 구현되는 것 등이다.

다만 이렇게 되면 자칫 사회적 갈등 양상이 종전보다 다양한 분야에서 증폭되는 우려스러운 상황이 발생할 수 있다. 사회화된 인간은 기본적으로 정의나 공정, 자유, 도덕 등의 윤리적 개념과 실천에 전제된 많은 약속들을 '동일한 기준'으로 파악하는 경향이 있다. 때문에 그것이 동일하지 않거나, 그 기준이 내가 알고 있던 상식보다 좀 더 우위를 점하려 할 때 부정적인 감정을 유발할 수 있다. 나의 안전지대를 지키려는 일종의 본능일 수도 있고, 인간에게 선물과도 같은 '공감 능력' 때문일 수도 있다. '공감'은 우리가 다른 사람의 시선으로 세상을 바라보고 다른 사람의 감정을 함께 느낄 수 있게 해주는 매우 선한 능력 중 하나다. 하지만, '지금 여기' 있는 특정 인물

최근 BL(Boys Love) 장르인 〈시맨틱에러〉가 대중적인 호응을 이끌어내면서 BL 드라마 제작이 더욱 활발해지고 있다. BL 드라마 〈시맨틱에러〉(왼쪽), 국내 최초 BL 시트콤 〈하숙집 오!번지〉(오른쪽)

에게만 초점이 맞춰지면서 우리가 공감하지 않거나 공감할 수 없는 사람들의 고통은 보지 못하게 하는 '유일한' 문제가 있다. 나의 가치관, 역할이 제 기능을 못하게(하기 어렵게) 만들기도 하며, 편향된 방향으로 우리를 유도할 수도 있다는 뜻이다.[33]

이런 맥락에서 보면 우리 사회의 비주류로 소외됐던 세대와 계층이 사회 외적으로 드러나는 현상은 대면 경험이 부재한 사람들에겐 그 자체가 매우 불편하고 불만스러울 수 있다. 하지만 외국인을 향한 적대감은 외국인이 없는 곳에서 가장 크고, 이슬람을 향한 적대감도 이슬람교도가 없는 곳에서 가장 크며, 성 소수자가 없는 지역에서 성 소수자에 대한 적대감이 가장 크다는 사실을 되뇌어볼 필요가 있다. 편견이나 혐오와 같은 사회적 낙인감을 없애기 위해서는 실체를 드러내는 방법이 가장 중요하다는 사실을, 이제는 어느 정도 '공감'하는 마음의 준비를 해야 할 것으로 보인다.

> 우리는 서로를 더는 잘 모르기 때문에 혐오와 경멸을 만들기가 아주
> 쉽다. 거리 두기에서 편견으로, 그리고 다시 편견에서 거리 두기로
> 나아간다. 이런 이중나선의 가속화가 미국을 공포와 혐오 사회로 만
> 들어갔다.
>
> — 바스티안 베르브너, 《혐오 없는 삶》, p.56

마지막으로 가장 중요하게 짚어볼 시사점은 자녀들이 부모에 대한 문제를 공론화하기 시작했다는 사실이다. 이것은 다시 말해 '갈등 관계'와 '평등(한) 관계'의 두 가지 양극단으로 '관계의 방향성'이 전개될 가능성이 있음을 시사하는 것이기도 하다. 이제야 시작이지만 지금의 자녀 세대가 부모 세대의 공감과 응원을 받으면서 독립성과 주체성이 더욱더 강해지는 세대란 점을 감안하면, 이제야말로 자녀들의 부모 고발(?) 양상은 어떠한 방향으로든 본격적으로 이뤄질 것으로 예상된다. 지배-복종이라는 가장 강력한 상하 위계질서의 부모 자녀 관계가 자녀들의 하극상(?)으로 점점 느슨해지고 허물어지고 있는 것이다(이 과정에서 갈등이 증폭될 수도 있고, 어쩌면 예상치 못한 의외의 타협점을 찾을 수도 있다). 무엇이든지 처음이 어렵지 일단 시작되면 그다음은 탄력을 받기 마련이다. 허물어지는 위계의 대상이 부모를 시작으로 사회 저변으로 확대될 가능성이 높다는 뜻이다. 이를테면 직장에서의 선배나 상사에 대한 후배들의 태도 같은 것들이다. 지금도 직장이나 조직 생활에서는 젊은 세대가 힘들

다고, MZ세대를 도통 모르겠다고 하소연하는 선배 세대들이 많다. 하지만 앞으로는 문제 제기를 더욱더 '일상적으로', '뾰족하게' 공론화할 후배 세대들의 등장으로 긴장해야 할 상황이 보다 빈번해질 수 있다. 실제로 현재 〈영혼의 노숙자〉 팟캐스트 방송에선 '이상한 나라의 직장 동료' 에피소드가 절찬 제작 중이다. 이제 선택은 오로지 인생 선배가 후배 세대들의 이 반란을 흔쾌히 받아들이느냐 감정적으로 받아들이냐에 따라 달라질 것으로 보인다.

#나이를 넘어
#세대 역할의 확장

부모라도 '참지 않는' 자녀 사례들 >>>

영국의 명문대 옥스퍼드 졸업 후 변호사가 된 40대 '고스펙' 남성. 그는 현재 런던 도심에 위치한 100만 파운드(약 16억 원) 가치의 아파트에서 살고 있다. 남부러울 것 없이 사는 듯한 그가 최근 고령의 부모에게 소송을 걸었다. 부모와의 다툼 후 경제적 지원이 끊겼기 때문이다. 그는 "성인이 된 지 20년이 지났지만, 그동안 부모님이 나를 '의지력 없이' 키웠다"며 "평생 나를 양육해야 한다"고 주장했다.[34]

중국에는 결혼 적령기 자녀를 둔 부모들이 주말마다 '공원'에 나가 자녀의 짝을 직접 물색하는 독특한 중매 문화가 있다. 부모들은 자녀의 '스펙'을 적은 피켓을 들고 나간다. 부모들의 이러한 중매 시도는 자녀들의 의사와 무관하지만 암묵적으로 이어지고 있다. 그런데 최근 이러한 부모의 강압적인 태도로

원치 않는 결혼을 강행해야 했던 20대 중국인 여성이 '혼인 무효 소송'을 제기해 승소하는 사건이 화제가 됐다. 이 여성은 "어머니와 여러 차례 결혼 문제로 몸싸움을 벌일 정도로 갈등이 심했다"면서 "교제를 거부하고 결혼 생활을 종료하겠다고 할 때마다 모친은 자살하겠다며 (나를) 협박했다. 하지만 어떠한 감정도 없는 남편과 더 이상 혼인을 이어갈 이유가 없기에 혼인 무효 소송을 제기한다"고 이유를 밝혔다.[35]

최근 일본에서는 '셰어런팅'의 역풍이 불고 있다. '셰어런팅'은 'share(공유)'와 'parenting(양육)'을 합성한 말로, 부모가 어린 자녀의 사진이나 일상 등을 SNS에 올리는 것을 말한다. 일본에서 육아를 주제로 15년간 연재된 인기 만화의 주인공인 '작가의 딸'이 어릴 적 자기를 소재로 한 만화 내용으로 사생활이 공개돼 정신적 고통을 받았다고 호소하며 논란이 시작됐다. 딸은 "어린 시절, 원치 않았던 내 개인

정보를 엄마가 공개하면서 나의 정신을 망가뜨렸다"며 "(엄마는) 외모 콤플렉스와 관련된 이야기, 정신과 치료 병력 등 숨기고 싶었던 내 사생활을 허락도 없이 공개했다"고 말했다.[36]

세계 각국 정치계에 부는 젊은 바람 >>>

유럽 등 정치 선진국을 중심으로 젊은 정치인들이 늘어나고 있다. 국제의원연맹IPU의 '의회 내 청년 정치인' 자료에 따르면, 유럽 주요 국가들의 청년 국회의원 비율은 노르웨이 34.3%, 덴마크 30.7%, 스웨덴 31.4%, 핀란드 29%, 독일 11.6% 수준인 것으로 나타났다. 반면 한국의 경우 청년 정치인의 비율이 단 3.7%로, 110개 국가 중 107위

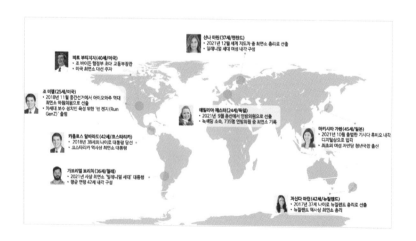

라는 최하위를 기록했다.[37] 다만 최근 마크로밀 엠브레인의 조사 결과를 보면, 젊은 정치인의 증가 현상에 대해 '기존 정치권에 새로운 변화를 가져올 수 있을 것 같다(72.0%, 동의율)'는 기대감이 많다.[38] 향후 한국 사회에서도 '젊은 정치인'들이 보다 늘어날 수 있을지 관심이 모아지고 있다.

다시 러브 콜 받는 시니어 세대 >>>

'연공서열에 따른 임금체계', '신입 사원 선호 문화' 등으로 30대 중반의 경력직 채용이 드문 일본에서 최근 50대 '시니어 인재'들이 각광을 받고 있다. 이와 관련해 NHK는 "시간과 돈을 들여서라도 신입 사원을 육성한다"는 통념이 굳건했던 일본 기업들이 저출산·고령화에 따른 노동인구 감소와 코로나로 인한 경제 침체 탓에 '즉시 전력감'을 구하고 있다고 분석했다. 그동안 50대 사원은 "능력이나 체력이 떨어진다"거나 "변화에 잘 대응하지 못한다"는 편견이 있었지만 오히려 최근 일본에서는 이들의 업무 역량이 젊은 세대에 전혀 뒤지지 않고, 직원 대부분이 20, 30대로 구성돼 있는 조직에서 경험 많고 조직을 이끌어줄 수 있는 사람으로서 적격이라는 이유로 시니어 인재들에 주목하고 있다. 실제로 일본 인재소개사업협회가 2022년 6월 발표한 자료에 따르면, 41세 이상 이직자는 2021년 10월부터 2022년 3월까지 6,229명으로, 1년 전에 비해 34% 증가한 것으로 나타났다.[39] 이러한 추세로 현재 일본에서는 정년 폐지, 고령자 고용

일본의 '고령자 고용' 확대

2006년	65세까지 고용 확보 조치 (정년 연장·폐지, 계속 고용) 의무화
2013년	'65세까지 고용 확보 조치' 희망자 사실상 모두 혜택받도록 확대
2021년	70세까지 취업 기회 확보 위한 노력 의무화 (정년 연장·폐지·계속 고용에 더해 위탁계약 고용, 사회 공헌 사업 고용 추가)

일본 주요 기업들의 고령자 고용 제도

YKK그룹	2021년도 일본 내 65세 정년 폐지
구보타	2022년 4월부터 정규직 정년 65세로 상향
노지마	2021년 '임시직 채용 상한 80세' 폐지
쇼와전선HD	2021년 60세 이상에도 성과제 확대
카시오계산기	60세 이상 평가 기준 세분화

출처: 65세 넘는 '현역' 확 늘렸다…정년 해법 된 일본 재고용(2022.3.27.), 매일경제

확대 등을 통해 '고령층' 직원을 고용하는 방안을 마련하기 위한 움직임이 활발하다. '시니어 직원'의 노하우와 인맥을 지속적으로 활용할 수 있다는 점, 그리고 이들의 폭넓은 업무 지식과 경험, 전문성에 긍정적인 평가가 많아지고 있는 것이 배경 이유로 꼽힌다.[40]

Z세대의 인식 변화가
경제지표에 끼치는 영향 >>>

최근 Z세대가 이끌고 있는 LGBT(성 소수자)에 대한 포용성이 한 사회의 경제와 연관된다는 흥미로운 연구 결과가 나왔다. LGBT 포용

성 소수자 포용도와 1인당 명목 GDP 순위

성 소수자 포용도(2019년)		1인당 명목 GDP 순위(2019년)	
OECD 평균 5.1		OECD 평균 3만 9,713	
호주	6.3	룩셈부르크	114,685
룩셈부르크	6.3	스위스	85,300
핀란드	6.3	아일랜드	80,779
스페인	6.6	노르웨이	75,826
스위스	6.8	미국	65,280
덴마크	7.3	덴마크	60,213
노르웨이	7.4	호주	55,057
네덜란드	7.6	네덜란드	52,295
스웨덴	8.1	스웨덴	51,687
아이슬란드	8.3	오스트리아	50,122
한국	2.8	한국	31,929
(단위: 10점 평균/점)		(단위: 달러)	

출처: OECD

성이 높은 국가의 대부분이 GDP(국내총생산) 상위권에 해당한다는 결과로, OECD 38개 회원국 중 법적 LGBT 포용성이 높은 최상위 37개국의 평균 1인당 GDP가 최하위 3개국의 평균값보다 3,200달러 높은 것으로 나타났다. 한국의 경우 LGBT 포용성이 10점 만점에 2.8점으로 OECD 평균(5.1점)에 비해 현저히 낮은 수준이었으며, 36개국 중 32위로 나타났다.[41]

일본 MZ세대의 K사랑 >>>

2022년 1월 일본 내각부가 발표한 외교 관계 여론조사를 살펴보면, 일본의 MZ세대가 '한국에 대해 친밀감을 느낀다'는 응답이 61.4%로 가장 높은 것으로 나타났다. 30대는 42.8%, 60대는 30.5%로, MZ세대의 절반 수준이다. 과거 욘사마와 같은 '한류 붐'처럼 한국 드라마를 통해 중장년층의 한국 관심 또한 커지고는 있지만, MZ세대는 다른 세대보다 더 '한국풍'을 선호한다는 특징을 보인다. 최근 닛케이 기초연구소의 보고서에 따르면, "(일본) 젊은이들의 소비문화를 얘기하는 데 있어 한국이 필수적인 단어가 됐다"며, 현재 일본의 MZ세대가 '한국에 대한 인식 변화'를 주도하고 있다고 분석했다.[42]

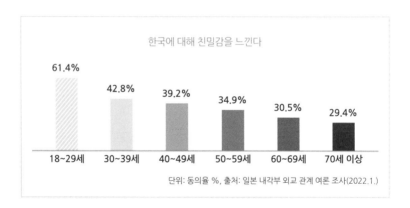

단위: 동의율 %, 출처: 일본 내각부 외교 관계 여론 조사(2022.1.)

중국의 주링허우와 링링허우 >>>

중국에 또 다른 신新소비 세대가 등장했다. 바로 00년생 '링링허우'
다. 이들은 중국의 새로운 경제 주체로 주목받으며 사회 트렌드를
주도하고 있다. 이들의 가장 눈에 띄는 특성 중 하나는 '높은 애국
심'이다. 성장기 시절 2008년 베이징 올림픽을 거쳤고, 자국인 중국
이 미국과 함께 세계 2대 강대국으로 성장한 것을 직접 눈으로 보고
자란 첫 세대다. '조국에 대한 자부심, 충성심'을 강조하는 교육까지
받으면서 현재 중국 내에서는 이들 세대가 이른바 '국뽕'이 심한 세

┃ 궈차오 마케팅으로 관심을 받은 중국 화장품 브랜드 '화시즈'
┃ 출처: 화시즈 공식 홈페이지

명품 브랜드 디올의 컬렉션 디자인
궈차오는 브랜드나 디자인에 중국적인 요소를 더한다는 의미로 영어로는 '차이나
시크(China Chic)'라고도 불린다. 최근 명품 브랜드社 중심으로 중국의 문화 요소
를 담는 마케팅이 점점 더 활발해지고 있다.

대로 불리고 있다.

　그래서 링링허우는 다른 세대와 달리 해외 브랜드에 열광하지 않는다는 특징이 있다. 품질이 우수하고 가격 경쟁력이 있는 국산 제품을 애용하는 경향이 강해 중국 소비시장에는 이들을 타깃으로 '궈차오 마케팅'이라 불리는 '국뽕 마케팅'이 증가하고 있다.[43] 이러한 링링허우의 특성은 향후 외교 관계에도 영향을 끼칠 것으로 보인다. 중국의 '폐쇄적인' 국가 특성에 '애국심'이 강한 세대 특성이 결합해 글로벌 사회에서 더욱더 자국 중심적인 성향을 보일 수 있기 때문이다. 앞으로 링링허우가 세계 외교 이슈에서 어떤 행보를 보이게 될지 귀추가 주목된다.

동성애 콘텐츠를 대하는
각국의 태도 >>>

2022년 7월 16일, 서울광장에서 성 소수자 축제인 '서울퀴어문화축제'가 열렸다. 코로나19로 3년 만에 열린 축제에 인파가 몰리며 서울광장 일대가 '무지개 물결'로 뒤덮였지만, 같은 시각 건너편에서는 퀴어 축제를 반대하기 위한 종교 단체 등의 맞불 집회가 열리기도 했다.[44] 과거 대비 동성애에 대한 인식이 많이 바뀌었다고 하나, 여전히 우리 사회에서 동성애를 바라보는 시선은 차갑다는 것을 방증하는 예이기도 하다. 이러한 상황에서 최근 등장하고 있는 동성애 콘텐츠에 대한 찬반 논쟁도 뜨겁다. 그렇다면 동성애 콘텐츠에

대해 세계는 어떤 태도를 갖고 있을까?

최근 '우영우 신드롬'을 불러일으키며 성공적으로 종영한 드라마 〈이상한 변호사 우영우(이하 〈우영우〉)〉는 우리나라뿐 아니라 전 세계적으로도 인기몰이 중인 콘텐츠다. 하지만 일부 국가에서는 〈우영우〉에서 다룬 동성애 이슈에 불편한 기색을 표했다. 튀르키예에서는 "국민의 절대다수가 동성애가 금지된 이슬람교를 믿고 있어 2화에 등장한 동성애 코드가 현지 시청자들에게 불편하게 느껴졌다"고 언급했으며, 이슬람교를 국교로 삼은 말레이시아 역시 "이슬람 가치에 위배되는 장면은 제작 단계에서 지양될 필요가 있다"고 강조했다.[45]

최근 중국에서는 영화 〈신비한 동물사전〉 3편의 주요 등장인물의 동성애 관계를 묘사하는 6초 분량의 대사가 삭제된 바 있고,[46] 디즈

■ 드라마 〈이상한 변호사 우영우〉 2회 중 해당 장면

니·픽사의 신작 애니메이션 〈버즈 라이트이어〉는 개봉 당시 중국과 인도네시아, 말레이시아, 사우디아라비아, 아랍에미리트, 이집트 등의 14개국으로부터 상영 금지 조치를 받기도 했다. 영화에 '동성 간 입맞춤 장면'이 있다는 것이 상영 금지 조치의 이유로, 짧은 장면조차도 '동성애 코드'를 허용하지 않겠다는 강한 의지를 엿볼 수 있다.

하지만 상대적으로 동성애 콘텐츠에 대해 일부 개방적인 국가도 있다. 일본이 그 한 예로, 일본에서는 BL(남자 간의 사랑) 장르가 주류는 아니더라도 4컷 만화로 시작한 〈체리마호〉가 단행본으로 출판되거나 2020년 10월 공중파 방송인 '테레비도쿄'에서 드라마로 방영되는 등 성장하는 시장으로 주목받고 있다.[47] 물론 일본 역시 다른 국가들처럼 여전히 동성애 코드에 대한 차별적 시선이 존재한다. 하지만 법적으로 동성애를 인정하는 제도가 마련되고 있을 만큼 상대적으로 '성 소수자'에 대한 인식이 열려 있는 국가로 꼽힌다. 현재 일본 지방자치단체는 동성 커플을 공식적으로 인정하는 '파트너십 제도'를 운영하고 있다.[48]

최근 '퀴어 콘텐츠'를 다루는 넷플릭스의 행보도 눈에 띈다. 2021

년 세계 최대 LGBTQ 미디어 단체 GLAAD가 공개한 리포트에 따르면, 글로벌 OTT 플랫폼 중 넷플릭스의 '성 소수자 캐릭터 비중'이 가장 높았던 것으로 나타났다. 실제 넷플릭스는 퀴어 콘텐츠를 제작할 때 성 소수자 제작진, 배우들을 적극적으로 기용하는 것으로도 알려져 있다.[49] 넷플릭스 관계자는 "다양한 삶과 이야기를 통해 '모두'를 위한 엔터테인먼트를 선보이고자 노력하고 있다"며 "다양성을 위한 중요한 초석을 지속적으로 쌓아가고 있는 만큼, 향후 업계 전반에 다양성이 만들어내는 변화의 바람이 보다 커지기를 기대한다"고 전한 바 있다.[50] OTT 플랫폼의 성장으로 비교적 자유로운 콘텐츠 제작이 가능해지며, 앞으로 '성 소수자'를 다루는 콘텐츠는 더욱 늘어날 것으로 보인다.

PART 2

CULTURE

콘텐츠 선택권의 나비 효과,

버티컬 취향 시대

셀럽의 영향력 약화와
5% 타깃
선을 넘지 말 것, 대중적 영향력의 종말, 리얼리티에 열광

갑질에 대한 ⁇
'국소적 분노'

'Gapjil(갑질)'. 한국어스러운 영어 단어. 2018년 4월, 미국의 〈뉴욕타임스〉는 당시 대한항공 조현민 전무의 물컵 사건을 보도하면서 이 신조어를 전 세계에 알렸다.[1] 그리고 최근 〈뉴욕타임스〉는 이 용어 '갑질 Gapjil'을 "권력을 가진 사람들인 '갑 gap'이 자신을 위해 일하는 사람들인 '을 eul'을 학대할 때 쓰는 합성어"라는 설명을 덧붙였다.[2] 2018년 〈뉴욕타임

In the latest incident, Cho Hyun-min, who now oversees marketing at the airline, was accused in news reports of throwing a cup of water at an executive for an advertising company during a meeting. The incident was cited as an example of what South Korea — the abuse of underlings and subcontractors by executives who behave like feudal lords.

스)에서 정의한 '갑'의 의미에
는 세습적 권력이 전제돼 있었
다. 당시에 불거진 갑질 문제
대부분(땅콩 회항이나 언론사주
의 10대 손녀가 운전기사에게 막말
한 사건, 제약회사 회장이 운전기사
에서 막말한 사건 등)이 쉽게 바
뀔 수 없는 부와 권력의 명백

한 위계가 있는 상황에서 불거진 문제였기 때문이다. 그런데 최근
에 나타나고 있는 '갑질'의 의미는 2018년에 비해 좀 더 복잡해졌다.
더불어 '갑'에 대한 정의도 단순히 부와 권력의 세습적 권위에 의해
생겨나는 것을 넘어 대중적 인기와 팬덤을 가진 인플루언서(SNS에
서 영향력을 행사하는 일반인 또는 셀럽)가 가지는 권위로까지 확장돼가
고 있다. 그래서 지금의 '갑질'은 넓은 범위로 퍼져 나가는 '국민적
분노'를 일으키기보다는 특정 세대를 중심으로 한 좁은 범위의 격
렬한 '국소적 분노(일부 팬덤이나 특정 세대가 격렬하게 반응하는 것)'로 나
타나는 양상이 뚜렷해졌다. 최근에도 이런 변화를 보여주는 사건이
하나 있었다.

  2022년 7월 초, 한 인터넷 매체는 유명 댄서 '노제(본명 노지혜)'가
한 중소업체에 대해 자신의 SNS 광고로 갑질을 했다고 보도했다.[3]
사건을 간단히 요약하면 이렇다. 노제는 SNS 게시물 1건당 3,000
만~5,000만 원 수준의 광고비를 받고 3~6개월 동안 관련 업체 게
시물 1~3개를 자신의 SNS에 올리는 조건으로 계약을 맺었다. 하

지만 시간이 계속 지나도 노제 측이 SNS에 게시물을 업로드하지 않아 업체 측은 게시물 업로드를 계속 요청했다고 한다. 지속적인 장문의 메시지를 통해 겨우 게시물이 올라오기는 했으나, 요청 기한으로부터 수개월이 지난 후 계약 종료에 임박해서 게시했고, 그 게시물마저도 얼마 뒤에 바로 삭제했다는 것이다. 노제의 소속사 스타팅하우스는 광고 게시물은 계약 기간 내에 올린 것이라 법적 문제는 없지만, 업체와의 소통에는 문제가 있었음을 인정하고 사과했다. 하지만 더 큰 논란을 가져온 것은 노제 측의 태도였다. 게시물 1개당 수천만 원을 받았지만, 업체 측 요청에도 제때 업로드가 되지 않았던 이유로 "노제의 컨디션 문제"를 언급했던 것이다. 이 '컨디션 문제' 때문에, 해당 업체는 시즌 마케팅과 홍보 비용을 다 날려야했고, 관련 상품 재고를 다 끌어안아야 했다.[4] 사람들을 더욱 화나게 한 것은 이 사건 직후 노제의 SNS에 이 중소업체의 게시물은 온데간데없고, 명품 브랜드 관련 게시물들만 가득 차 있었다는 점이었다.[5]

이 사건은 '노제 갑질'로 규정되면서, 네티즌들의 공분을 일으키는 사건으로 일파만파 확산됐다. 급기야 노제는 자필 사과문을 올리면서 사과했고, 논란 이후 등장한 한 댄스 프로그램에서는 눈물을 흘리기까지 했다(이 눈물이 사과의 의미인지는 확실하지 않다). 하지만 이 논란은 여기서 멈추지 않고 더 확산됐다. 사과문의 내용에는 관계자와 팬들에 대한 일반적인 사과만이 간략히 적혀 있었을 뿐, 정작손해를 끼친 해당 업체에 대한 구체적인 보상 언급은 전혀 없었기 때문이다.[6] 이후 한 콘서트 무대에서 눈물을 흘리기는 했지만, 엉뚱

하게도 사과가 아닌 "저희는 어느 순간도 노력 안 한 사람들이 아니다"라는 동떨어지는 멘트를 해 논란은 수그러지지 않았다.[7] 이 '노제 갑질 사건'에서 눈여겨볼 지점은 이 논란의 주체이자 '갑'이라고 규정된 셀럽에 대한 권위와, '갑질'에 대한 달라진 대중의 대응이다. 무엇이 달라진 것일까?

연예인? "
실력은 인정, 하지만 선을 넘지 마라

이 사건은 과거 4~5년 전 〈뉴욕타임스〉에서 정의한 '갑질'과 양상이 다르다. 우선 첫 번째로, 이 사건은 딱 20대들의 취향과 가치관(예를 들면, 공정)을 건드린 사건이라는 것이다. 이 사건은 20대를 중심으로는 크게 논란이 됐지만, 그 이외의 세대, 특히 4050세대는 잘 모르는 사건이다. '노제'라는 셀럽이 탄생한 배경 자체가 〈스우파(스트릿 우먼 파이터)〉라고 하는, 10대와 20대를 타깃으로 만들어진 프로그램에서 시작됐고, 따라서 광고의 콘셉트도 20대가 중심이었기 때문이다. 그래서 4050세대에서 이 사건은 거의 알려져 있지 않다(심지어 이들 4050세대는 '노제'가 누구인지도 잘 모른다).

이러한 20대의 경향을 보여주는 자료가 있다. 《2020 트렌드 모니터》에서 20대가 주축인 Z세대의 분석 자료에 따르면, 지금도 전 세계적 관심을 받고 있지만, 당시(2019년)에도 글로벌하게 인기가 높았던 BTS(방탄소년단)에 대해 의외로 Z세대들은 호감도가 그다지 높지 않았다.[8] 당시 이들 BTS에 대해 가장 높은 호감도를 나타낸 세대는 1차 베이비붐 세대(1955~1964년생)였으며, 다음으로 2차 베이비붐 세대(1965~1974년생)였다. 20대가 주축인 Z세대는 BTS가 외국에서 인기를 얻은 것에도 그다지 관심이 없었다(나는 BTS가 외국에서 인기를 얻고 있다는 사실에는 별로 관심이 없다 – 1순위. Z세대(41.5%), 2순위. Y세대(38.0%), 3순위. X세대(25.5%), 4순위. 2차 베이비붐 세대(18.0%), 5순위. 1차 베이비붐 세대(17.5%)).[9] 지금 20대의 관심은 개인적이고 국소적이다. 대중적으로 널리 알려진 스타들에게 덩달아 열광하기보다는, 순전히 '내 취향과 코드가 맞는' 셀럽에게 방향을 맞춰 열광하는 것이다.

여기에는 20대들이 주로 소비하는 미디어의 특징도 직접적으로 관련이 있다. 기존에 권위를 부여하는 매체의 특성이 이들 세대에게는 적용이 되지 않는 것이다. 현재의 20대(Z세대)들은 대부분 지

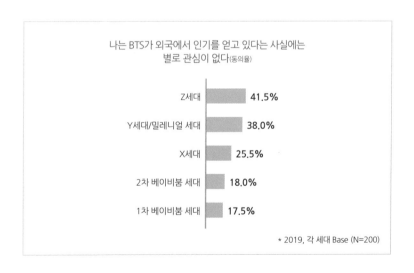

* 2019, 각 세대 Base (N=200)

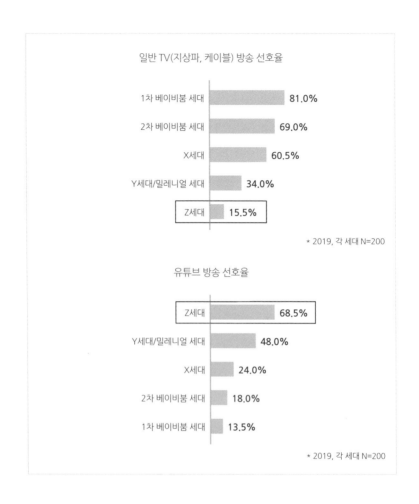

일반 TV(지상파, 케이블) 방송 선호율

1차 베이비붐 세대	81.0%
2차 베이비붐 세대	69.0%
X세대	60.5%
Y세대/밀레니얼 세대	34.0%
Z세대	15.5%

* 2019, 각 세대 N=200

유튜브 방송 선호율

Z세대	68.5%
Y세대/밀레니얼 세대	48.0%
X세대	24.0%
2차 베이비붐 세대	18.0%
1차 베이비붐 세대	13.5%

* 2019, 각 세대 N=200

상파 TV나 케이블방송을 잘 보지 않고, 선호하지 않는다(일반 TV 방송 선호도 - 1순위. 1차 베이비붐 세대(81.0%), 2순위. 2차 베이비붐 세대(69.0%), 3순위. X세대(60.5%), 4순위. Y세대/밀레니얼 세대(34.0%), 5순위. Z세대(15.5%)).[10]

20대가 주축인 Z세대는 다른 세대에 비해 압도적인 비율로 '유튜브 방송'을 선호했다(유튜브 방송 선호도 - 1순위. Z세대(68.5%), 2순위. Y

세대/밀레니얼 세대(48.0%), 3순위, X세대(24.0%), 4순위, 2차 베이비붐 세대
(18.0%), 5순위, 1차 베이비붐 세대(13.5%)).[11] 그래서 지금의 20대는 TV
방송 출연을 대단한 것이라고 생각하지 않는다. 내가 즐겨 보는 유
튜브 채널에 나오는 것이나 별반 차이가 없다고 느끼기 때문이다
(나는 TV 출연이나 유튜브 출연이나 다르지 않다고 생각한다 - 1순위, Z세대
(40.0%), 2순위, Y세대/밀레니얼 세대(32.5%), 3순위, X세대(31.5%), 4순위, 2
차 베이비붐 세대(28.0%), 5순위, 1차 베이비붐 세대(24.0%)).[12]

기존의 4대 매체(지상파 TV, 신문, 라디오, 잡지)가 가지고 있었던 권
위의 핵심에는 '편집권'이 있었다. '누구를 출연시키고', '어떤 방송
과 어떤 콘텐츠(기사, 뉴스)를 선택해서 내보낼지'를 결정하는 권리가
해당 매체에 있었다. 대중의 관심이라는 자원을 기존의 4대 매체가
대부분 독점할 수 있었기 때문이다. 이 과정에서 "텔레비전에 내가
나왔으면 정말 좋겠네"라는 권위가 탄생한다. TV에 나오는 '유명인'
이 되면 일정한 권위가 생겨났고, 대중은 암묵적으로 소소한 특권

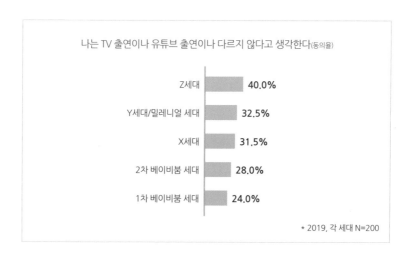

을 인정해줬다. 이런 관점으로 보면 법을 어긴 것도 아니고, 사과를 안 한 것도 아니고, 괴로운 심정을 토로하기까지 한 셀럽에 대한 공격은, 과거의 기준으로 보면 과도하다고 할 수도 있다. 하지만 뒤집어보면 여기에는 지금의 20대들의 라이프 스타일 특징이 고스란히 드러나 있다.

이전까지 댄서 노제는 이들 세대에게는 굉장한 인기로 인정을 받는 셀럽이었다. 이들은 노제의 퍼포먼스에서 나오는 실력은 인정하지만, 거기까지였다. 일상의 영역으로 확장되는 특권은, 이들 세대의 감정의 선, 공정성의 가치를 건드린다. 평등주의와 공정 감각이 매우 예민한 현재 대한민국의 20대에게 셀럽은 '나와 비슷한' '유튜브'에 자주 등장하는 멋진 춤을 추는 인플루언서이긴 하지만, 일상에서 선을 넘는 특권을 누려야 하는 대상은 아니기 때문이다.

이들 세대의 '가치관' 이동은 일상적으로 접하는 미디어 소비 습관의 변화와 맞닿아 있다. 사실 지금의 4대 매체는 지상파 방송에 나오는 것과 유튜브에 나오는 것의 의미 차이를 인지하는 사람들이 거의 없을 만큼 '편집권'이라는 과거의 강력한 권위가 해체되고 있다. 이러한 현상은 코로나19를 거치면서 하나의 트렌드가 됐고, 지금은 20대를 넘어 전 세대로 더욱 확대되고 있다. '매체의 편집권'보다 지금은 '콘텐츠 선택권'이 훨씬 더 중요해지고 있는 것이다. 게다가 지금은 4대 매체가 아닌 넷플릭스^{NETFLIX}나 티빙^{TVING}, 웨이브^{WAVVE} 등과 같은 'OTT^{Over The Top}' 서비스가 이 같은 패러다임의 전환 속도를 더욱 부추기고 있다.

'채널 돌리기'와 흡사한 ❞ 'OTT 콘텐츠 선택하기'

코로나19 이후 OTT에 대한 관심은 전에 없이 커지고 있다(OTT에 대한 관심은 코로나 이후 커졌다 - 63.3%).[13] 동시에 이전부터 감소하고 있던 지상파 TV의 시청 습관 몇 가지를 더욱 떨어뜨리고 있었다. (지상파) 집 TV 시청 방식이 감소하고 있었고(집 TV 시청 - 52.2%(2019)→44.3%(2022), TV채널 직접 시청 - 62.1%(2019)→51.2%(2022)), 본방송을 사수하려는 의지도 현저하게 약해지고 있었으며(본방송 필요성 못 느낌 - 52.9%(2015)→66.4%(2019)→78.9%(2022)), 그래서 집에서 TV 시청을 하려는 태도도 감소하고 있었고(집에서 TV 시청이 줄어들 것 - 38.0%(2015)→55.1%(2019)→72.2%(2022)), 심지어 집에 굳이 TV가 필요 없을 것이라고 생각하는 경향도 강해졌다(24.9%(2015)→37.4%(2019)→54.7%(2022)).[14] 그래서 점점 더 방송사 자체보다는 콘텐츠가 더 중요하다고 생각했으며(방송사보다는 콘텐츠가 중요 - 80.1%(201

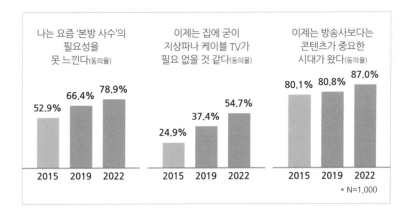

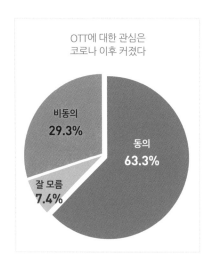

OTT에 대한 관심은
코로나 이후 커졌다

동의
63.3%

비동의
29.3%

잘 모름
7.4%

5)→80.8%(2019)→87.0%(2022)), 그래서 코로나 이후 원하는 콘텐츠를 이용하기 위해 돈을 지불하려는 경향이 더 강화되고 있었던 것이다(원하는 방송 콘텐츠를 위해 유료 이용 의향 - 29.6%(2015)→52.1%(2019)→59.5%(2022)).[15] 이런 경향은 실제 OTT 서비스의 구독 경험의 증가로도 입증되고 있다(넷플릭스 구독 경험률 - 36.3%(2019)→79.6%(2022), 단 이 조사에서 다른 브랜드들(예: 티빙, 웨이브 등)의 경우 인수 합병을 거쳐 2019년에 비해 달라진 브랜드가 많아 Tracking이 불가능).[16] 그렇다면 구체적으로 OTT 서비스 중심의 콘텐츠 소비는 시청 습관에서 무엇을 바꾸고 있을까?

많은 사람들이 '이미' 경험하고 있는 가장 큰 변화는 '장소'와 '시간'의 제약에서 자유로워지고 있는 것이다. 코로나19의 방역이 느슨해지면서 영화관을 찾는 사람들은 크게 늘었지만,[17] 이전에 비해 사람들은 영화관에서 영화를 보는 일이 크게 줄어들었고(예전보다 영화관에서 영화를 보는 일이 줄어든 편이다 - 33.6%(2019)→62.9%(2022)), 프로그램

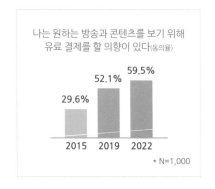

나는 원하는 방송과 콘텐츠를 보기 위해
유료 결제를 할 의향이 있다(동의율)

29.6%   52.1%   59.5%

2015   2019   2022

* N=1,000

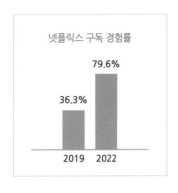

넷플릭스 구독 경험률

36.3%

79.6%

2019 2022

의 방송 시간에 맞춰서 시청하는 습관도 크게 줄었다(OTT를 이용하면서 내가 원하는 시간에 콘텐츠(프로그램)를 보는 습관이 생겼다 - 72.7%(2022), 이제는 TV를 본방송으로 봐야 할 필요성을 잘 못 느끼는 편이다 - 54.3%(2019)→73.3% (2022)).[18] 이제 국제적인 스포츠 중계나 뉴스를 제외하고 이미 편집된 콘텐츠를 방송하는 프로그램에서 '실시간 시청'이 주는 장점이 거의 사라지고 있다. 이것은 전통적인 미디어/방송(레거시 미디어)의 입장에서는 대단히 심각한 문제를 야기한다. 프로그램의 '장소와 시간적 제약'을 담보로 해당 프로그램의 앞뒤로 광고를 팔고, 여기서 발생하는 수익을 통해 방송사를 운영하는 '레거시(전통적인) 미디어' 시스템의 붕괴를 가져오는 시청자들의 습관이기 때문이다. 사람들은 과거에도 광고를 잘 안 보기 시작했지만, OTT 서비스는 이런 시청 습관을 전 세대에 걸쳐 가속화하고 있다(OTT를 이용하면서 광고를 안 보는 습관이 생겼다 - 64.5%).[19]

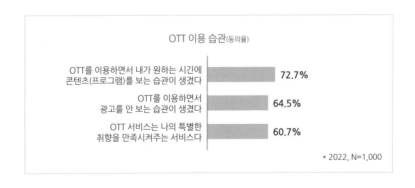

OTT 이용 습관(동의율)

OTT를 이용하면서 내가 원하는 시간에
콘텐츠(프로그램)를 보는 습관이 생겼다   72.7%

OTT를 이용하면서
광고를 안 보는 습관이 생겼다   64.5%

OTT 서비스는 나의 특별한
취향을 만족시켜주는 서비스다   60.7%

* 2022, N=1,000

OTT가 강화하는 시청 습관 또 한 가지는 검색과 취향 중심의 콘텐츠 소비 습관이다. 많은 소비자들은 OTT 서비스가 자신의 특별한 취향을 만족시켜준다고 생각하고 있고(OTT 서비스는 나의 특별한 취향을 만족시켜주는 서비스다 - 60.7%), 실제로 OTT의 추천과 검색을 결합해 한결 쉽게 자신이 원하는 프로그램을 발견하고 있었다(예전보다 내 취향에 맞는 TV 프로그램을 찾아보기가 쉬워진 것 같다 - 63.9%(2019)→83.6%(2022)). 이런 경향은 기존 지상파 중심으로 '브랜드화돼 있는 채널'의 인지도와 중요도를 현저하게 낮게 만드는 데까지 확대되고 있는 듯 보인다(해당 프로그램이 어떤 방송사의 프로그램인지 모르고 볼 때가 많아진 것 같다 - 47.3%(2019)→72.6%(2022), 어떤 방송사에서 방송하는 프로그램인지가 별로 중요하지 않은 느낌이다 - 56.9%(2019)→80.0%(2022)).[20] OTT 서비스와 관련한 조사 결과에 따르면, 현재 2개 이상 복수의 OTT 서비스 이용자는 10명 중 6명(55.8%) 수준이며, 3개 이상의 OTT 서비스를 이용하는 소비자들은 23.5%에 달한다.[21] 이런

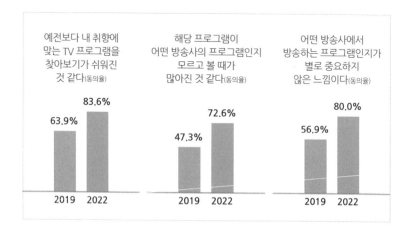

상황을 종합해보면, 최근 OTT 서비스 이용자들에게 'TV 채널 돌리기'란, '콘텐츠 선택하기'와 유사한 것이다(다양한 OTT 서비스를 이용하는 것과 지상파, 케이블 TV에서 채널을 선택하는 것은 비슷하다 - 56.2%).[22]

　정리하면, OTT 서비스는 기존의 미디어 소비자들을 장소, 시간 제약에서 자유롭게 하고 있다. 그리고 강력한 추천과 검색 시스템을 통해 시청자 개인의 취향을 극대화할 수 있는 콘텐츠 소비 시스템을 강화하고 있다. 그런데 바로 이것이 기존의 전통 미디어들의 권위를 빠르게 해체하고 있다. 이런 소비자들의 시청 습관은 언제까지 지속될 수 있을까? OTT 서비스가 코로나19로 인해 급증한 생활 패턴의 하나라면 사회적 거리 두기가 완화되고 코로나19가 팬데믹(pandemic: 전 세계적으로 크게 유행하는 감염병)에서 엔데믹(endemic: 특정 지역에서 주기적으로 발생하는 풍토병)으로 전환되면 다시 지상파 TV의 습관으로 돌아갈 수 있는 건 아닐까?

발을 들인 이상, 돌아갈 수는 없다 🗩

사람들은 일단 습관이 생기고 나면 그 습관을 깨야 하는 '충분한' 근거가 생기기 전까지는 자신의 믿음을 깨지 않는 보수적인 습관을 유지하려고 한다. 세계 최고의 핀테크 기업 중 하나인 스퀘어(Square)의 공동 창업자인 짐 매켈비는 그의 창업 기록을 담은 《언카피어블(Uncopyable)》에서 이같이 주장한다. 이 책에서 짐 매켈비는 고객(소비자)의

습관에 관해 중요한 언급을 한다. 어떤 새로운 비즈니스를 시도하는 데 어려운 진입 장벽이 되기도 하는 동시에, 경쟁 비즈니스가 새로이 도전해 올 때 일종의 방어막 역할을 하기도 하는 소비자들의 심리적 경향성, 바로 정박 효과Anchoring Effect와 보수적 편향Conservatism 이다.[23] 일단 소비자들의 관심이 어떤 것에 머물면(정박 효과), 훈련을 통해 습관이 되고(보수화), 이렇게 습관화된 믿음은 제거하는 데 상당한 수고가 들어간다는 것이다. 이 관점을 OTT 서비스 이용 습관에 적용하면, 현재의 미디어 소비자들에게 있어서 OTT 서비스는 이미 생활 습관에 깊숙이 들어가 있다(OTT 서비스는 이미 내 생활 습관에 깊숙이 들어와 있다 – 57.6%).[24] 그래서 코로나 방역이 완화돼 외부 활동이 늘어나도 OTT 사용이 줄어들었다고 응답한 사람들은 많지 않았다(코로나19 방역이 완화되어 사람들과 만나는 시간이 늘어나면서 OTT 이용이 줄어들었다 – 26.3%).[25]

코로나19가 확산돼가던 시기, 외부 활동이 줄면서 슬쩍 생활 습관으로 들어온 미디어 소비 습관은 이제 또 다른 큰 이벤트가 있지 않는 한 코로나 이전으로 복귀하기는 쉽지 않아 보인다. 변화의 핵심은 '내 취향에 맞는 콘텐츠 중심'의 미디어 소비 습관의 강화다. 그

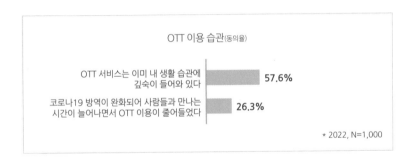

OTT 이용 습관(동의율)

OTT 서비스는 이미 내 생활 습관에 깊숙이 들어와 있다 **57.6%**

코로나19 방역이 완화되어 사람들과 만나는 시간이 늘어나면서 OTT 이용이 줄어들었다 **26.3%**

* 2022, N=1,000

렇다면 사람들은 어떤 콘텐츠를 좋아할까? 그리고 '내 취향 중심의 콘텐츠'란 과연 무엇을 의미하는 것일까?

리얼리티 선호, 〃
그리고 '추천받은 내 취향'의 의미

우선, 지금 사람들이 선호하는 콘텐츠를 살펴보자. 코로나19의 유행이 한창이었던 2021년, 집에서 오랜 시간을 머물러야 했을 때 많은 사람들은 판타지와 SF 장르에 심취하며 시간을 보냈다.[26] 현재 이 경향은 '리얼리티'를 선호하는 경향으로 방향을 선회하고 있는 것으로 보인다. 판타지 소재를 여전히 좋아했지만(나는 판타지 소재를 다루는 콘텐츠를 좋아한다 – 52.8%), 사람들은 좀 더 리얼리티가 강한 현실감 있는 소재의 콘텐츠(나는 현실감(리얼리티)이 강한 콘텐츠를 좋아한다 – 65.5%))를, 좀 더 구체적으로는 답답한 현실의 문제를 해결해주는 콘텐츠를 좋아하고 있었다(나는 답답한 현실 문제를 해결해주는 콘텐츠를 좋아한다 – 59.4%).[27] 이런 리얼리티 선호 성향은 해외물보다

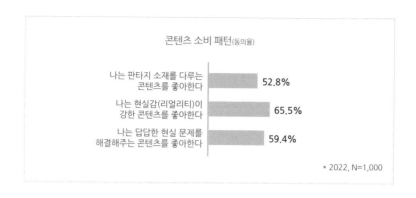

콘텐츠 소비 패턴(동의율)

나는 판타지 소재를 다루는 콘텐츠를 좋아한다	52.8%
나는 현실감(리얼리티)이 강한 콘텐츠를 좋아한다	65.5%
나는 답답한 현실 문제를 해결해주는 콘텐츠를 좋아한다	59.4%

* 2022, N=1,000

는 국내 제작 콘텐츠의 선호 현상으로도 나타나고 있었다(나는 해외에서 만들어진 콘텐츠를 더 좋아한다 - 29.0%, 나는 국내 제작 콘텐츠를 더 자주 본다 - 53.8%).[28] 해외의 문제보다는 국내에서 다루는 소재에 대해 좀 더 '현실감'을 느끼고 있는 것이다. 현재, 사람들은 좀 더 한국적이고, 현실적인 문제를 다루는 콘텐츠에 시간을 쓰고 있다. 이것은 사회적 거리 두기가 점차 완화됐기도 하고, 한국 사회가 두 번의 큰 선거를 광풍처럼 치르면서 사람들이 사회문제에 대한 구체적인 현실을 좀 더 가깝게 인지한 것의 영향일 수 있다.

이제, '내 취향 중심의 콘텐츠'에 대해 고민해보자. 많은 사람들은 '내 취향'이라는 단어를 직관적으로 '내가 좋아하는', 또는 '내가 선택하는'이라는 의미로 받아들인다. 타인에 영향을 받아서 선택한다는 의미가 아니라, 온전히 내가 느끼는 감정에 기반해서 선택한다는 의미다. 하지만 이런 본래의 직관적인 의미와 전혀 다르게도 많은 사람들(10명 중 6명)이 '나와 취향이 비슷한 사람들'이 보는 콘텐츠를 선호하고 있었다(나는 나와 유사한 취향을 가진 사람들이 선호할 만한 콘텐츠를 이용하고 싶다 - 60.7%).[29] 한 번 더 생각해보면, 이 답변은 매우

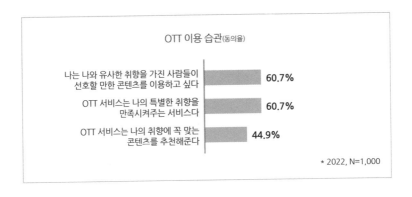

OTT 이용 습관(동의율)

나는 나와 유사한 취향을 가진 사람들이
선호할 만한 콘텐츠를 이용하고 싶다 — 60.7%

OTT 서비스는 나의 특별한 취향을
만족시켜주는 서비스다 — 60.7%

OTT 서비스는 나의 취향에 꼭 맞는
콘텐츠를 추천해준다 — 44.9%

* 2022, N=1,000

이상하게 들린다. 개인 취향은 타인의 것과는 독립적인 것인데, 사람들은 어떻게 '나와 유사한 취향'을 가진 사람들이 '그 콘텐츠를 선호'한다는 것을 알 수 있을까? 답은 OTT 서비스가 제공하는 알고리즘의 '추천 기능'에 있다. '타인이 얼마나 그 콘텐츠'를 좋아하는가는 친절하게도 OTT 서비스가 제공해준다. 순위로, '나와 유사한 콘텐츠를 좋아하는 또 다른 콘텐츠의 추천'으로. 실제로 이런 추천 기능을 좋아하는 사람들이 많았고, 만족하는 사람들도 많았다(OTT 서비스는 나의 취향에 꼭 맞는 콘텐츠를 추천해준다 – 44.9%, OTT 서비스는 나의 특별한 취향을 만족시켜주는 서비스다 – 60.7%).[30]

많은 사람들이 '내 취향'을 중요하고, 이것이 채널 선택(콘텐츠 선택)의 가장 중요한 기준인 것으로 이야기하지만, 역설적이게도 이 취향은 '추천받고' 있었다. 실제로 내 취향을 아는 것은 평소에도 쉽지 않았고(OTT 서비스를 이용하면서 무엇을 봐야 할지 결정을 못 하는 경우가 많다 – 52.6%), 그래서 이미 '되는대로' 프로그램을 보는 사람들이 많았다(때로는 지상파나 케이블 TV처럼 그냥 되는대로 나오는 프로그램을 보는 것이 편하다 – 54.1%).[31]

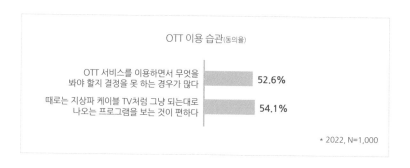

OTT 이용 습관(동의율)

OTT 서비스를 이용하면서 무엇을 봐야 할지 결정을 못 하는 경우가 많다	52.6%
때로는 지상파 케이블 TV처럼 그냥 되는대로 나오는 프로그램을 보는 것이 편하다	54.1%

* 2022, N=1,000

　코로나19의 방역이 완화되고 일상적인 활동이 복원되면서 최근 사회적인 이슈나 문제에 관심을 가지는 사람들이 늘어나고 있는 것 같다. 이것은 사람들로 하여금, 자연스럽게 현실적인 문제를 다루는 콘텐츠로 관심을 두게 하는 동력을 제공하고 있는 것으로 보인다. 한편, 많은 사람들이 자신의 '취향'이 중요하다고 생각하지만, 실제로 '자신의 취향'은 OTT에서 제공받고 있는 '알고리즘 추천'을 강력하게 많이 받고 있는 것으로 보인다. 현실에서 자신의 취향을 정확히 파악하고 있는 사람은 생각보다 많지 않기 때문이다.

So what? "
시사점 및 전망

이제 드라마를 보기 위해 집에 빨리 들어가야 한다거나, 거리가 한산해지는 시대는 다시 오지 않을 것 같다. 10% 전후의 시청률만 해도 이른바 '대박'의 범주에 들어갈 가능성이 매우 큰 시대가 됐기 때문이다. 게다가 '모든 대중'을 타깃으로 한 드라마나 콘텐츠도 점점

줄어들고 있다. 수많은 사람들이, 각자의 방식으로, 각자가 원하는 콘텐츠를 선호하고 소비하는 시대이기 때문이다(요즘은 특정 집단을 시청 타깃으로 한 드라마가 많아진 느낌이다 – 66.8%).[32] 이 변화의 나비 효과는 다양한 방식으로 전개될 가능성이 높다.

첫 번째로, 앞으로 '대중의 인기/팬덤'을 기반으로 권위를 얻은 셀럽의 영향력은 제한을 받을 수밖에 없다(광범위한 영향력을 행사하는 셀럽은 앞으로 없을 가능성이 높다). 이것은 자신의 전문 영역의 선을 넘는 '갑질'에 대해서는 굉장한 반발을 불러일으킬 가능성이 매우 크기 때문이다. 그리고 이 '전문 영역의 선'이라는 것이 일종의 '공公과 사私'를 구분 짓는 경계의 역할을 할 수 있다. 특히 한국 사회의 20대를 팬덤으로 한 분야에서는 더욱 민감하게 대응할 필요가 있다. 현재의 20대는 높은 평등 의식과 공정에 대한 예민한 감각을 가지고 있기 때문이다. 이처럼 사람들이 '인정하는 선'을 넘지 말아야 한다는 라이프 스타일은 일상적인 영역으로 확대될 수도 있는데, 예를 들면 과도한 '사생활' 간섭이나 개인의 취향에 대한 '충·조·평·판(충고, 조언, 평가, 판단)'에 대한 거부로까지 이어질 가능성이 매우 크다.

두 번째 전망은, '5% 타깃'을 공략하는 콘텐츠의 생산이 상당수 지속될 것이라는 점이다. 이 5%는 종 모양의 정규 분포곡선을 가정

했을 때, 가운데인 평균을 중심으로 95% 범위 바깥의 양극단에 있는 5%의 취향이나 라이프 스타일을 가지고 있는 사람들을 뜻한다. 문화 콘텐츠 비즈니스의 관점에서 보면, '온 가족이 모여 보는' 이라든가, '모든 시청자'를 만족시키는 시장이란 거의 존재하지 않거나 대중의 흥미를 끌지 못한다. '개인 취향'이라는

이름의 다양한 가치관을 드러내는 프로그램들이 쏟아지고 있다. 이혼한 남녀의 재혼, 남성 동성애자들의 연애, 성행위를 포함한 남녀 연애 프로그램, 고등학생들의 출산과 양육을 소재로 한 프로그램 등 이전에는 금기에 가까운 이슈나 주제들이 OTT 서비스라는 새로운 '제도권 방송'으로 진입하고 있는 것이 이런 현실을 방증한다. 그리고 이렇게 특정 타깃 집단을 목표로 한 방송 프로그램 기획이 실제 '리얼리티'를 강화하는 효과를 가지게 된다. 조사에서도 이런 경향이 발견되는데, 20~30대 미혼 남녀들의 상당수가 'OTT 플랫폼(넷플릭스, 티빙, 웨이브)'을 통해 연애 예능 (리얼리티) 프로그램을 '찾아서' 보고 있었던 것이다(OTT 플랫폼에서 연애 예능 (리얼리티) 프로그램을 찾아서 봤다 - 20대 초 59.3%, 20대 후 55.3%, 30대 초 54.9%, 30대 후 50.0%).[33] 또 여기에는 특이한 직업이나 경험을 밀착 소개하거나, 극단적인 사건을 심도있게 다루는 다수의 콘텐츠가 포함될 수 있다. 이런 트렌드는 개별 프로그램의 시청자의 최대치를 제한하는 효과를 가지게 되

는 한계가 있지만, 동시에 나 이외의 다른 사람의 경험, 생각과 입장(특히 나와 다른 세대)을 이해하는 계기를 제공하는 장점도 있다.

세 번째로 전망할 수 있는 부분은, 이 '개인 취향'이라는 콘텐츠 선택권의 역설적 효과다. 즉, 2021년과 2022년 《트렌드 모니터》에서 강조한 '필터 버블 Filter Bubble' **효과[34]가 지속될 것이라는 점이다.**

'개인 취향'에서 직관적으로 경험하는 것과는 달리, 실제 OTT 서비스를 이용하는 현실에서 사람들은 '알고리즘 추천'의 영향을 많이 받는다. 그리고 이것은 OTT 서비스뿐만이 아니라, 일상적인 디지털 기기, SNS 활용에서도 아주 흔하고 일상적이다. 이것은 '나와 비슷한 취향'의 사람과의 관계에서는 반복적인 호감을 만들어내지만, 반대로 '나와 취향, 성향' 등이 다른 사람을 외면하게(또는 그 사람에게 무심하게) 만든다. 직접적인 접촉이 있지 않는 한 '그 사람의 상황과 그 사람의 이야기'를 들어볼 수 있는 기회 자체를 상실하는 것이다. 결국 디지털 알고리즘 내의 세상에서 이 부분은 해결할 수가 없다. 이로 인해 발생할 수 있는 양극화 문제는 경계할 필요가 있을 것으로 보인다.

#OTT의 추월
#리얼리티

'코드 커팅'의 확산,
OTT 점유율 상승세 >>>

2022년 7월 미국 매체별 시청 시간 점유율 조사 결과에 따르면, 넷플릭스와 같은 '스트리밍 플랫폼'의 점유율이 처음으로 케이블 TV를 추월한 것으로 나타났다. 2021년 7월만 해도 케이블 TV와 스트리밍 플랫폼의 격차가 비교적 큰 특징을 보였지만, 미국 내에서 '코드 커팅'이 확산되며 점유율 변화가 크게 일어난 것이다. 현재 스

● 코드 커팅(Cord‑Cutting)이란 유료 방송 시청자가 가입을 해지하고 인터넷 TV, OTT 등 새로운 플랫폼으로 이동하는 현상이다. (출처: 네이버 지식백과)

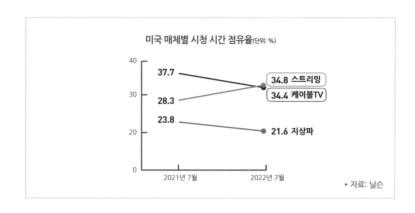

미국 매체별 시청 시간 점유율(단위: %)

40

37.7

34.8 스트리밍

30

28.3

34.4 케이블TV

23.8

20

● 21.6 지상파

0

2021년 7월   2022년 7월

* 자료: 닐슨

트리밍 플랫폼의 시청 시간 점유율은 점점 증가하는 추세로, 향후 OTT가 미국 가정의 콘텐츠 소비 습관을 지배할 것으로 전망되는 결과라 할 수 있다.[35]

한편 OTT 내부 경쟁도 갈수록 치열해지면서, 이제는 TV 채널의 전유물로 여겨졌던 '스포츠 중계시장'에까지 OTT가 진출하는 모습을 확인할 수 있었다. 국내 OTT 플랫폼들의 경우 글로벌 OTT 기업들과 경쟁하기 위해 축구, UFC 경기 등 다양한 장르의 스포츠를 독점 생중계하고 있는데, 이 같은 시장 상황에 애플TV, 넷플릭스까지 가세하기 시작한 것이다. 실제로 최근 애플TV플러스는 미국 프로축구MLS 리그 전 경기를 10년간 독점 중계하겠다고 밝혔으며, 미국 프로야구MLB의 주간 더블헤더 경기 독점 방영권도 가져간 것으로 조사됐다. 또한 그동안 스포츠 중계권에 대한 관심이 적었던 넷플릭스 역시 최근 국제자동차프로레이싱대회 'F1' 중계권을 두고 아마존, ESPN, NBC 등과 경쟁 중인 것으로 전해지는 등[36] 향후 OTT 시장에서 '스포츠 중계권'을 둘러싼 경쟁이 더욱더 치열해질

스포츠 중계 나선 OTT

애플TV 플러스 ❂tv+	미국 메이저리그 사커 10년간 독점 중계
쿠팡 플레이 coupang	-축구 국가 대표팀 -미국 프로 풋볼 리그 -손흥민·이강인·황의조· 김민재 등 활약하는 유럽 리그 중계 -영국 프리미어리그 토트넘 훗스퍼 초청 친선경기 진행·중계
티빙 TVING	종합 격투기(UFC), 프랑스 오픈 등 중계
넷플릭스 NETFLIX	F1 중계 협상 중

것으로 전망되고 있다. 그러나 다른 한편으로는 이 같은 상황이 시청자들의 '보편적인 시청권'을 침해할 수 있는 사안이라는 우려가 제기되고 있다. 한 업계 관계자는 "미디어 생태계가 빠르게 변화하면서 보편적 시청권 개념의 재정립 필요성에 대한 논의도 이뤄지고 있는 만큼 향후 OTT 스포츠 중계 독점 현상 증가로 관련 논쟁은 더욱 가열될 가능성이 있다"고 전하기도 했다.[37]

'이제는 현실', 리얼리티를 더 선호하는 사람들 >>>

넷플릭스의 공동 CEO 리드 헤이스팅스는 한 인터뷰에서 "한국을 언급하지 않고 전 세계 엔터테인먼트를 말하는 건 불가능하다", "전 세계가 한국의 연애 리얼리티 쇼앓이를 하고 있다"며 K콘텐츠의 인기가 드라마를 넘어 다양한 장르, 특히나 연애 예능에서 전 세계인의 관심을 받고 있음을 역설한 바 있다. 실제로 일본에서는 국내에서 큰 인기를 모았던 〈하트시그널〉을 최근 자국 내 대표 OTT 플랫폼인 아베마가 〈하트시그널 재팬〉으로 제작, 공개 하루 만에 아메

바 전체 랭킹 9위에 오르는 기염을 토하기도 했다.[38] 또한 왓챠가 2022년 초 독점 공개한 미국의 인기 리얼리티 예능 〈템테이션 아일랜드〉는 유혹

의 섬에 도착한 네 커플의 이야기를 다루며 많은 사람들의 사랑을 받기도 했다.[39]

연애 예능에 국한된 이야기만은 아니다. 2022년 8월 말 개막된, 로빈 윌리엄스 주연의 영화를 원작으로 한 코미디 뮤지컬 〈미세스 다웃파이어〉는 일과 육아에 치이는 워킹 맘들의 공감대를 이끌어내며 다양한 가족의 형태와 진정한 사랑의 의미를 상기시켜준 바 있고,[40] 영국 BBC와 HBO가 공동 제작한 드라마 〈이어즈&이어즈〉는 영국의 한 가정에서 할머니부터 손주까지 3대가 거실에 모여 텔레비전을 보는 장면을 통해 혐오와 가짜 뉴스가 판치는 세계를 적나라하게 보여주며 많은 관심을 모으기도 했다.[41] 공개 3일 만에 넷플릭스 TV 쇼 부문 6위에 오른 한국의 〈수리남〉도 빼놓을 수 없다. 남아메리카 북부의 작은 국가인 수리남을 무대로 한국 출신 국제 마약왕 조봉행의 실화를 다룬 이 작품은 (수리남 측의 법적 소송 이슈와는 별개로) 글로벌한 관심과 사랑을 받았다.[42]

다채로운 리얼리티 쇼도 제작되고 있다. 넷플릭스는 세계적인 인기를 끌었던 〈오징어 게임〉을 기반으로 거액의 상금이 걸린 실제 리얼리티 쇼를 개최할 예정이며,[43] 〈007〉 시리즈로 유명한 할리우드 영화사 MGM을 인수한 아마존 역시 스트리밍 플랫폼을 통해 '007

예능 쇼'를 방영할 계획이다.[44] 미국의 영상 제작사인 스페이스히어로가 제작하는 〈우주 영웅〉은 국제 우주정거장에 민간인을 뽑아 보내는 리얼리티 쇼로, 2023년 방영될 예정이다.[45]

중립지대,
이색과 익숙의 콜라보
인증 소비 확산, 버티컬 취향, 평균의 종말

OTT, 오프라인과 공존하다 ❞

"극장에서 상영되지 않는 영화는, 영화가 아니다."

2017년 넷플릭스의 투자를 받아 제작된 봉준호 감독의 영화 〈옥자〉의 개봉을 두고, 대기업 계열사인 영화관들이 '상영 보이콧'을 선언하면서 등장한 말이다.[1] 넷플릭스와 극장 동시 개봉을 선언한 〈옥자〉가 '투자 – 제작 – 배급 – 홍보 – 상영 – 부가 수익 창출'이라는 한국 영화계의 생태계를 무너뜨릴 것이란 게 상영 거부의 이유였다. 흐음. 방금 전까지도 OTT 오리지널

■ 영화 〈옥자〉 포스터 ⓒ넷플릭스

영화 한 편을 때린(?) 소비자 입장에서는, 그저 당시의 논란이 꽤나 낯설고 의아하게 느껴진다.

　물론 그때만 해도 OTT 서비스가 지금과 같은 대성공을 거두리라 기대했던 사람들은 많지 않았다. 극장의 큰 스크린과 영화를 분리해서 생각하는 건 어려운 일이었고, 디지털 플랫폼이 오프라인 극장을 대체할 것이란 전망은 회의적이었다. 하지만 전 세계를 고립으로 몰아넣은 코로나19 팬데믹은 OTT 서비스를 단숨에 최대 수혜자로 만들었다. 사회적 거리 두기로 불안과 피로가 가중될 때 OTT 서비스는 그야말로 많은 이들에게 훌륭한 위로이자 대안이 됐기 때문이다. 실제로 마크로밀 엠브레인의 당시 조사 결과를 보면, 사회적 거리 두기의 답답함을 OTT 서비스가 해소해줬다는 응답이 무려 80.8%로 평가될 만큼[2] OTT 서비스의 효용 가치는 절대적이었다. 이쯤 되면 극장의 존재 가치에 의문을 품어도 어색하지 않을 정도다. 심지어 이전의 가상 세계에서 좀 더 진보된 개념의 메타버스metaverse가 콘텐츠 산업의 새로운 지평을 열 것으로 전망되는 등 앞으로 콘텐츠 소비는 온라인이 대세가 될 것이란 예상이 지배적이었다(메타버스 관련 시장은 2024년 약 2,969억 달러(약 410조 6,127억 원)까지 성장할 것으로 전망되고 있다[3]).

　그런데 역시나 변수는 코로나19였다. 사회적 거리 두기가 해제되자 콘텐츠 소비의 무게 추가 온라인으로 완전히 이동할 것이란 예상은 보기 좋게 엇나갔다. 오히려 코로나19로 제한됐던 오프라인 욕망이 봉쇄망을 뚫고 온라인

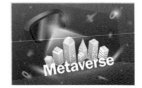

■ 티웨이항공 - 왓챠 제휴 서비스 이용 화면 (티웨이항공)

■ 현대자동차 - 티빙 제휴 서비스 이용 화면 (현대차)

콘텐츠의 오프라인화[化]로 이동 방향을 틀기 시작했다. 늘어난 관객으로 인력난을 호소할 만큼 다시금 극장을 찾는 소비자들이 많아졌고,[4] 이제는 OTT 플랫폼이 오프라인에 자사 스튜디오(예: 왓챠홀 등)를 만들어 콘텐츠를 '극장처럼' 선보이고 있기까지 한다. "스트리밍과 극장은 결국 서로 공존하게 될 것"이라는 2017년 봉준호 감독의 말이 딱 들어맞고 있는 것이다. 심지어 'OTT 영화=극장'이란 일종의 콘텐츠 소비 포맷에서도 벗어나 OTT 콘텐츠를 자동차나 비행기에서도 즐기는 생소한 협업 사례까지 등장하고 있다.[5] 거리 두기 전면 해제 후 이러한 콘텐츠(소비)의 이동은 오프라인으로 현재 가속화되고 있는 추세다.

산업 전반의 ,,
'오프라인 쏠림' 현상

흥미로운 점은 오프라인으로의 쏠림 현상이 비단 콘텐츠 소비에 국한되지 않고 있다는 사실이다. 강력한 방역 조치 해제 후 폭발한 대

중들의 외출 심리에 대응하기 위
해 산업계 전반이 분주하게 움직
이고 있다. 가장 눈에 띄는 행보
는 소비자 방문을 유도하기 위한
'오프라인 매장의 확보 및 확대'

시몬스 그로서리 스토어 ©시몬스

다. 소비자와의 접점을 위한 매
장 확보는 물론이고 잘 설계된
공간으로 소비자들의 매장 체류
효과를 높이기 위함이 마케팅의
핵심 목표가 됐다. 때문에 오프

온라인 새벽 배송업체 마켓컬리가 오픈한 '오프컬
리' ©마켓컬리

라인 중심의 유통업체들은 기존
의 오프라인 매장에 총력전을,
온라인 중심의 유통 구조를 가
진 플랫폼들은 오프라인으로 새
로운 시도를 하기 시작했다. 최

더현대서울 지하 1층에서 열린 '야놀자' 팝업 스토어
©야놀자

근 화제가 되고 있는 침대 전문 기업 시몬스가 청담동에 오픈한 '침
대 없는 팝업 스토어'나 온라인 장보기 플랫폼 '마켓컬리'가 서울 성
수동에 개장한 '오프컬리', 온라인 숙박 플랫폼 '야놀자'가 여의도 더
현대 서울에 열었던 오프라인 팝업 스토어가 대표적인 예다.

　기업들은 온라인과 비교해 그간 억눌렸던 소비자들의 경험 욕구
를 충족할 수 있는 오프라인만의 장점을 적극적으로 내세웠고, 이
러한 마케팅은 적중했다. 온라인이 대체할 수 없는 현장성이 역발
상 트렌드로서 힘을 갖게 된 것이다. 사회적 거리 두기에 지쳐 있던

소비자들이 다시 거리로, 시내로 나오면서 매장(팝업 스토어)을 찾는 경우가 많아졌고, 연일 문전성시를 이루는 매장(팝업 스토어)들의 숫자도 점점 더 증가하기 시작했다. 그리고 인기 있는 매장들에서는 하나의 재미있는 공통점도 포착됐다. 바로, 그곳에는 '체험형 공간'이 갖춰져 있다는 점이었다.

인기 매장에 꼭 존재하는 '이것' 〞

사실상 오프라인 마케팅 대전의 키워드에는 '체험'이라는 하나의 공통점이 있었다. 온라인과 비교해 '체험' 요소는 직접적이고 생동감 넘치는 경험을 제공할 수 있기 때문에 오프라인이 내세울 수 있는 가장 큰 강점 요소이기도 하다. 그래서 소비자들에게 친숙한 브랜드들은 이전에 소비자들이 경험하지 못한 색다른 체험 요소를 강조하며 오프라인 팝업 스토어 행렬에 합류하고 있고, 소비자들에게 (실체 없는) 가상으로만 존재했던 온라인 전문 브랜드들은 그들의 실체를 드러내주는 것 자체만으로도 소비자들에게 큰 호응을 얻었다. 앞서 시몬스 팝업 스토어에 침대와는 전혀 상관없는 버거숍이 입점해 있거나, 스마트폰 앱에서만 봐왔던 온라인 전문 플랫폼 마켓컬리와 야놀자 등이 오프라인 본인 등판으로 '실물 영접' 기회를 제공하는 것 등이 좋은 예다. 소비자들에게 오프라인의 '생생한 체험'과 '색다른 체험'을 경험할 수 있는 기회 등이 제공되고 있는 것이다.

고객의 감성을 자극하는 다채로운 체험 현장의 기회는 코로나19

기간 동안 온라인으로 충족되지 않은 소비자 욕구에 '특별한 경험'으로 인식되며 확산되고 있다. 그리고 이 특별한 경험들에 대한 정보는 쉽고 간편하면서도 최신 트렌드 파악이 용이한 인스타그램 릴스나 유튜브 쇼츠, 틱톡과 같은 SNS들의 도움을 받아 빠르게 전달되고 있다.

> 새롭게 등장하고 있는 체험 경제 시대에 기업은 제품이 아니라 기억을 판매해야 하며, 또 단순히 서비스를 제공하는 차원이 아니라 좀 더 큰 경제적 가치를 창출하는 무대를 연출해야 한다는 사실을 명심해야 한다. (중략) 이제 고객은 체험을 원하고 있으며, 체험을 위해 돈을 지불할 용의가 있다. 이제 새롭게 해야 할 일이 있으며, 정말로 고객을 사로잡기 위해 그런 일을 하는 기업만이 이 새로운 체험 경제에 성공을 거두게 될 것이다.
>
> – 조지프 파인, 《체험의 경제학》, p.176

'인증형 체험 소비 확산'의 의미는? 〞
특별함 찾기

눈에 띄는 점은 이 특별한 경험들에 대한 정보가 비단 기업의 마케팅 전략에 의해서만 확산되는 게 아니란 사실이다. 어느새 '오프라인 체험'은 대중 소비자, 특히나 특별한 경험과 재미를 추구하고 새로운 감각을 적극적으로 소비하려는 MZ세대를 중심으로 'SNS 인

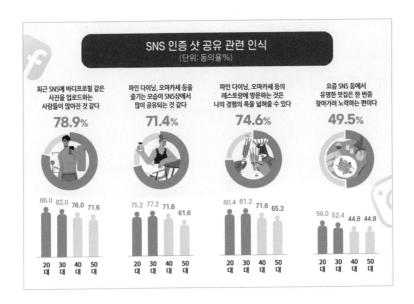

SNS 인증 샷 공유 관련 인식
(단위: 동의율%)

최근 SNS에 바디프로필 같은
사진을 업로드하는
사람들이 많아진 것 같다

78.9%

86.0 82.0 76.0 71.6

20대 30대 40대 50대

파인 다이닝, 오마카세 등을
즐기는 모습이 SNS상에서
많이 공유되는 것 같다

71.4%

75.2 77.2 71.6 61.6

20대 30대 40대 50대

파인 다이닝, 오마카세 등의
레스토랑에 방문하는 것은
나의 경험의 폭을 넓혀줄 수 있다

74.6%

80.4 81.2 71.6 65.2

20대 30대 40대 50대

요즘 SNS 등에서
유명한 맛집은 한 번쯤
찾아가려 노력하는 편이다

49.5%

56.0 52.4 44.8 44.8

20대 30대 40대 50대

증'을 통해 전달되고 있다. 인증 샷을 기반으로 한 특별한 경험이 SNS에서 기록되고, 기록된 인증 샷은 소비자 개개인의 '경험치'를 확대하는 수단으로 활용되고 있는 것이다. 때문에 '체험을 인증'하거나, '타인의 인증을 통해 체험을 결심'하게 되거나, '인증을 위해 직접 체험에 나서는 일'이 하나의 패턴이 되면서 기업들의 전략이 손쉽게 대중 소비자들에게 전달되고 있다. 특히나 '실감세대'로 불리는 MZ세대의 경우 단순히 체험에 그치지 않고, '인스타그래머블 (Instagramable: 인스타그램에 올릴 만한)'한 콘텐츠를 찾아다니며 경험치를 높이려는 노력을 기울일 정도로 열성이다. 그 자체가 특별한 경험으로써 나의 개성과 가치를 드러낼 수 있는 좋은 콘텐츠가 되기 때문이다. 실제로 마크로밀 엠브레인 조사 결과를 보더라도 소비자들은 (요즘 유행하는) 고급 파인 다이닝이나 오마카세 방문 인증이나[6]

바디 프로필 인증 샷 등이 SNS에 많이 공유되고 있다는 것을 체감[7]하고 있었고, 그런 인증 샷 등을 통해 내가 경험할 만한 것들의 의미와 가치를 결정하는 태도를 보이고 있었다.

'인증' 위주의 체험 소비가 확산되고, 인증 샷에 대한 의미 부여가 커질수록 대중 소비자들은 더욱더 특별하고 독특한 경험들을 찾으려 애쓰는 모습을 보이고 있다. 마치 '쾌락의 쳇바퀴Hedonic Treadmill'처럼 많은 것을 가질수록 만족하기 어려워하고 더 기대하게 되는 것과 매우 흡사한 현상이다.[8] 하지만 물리적으로 전에 없던 완전히 새롭고 이색적인 콘텐츠를 찾거나 만들어내는 것은 돈과 시간적으로 한계가 있다. 때문에 일단 기업들이 선택한 전략은 '브랜드 간 콜라보(컬래버레이션)'다. 콜라보 제품은 지금까지 잘 알고 있거나 이미 경험한 것들, 즉 '친숙함과 익숙함'이 주는 식상함 때문에 체험적 요소로는 등한시됐던 것들에 대한 대중들의 태도를 180도 바꿔놓았

▌롯데푸드 X 와이브루어리의 '아맛나맥주'　▌페리페라 X 오뚜기의 '펠스토랑('페리페라'와 '레스토랑'의 합성어)'

다. 소비자들은 이제 늘 먹던 음식이나 입던 옷에 가미한 '사소한 변화가 주는 신선함'에 경험의 가치를 부여하기 시작했다. 기존의 익숙한 대상을 다르고 낯설게 봄으로써 새롭고 재미있는 콘텐츠로 콜라보 제품을 수용하기 시작한 것이다. 이러한 콜라보 마케팅은 나아가 소비자들로 하여금 이미 익숙한 것들에 대한 향수로까지 연결되는 부가 효과를 가져왔다. 이른바 '아는 맛'에 대한 소비자 니즈가 움직이고 있는 것으로, 실제로 올해 지천명知天命을 맞이한 현존하는 아이스크림바 중 가장 오래된 '아맛나'는 '아맛나맥주' 콜라보에 이어 연 2,500만 개가 판매될 정도로 사랑을 받았고,[9] '편의점 오픈 런'이란 유례없는 현상을 일으킨 포켓몬빵 역시 〈디지몬〉, 〈메이플스토리〉 등 추억을 자극하는 다른 콘텐츠로 확산되고 있는 중이다.[10] (물론, 이들 추억 소환 제품들은 특정 세대에게는 익숙함을, 또 다른 세대에게는 새로움을 경험케 한다는 특징도 있다.)

이렇게 보면 현재의 대중 소비자들은 즐길 수 있을 법한 콘텐츠들은 모조리(?) 즐기는 듯한 착각이 들 만큼 다양한 분야의 콘텐츠 소비가 마구잡이식으로 이뤄지는 모습을 보이고 있다. 하지만 맥락을 잘 살펴보면 뚜렷한 특징 두 가지를 발견할 수 있다. 첫째, 코로나19로 인한 지난 3년여간의 정체성 공백을 채우기 위해 소비자들의 다양한 인증 욕구가 커지고 있다는 것이고, 둘째, 대중 소비자들의 인증 욕구는 '이색적이고 생소한 경험(예: 온라인상의 존재 실물 영접 등)', '친숙함이 주는 독특한 경험(예: 콜라보)', 그리고 '익숙함이 주는 편안한 경험(예: 추억 소환)' 들로 채워지고 있다는 점이다. 이렇게까지 다양한 콘텐츠를 소비하는 이유, 한 번쯤 점검해볼 필요가 있어 보인다.

중립지대 ""
: 익숙함이 주는 안정감, 새로움이 주는 불안감 그 사이

코로나19를 마주하며 우리는 전에 없던 큰 혼란을 느꼈다. 화상회의, 메타버스, 온라인 모임 등 오프라인에서 온라인으로 이동하는 변화가 두드러졌고, 또 어느새 사회적 거리 두기 해제로 온라인에서 오프라인으로의 이동이 뚜렷해졌다. 세상은 급격하게 변하고 있고, 이 변화의 속도에 적응하지 못하면 낙오될지 모른다는 심리적 불안감은 날로 커지고 있다. 게다가 미래 사회 역시 분명 존재는 하지만 불투명하다. 이제는 진짜 불안감을 관리해야만 하는 상황이 도래했다. '변환 관리'의 창시자인 윌리엄 브리지스는 이러한 변화로 인해 야기되는 낯선 상황(불안감 등)을 내면화하고 적응하는 데 3단계의 변화 과정(transitions: 끝→중립지대→새로운 시작)을 거치게 된다고 말한다. "익숙했던 과거의 상황을 털어내고", "과거와 현재 사이에 놓인 혼란스러움을 무사히 견뎌내야", "새로운 변화를 맞이할 수 있다"는 개념으로, 이 변환의 시간을 제대로 거치지 않으면 "뭔가 바뀐 것 같기는 한데, 달라진 것은 하나도 없는 것 같은" 착오를 겪게 된다고 주장한다.[11] 바로 '중립지대'는 이러한 혼란을 돌파하는 과정의 첫 단계로 진정한 변환의 과업이 일어나는 시기, 새로운 방향 설정과 재편성, 삶의 한 계절에서 다음 계절로의 엄청난 변화를 이루는 단계라 할 수 있다.[12] 과거와 현재 사이의 혼란스러움이 혼재된 단계이지만 동시에 혼란스러움과 불안을 잠재우기 위해 개인 스스로의 노력이 절실히 필요한 단계로, 지금 현재 대중 소비자들

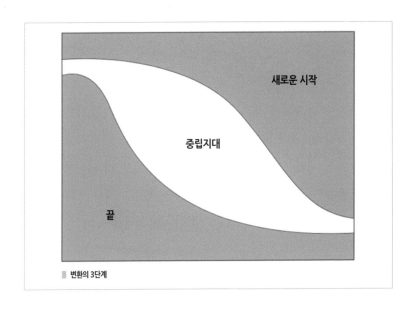

■ 변환의 3단계

이 마주하고 있는 상황이기도 하다. 대중 소비자들은 코로나19 이전의 과거로 돌아갈 가능성은 희박하고, 앞으로 도래할 새로운 변화를 준비해야 하는 이 '중립지대'에 현재 놓여 있다. 그리고 그 변화의 흐름이 유발하고 있는 수많은 불안감을 온몸으로 해소하기 위해 고군분투 중이다. 미처 알지 못했던 새로운 것을 시도해보기도 하고(이색 경험), 새로움이 주는 불안함에 과거에 익숙했던 것을 찾아가 정서적 안정감을 추구하거나(아날로그, 추억 소환), 또는 익숙한 것에 새로운 것을 슬쩍 곁들여 생경한 자극을 옅게 하는 방식(콜라보 등)으로 지금의 불안도를 낮추는 식이다. 실제로 많은 전문가들은 인증 샷을 찍어 SNS에 올리는 행위들(이를테면 갓생, 미라클 모닝 등) 모두가 결국은 미래가 불투명한 상황에서 어떤 식으로든 불안을 해소하기 위한 방법으로 분석한 바 있다.[13]

So what? 〃
시사점 및 전망

지금 대중 소비자들은 새로운 변화가 안전하게 받아들여질 때까지 막연한 기다림으로 시간을 보내는 것 같지 않다. 중립지대에 머물면서 '오래된 세계는 끝을 향해가고 있고', '새로운 세계는 아직 도착하지 않았다'는 사실을 받아들이며 나름의 적응 단계를 보내고 있는 것으로 보인다. 때문에 다가오는 새로운 미래에 적응하기 위한 삶의 태도를 준비하는 차원에서 예상되는 대중 소비자들의 움직임이 몇 가지 있다.

첫 번째 움직임은 새로움과 익숙함, 그리고 이것들이 한데 뒤섞인 콘텐츠들이 끊임없이 재생산 되는 측면이다. 당분간 대중 소비자들은 이 중립지대에서 끝의 것(익숙한 것)과 새로운 것(이색적인 것), 그리고 이것들이 적절하게 섞인 요소들을 소비하는 행보를 지속할 것으로 보인다. 그중 주로 내게 익숙한 아는 맛은, 과거의 추억을 불러일으키고 정서적 안정감을 선물한다는 장점이 있는 동시에 가치의 재발견, 새로운 취향 탐험의 과정으로 이어질 수 있다는 점에 주목할 필요가 있다. 예컨대 친숙한 세계관에서 출발하는 콘텐츠나, 이미 성공한 원작을 기반으로 새로운 세계관을 펼쳐나가는 콘텐츠 소비 현상이 지속될 가능성을 시사해주기 때문이다. 실제로 마크로밀 엠브레인 조사 결과를 보면, 향후 '웹 소설'을 원작으로 한 영화나 드라마 시청 의향이 각각 62.7%, 65.2%로 높게 평가될 만큼[14] 새로운 형식의 콘텐츠라도 이왕이면 내게 익숙한 세계관이 낫다는 인식이 반영된 특징을 보이고 있었다. 미니홈피의 부활, 할메니얼,[15] 이미 종영한 프로그램들(예: 〈무한도전〉 등)이 끊임없이 소환되는 이유[16] 역시 같은 맥락에서 이해 가능하다. 나아가 특정 세대의 향수를 소환하는 '아는 맛' 콘텐츠는 세대를 넘나들며 서로를 이해하는 요소로도 작용할 것으로 보인다. 2022년 한 해 패션계 화두였던 다시 돌아온 세기말 패션 'Y2K'가 그 한 예로, 과거 기성세대가 향유한 문화적 코드를 자녀 세대가 '새로움'으로 인식한 순간 세대를 관통하는 하나의 소비 트렌드가 되는 현상을 이미 확인한 바 있다. MZ세대가 '할매' 입맛에 빠지고, '바디 프로필'에 도전하는 60대들이 생겨나는 등 서로의 문화를 직접 '경험'해보면서 그들의 문화적 코드를 상호 이해하는 현상은 앞으로도 재생산될 것으로 보이며, 각 세대를 이해하는 데에 어느 정도 긍정적 영향을 줄 것으로 전망된다.

두 번째는 콘텐츠나 일상생활 소비 활동 전반에 극단적인 '버티컬vertical 취향'과 '버티컬 라이프 스타일' 경향이 강화되고 있는 움직임이다. '이색적인' 콘텐츠를 찾는 소비 태도는 돈과 시간이란 자원의 문제로 한계에 부딪힐 가능성이 높다. 이색 경험을 추구하기 위해 한 끼에 몇만 원이 훌쩍 넘는 고급 레스토랑이나 오마카세에 매번 방문하기도 힘들뿐더러 요즘 유행하는 여행지, 전시회 등을 모두 방문하기에는 시간도 부족하다. 결국 고물가 시대 소비자들이 선택할 수 있는 대안은 '모든 것을 가성비 있게 즐기거나', '관심 분야는 고급으로, 다른 분야는 철저히 아끼는 소비'로 구분될 가능성이 높다. 다만, 문제는 후자의 경우다. '관심 분야는 고급으로, 다른 분야는 철저히 아끼는 소비' 태도는 MZ세대의 플렉스 현상과 맞물

려 사회적으로 큰 주목을 받
은 바 있지만, 최근 한 TV 예
능 프로그램이 '빚'을 내면서
도 내 인생을 '빛'내겠다는 자
발적 푸어족(poor+族)을 소개
하면서 논란이 가중되고 있기
때문이다. 해당 프로그램에

■ 채널A 〈푸어라이크〉의 한 장면

등장하는 자발적 푸어족들은 '원하는 것'에 대한 선택적 집중 태도
가 매우 강한 특징을 보인다. 수입이 적은데도 비싼 외제 차를 모는
'카푸어'부터 낮에는 택배 포장 아르바이트, 밤에는 클럽 VVIP가 되
는 '클럽푸어', 희귀한 술을 사기 위해 오픈 런도 마다하지 않는 '위
스키푸어' 등 취미 생활이나 취향에 과감한 소비를 하면서도 일상의
다른 영역에서는 극강의 절약 모드를 갖고 있는 독특한 라이프 스
타일을 선보인다.[17]

자발적 푸어족들은 타인의 부정적인 평가를 알고 있음에도 스스
로가 '이유 있고' '가치 있는' 소비를 하고 있으며, 그 소비에 오롯이
'책임을 지겠다'는 자존감 높은 태도를 보인다. 기성세대로서는 도
저히 이해할 수 없는 소비 태도에 비난의 목소리가 크고, 누가 봐
도 우려할 만한 상황이라는 여론이 만만치 않다. 심지어 취향의 편
가르기 문제로까지 불거져 각각의 취향 집단의 첨예한 대립으로 이
어지는 양상까지 보이고 있다. 하지만 다른 한편으로는 이들의 소
비를 '옳다, 그르다'의 표현보다 '다르다'의 의미로 받아들여야 한다
는 의견이 적지 않다. 세대의 관점보다는 소비 태도에 집중해 '돈을

쓰는 가치관'의 차이에 좀 더 주목할 필요가 있다는 것이다. 즉, 각각의 소비 역시 하나의 라이프 스타일로서 이해해야 한다는 인식이 강해지고 있는 것으로, 개개인의 라이프 스타일에는 '얕고 넓은', 또는 '깊고 좁은' 독특하면서도 현저한 차이가 있을 뿐이라는 관점이 필요하다는 주장이 제기되고 있다. 바로 이러한 맥락에서 대중 소비자들의 '버티컬 취향'과 '버티컬 라이프 스타일' 지향 태도가 보다 강화될 것이란 두 번째 시사점을 살펴볼 수 있겠다.

코로나19로 인한 강제적 고립 시간을 거치면서 지금까지 대중 소비자들은 사실상 타인의 시선에서 벗어나 개인의 관심사에 온전히 귀를 기울일 수 있는 유의미한 시간을 보냈다. 덕분에 개인의 가치관이나 취향을 중시하는 성향이 강해졌고, 대중적으로 재미있는 콘텐츠일지라도 내게 맞지 않는다면 과감히 배제하는 태도 역시 더욱 뚜렷해졌다. 접하는 콘텐츠들의 양은 많아졌고, 소비하는 카테고리의 방향성은 세분화됐다. 그리고 내가 선택하고 소비하는 콘텐츠를 곧 나의 정체성과 연결하는 태도도 더욱 강해졌다.

하지만 이제 곧 강제적 고립이 해제되는 새로운 변혁의 시대를 맞이해야 한다는 것을 대중 소비자들 역시 암묵적으로 인지하는 듯하다. 코로나19 이전의 과거로 돌아갈 가능성은 희박하고, 앞으로 도래할 새로운 변화를 준비해야 한다는 심적 부담감을 느낄 수밖에 없는 상황인 것이다. 때문에 과거와 현재, 그 혼란스러움이 혼재된 중립지대에 놓인 대중 소비자들은 이러한 심적 불안을 잠재우기 위해 개인 스스로 무던한 노력을 기울이고 있다. '보다 새로운 것', '아직은 나에게 익숙한 것', '익숙하지만 나름 생경한 것' 들을 경험하며

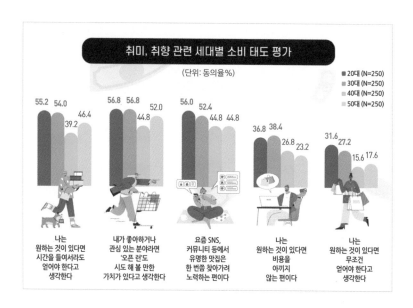

취미, 취향 관련 세대별 소비 태도 평가

(단위: 동의율 %)

- 20대 (N=250)
- 30대 (N=250)
- 40대 (N=250)
- 50대 (N=250)

나는 원하는 것이 있다면 시간을 들여서라도 얻어야 한다고 생각한다	내가 좋아하거나 관심 있는 분야라면 '오픈 런'도 시도 해 볼 만한 가치가 있다고 생각한다	요즘 SNS, 커뮤니티 등에서 유명한 맛집은 한 번쯤 찾아가려 노력하는 편이다	나는 원하는 것이 있다면 비용을 아끼지 않는 편이다	나는 원하는 것이 있다면 무조건 얻어야 한다고 생각한다
55.2 / 54.0 / 46.4 / 39.2	56.8 / 56.8 / 52.0 / 44.8	56.0 / 52.4 / 44.8 / 44.8	36.8 / 38.4 / 26.8 / 23.2	31.6 / 27.2 / 15.6 / 17.6

스스로의 내적 경계선을 허물고 있는 중이다. 지금 대중 소비자들의 소비 태도에는 평균적인 소비는 없어 보인다. 각각의 버티컬한 소비와 라이프 스타일만이 존재할 뿐이다.

우리는 우리 자신이나 아이들이 남들과 '다른' 사람으로 분류되면 학교생활에서 성공할 가망이 없어지고, 사다리의 낮은 곳에서 살아갈 운명에 놓일까 봐 불안해한다. 상위권의 일류 학교에 들어가 높은 성적을 받지 않으면 들어가고 싶은 회사가 우리를 거들떠도 안 볼까 봐 걱정한다. 성격 테스트에서 잘못 대답하면 원하는 일자리를 얻지 못할까 봐 전전긍긍한다. 현재 우리는 다른 사람들 모두와 똑같이 하되 더 뛰어나길 요구하는 한편 주위 사람들과 비교해 더 나은 사람이 되길 바라는 옹졸한 꿈으로 전락시키고 있는 그런 세계에서 살고 있다. (중략) 일차원적 사고, 본질주의적 사고, 규범적 사고의 장벽을 극복해낸다면, 또 사회의 조직들이 평균보다 개개인성을 소중히 여긴다면 개인의 기회가 더욱 증대되고 성공에 대한 생각도 바뀔 것이다. 평균에서의 이탈이라는 관점이 아니라 우리 스스로가 정한 관점에서 성공을 바라보게 될 것이다.

－토드 로즈,《평균의 종말》, p.272~273

#체험으로 연결
#레트로와의 콜라보

오프라인 매장의 부활 >>>

최근 엔데믹 이후 리오프닝(경제활동 재개) 기대감이 높아지며 해외에
서도 오프라인시장이 회복 조짐을 보이고 있다. 미국 시장조사업체
IHL그룹이 945개 소매업체를 조사한 결과, 2020년에는 당시 미국
내 오프라인 매장 수가 크게 줄었지만 2021년에는 4,361개 매장이
순증가한 것으로 나타났다.[18] 미국 대형 마트 '타깃Target'은 2021년
매장 19개를 추가했으며, 화장품 편집 매장 '세포라SEPORA'도 2025년
까지 850개 매장을 출점하기로 결정했다. 2023년까지 점포를 줄이
고자 했던 메이시스macy's백화점 역시 "물리적 입지를 유지하기 위해
60개 점포의 폐쇄 시기를 재고하겠다"고 밝혔다.[19]

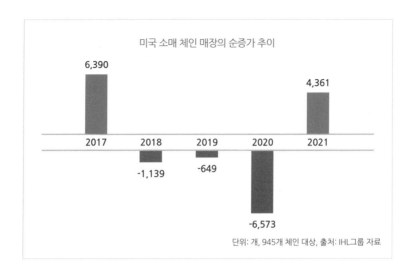

미국 소매 체인 매장의 순증가 추이

6,390
4,361
2017　2018　2019　2020　2021
-1,139
-649
-6,573

단위: 개, 945개 체인 대상, 출처: IHL그룹 자료

이러한 현상은 단순히 오프라인 매장 수를 코로나19 이전 수준으로 회복하겠다는 의도로만 비춰지진 않는다. '오프라인 매장'이 소비자와의 '접점'을 늘릴 수 있는 통로가 되기 때문으로, 최근 이커머스업체들도 '오프라인 거점'을 확대하려는 움직임을 선보이고 있다. 2022년 5월 미국 LA에 의류, 잡화 등을 파는 오프라인 매장 '아마존스타일'을 오픈한 아마존의 경우, 다른 매장과 달리 같은 디자인의 옷을 딱 한 벌씩만 진열하고, 고객이 스마트폰으로 QR코드를 찍어 '입어보기', '픽업하기'의 버튼을 선택하는 등 다른 매장에서는 경험할 수 없는 차별적 체험 공간을 오프라인에 구성했다.[20]

페이스북, 인스타그램 등을 운영하는 '메타 플랫폼'도 2022년 첫 오프라인 매장에 뛰어들었는데, 메타 측은 자사의 메타버스 하드웨어, VR 헤드셋, 스마트 안경 등을 소비자들이 매장에서 직접 체험하게 하고 판매까지 할 계획이라고 밝혔다.[21] 메타 스토어의 책임자

는 "자사 제품을 노출하려는 목적"으로 매장을 설계했지만, "우리가 진정으로 원하는 것은 스토리를 전달하고 소비자로부터 피드백을 받는 능력을 갖추게 되는 것"이라고 설명했다.[22]

미국 최대 전자 상거래 기업 아마존이 LA에 연 오프라인 패션 매장 '아마존스타일'
출처: 아마존

코로나19로 인한 사회적 거리두기 해제 이후 이 같은 오프라인 매장으로의 행보는 단지 제품을 구매하거나 판매하는 형식적인 공간을 뛰어넘어 브랜드와의

메타의 첫 오프라인 매장 '메타 스토어'
출처: 메타

의미 있는 관계를 맺을 수 있는 체험형 경험 센터로 바뀌고 있는 추세임을 엿볼 수 있다. 오프라인으로 향하는 기업들의 이 같은 행보가 소비자와 어떤 접점 결과를 만들어낼지 귀추가 주목된다.

세대를 가로지르는
'아는 맛' 열풍 >>>

전 세대를 타깃으로 하는 '레트로' 열풍이 세계를 강타하고 있다. 가까운 나라 일본에서는 2021년부터 1970~1980년대의 식품 패키지를 재출시하거나, 과거 단종된 제품을 리뉴얼해 출시하는 이른바 '쇼와(일본의 1926~1989년 시대) 레트로'가 인기를 끌고 있다. 일본 내

최근 일본에서는 1970~1980년대의 식품 패키지를 판매하거나 과거 단종된 제품을 리뉴얼하는
복고풍 트렌드가 나타나고 있다. (포카리스웨트(왼쪽), 가메다제과의 해피 턴(오른쪽))
출처: KATI(한국농수산식품유통공사)

전문가들은 이러한 현상에 대해 최근 코로나 사태나 러시아 우크라
이나 전쟁 등으로 야기된 사회적 혼란으로 인해 일본의 소비자들이
기존에 소비하던 제품이나 과거부터 출시돼 익숙한 제품을 선호하
는 이른바 '보수적 소비' 성향을 보이기 때문으로 분석하고 있다.[23]

중국 대표 식음료 포럼 FBIF가 발표한 '2022년 중국 식품 포장 트
렌드'에 따르면, 최근 중국에서도 붉은색, 푸른색의 색감을 사용해
중국 특유의 복고풍 스타일을 구현하거나, 과거 1980~1990년대
사람들의 모습을 그려 넣은 '복고풍' 스타일을 찾는 소비자가 증가
하고 있는 것으로 나타났다. 특히 중국을 상징하는 특정 색상들과
문화 요소가 들어간 그림을 활용하는 상품들은 궈차오(애국주의) 성

중국에서도 복고풍 스타일을 찾는 소비자들이 늘고 있다. 유제품 '진틀시에나이푸(왼쪽), 과일 음료 루구어인랴오(오른쪽).
출처: FBIF스핀인랴오황신

폭스바겐의 전기 미니밴 ID. 버즈
출처: 탑라이더

포드의 뉴 포드 브롱코
출처: 부산일보

향이 강한 Z세대를 공략한 것으로, 향후에도 중국 내 '레트로' 패키지는 유행할 것으로 전망되고 있다.[24]

자동차업계에서도 '레트로' 열풍이 불며 복고풍 디자인의 신차들이 연이어 출시되고 있는 추세다. 폭스바겐은 70년 전 디자인을 전기 차에 그대로 이식한 전기 미니밴 'ID.버즈'를 유럽 시장에 출시했으며, 포드 역시 1996년 생산이 중단된 SUV '브롱코'를 25년 만에 부활시키며 복고 열풍에 합류했다.

과거의 디자인을 그대로 출시한 레트로 차량들은 시장에서 좋은 반응을 얻고 있는 모습이며, 전문가들은 이러한 흐름이 당분간 이어질 것으로 전망하고 있다. 특히나 내연기관 차에서 전기 차로 급격하게 산업이 변화하는 시점에서 이러한 레트로 열풍은 기존 자동차업계가 가져갈 수 있는 가장 큰 장점이라고 설명하며 내연기관 자동차업계의 위기를 어느 정도 상쇄할 수 있을지가 기대되는 흐름이라고 전하고 있다.[25]

K-컬처가 한국의 '소프트 파워'에
끼치는 영향 >>>

최근 코로나19 확산세가 잠잠해지며 다시금 자유로운 해외여행 시대가 도래할 것이란 기대감이 높은 가운데 우리나라로 여행을 오고 싶어 하는 '잠재적 한국 여행객'들의 기대감 또한 높게 평가된 것으로 나타났다. 2022년 4월 한국관광공사가 발표한 '2021 잠재 방한여행객 조사'에 따르면, 조사 대상인 해외 거주 외국인의 47%가 향후

주요국 방한 외래 관광객(단위: 명, %)

구분	6월			1월~6월		
	2022년	2021년	증감률	2022년	2021년	증감률
총계	227,713	77,029	195.6	810,172	420,187	92.8
중국	12,741	12,942	-1.6	75,191	82,301	-8.6
일본	5,855	875	569.1	17,280	7,117	142.8
대만	1,008	275	266.5	3,875	1,925	101.3
미국	55,444	18,159	205.3	177,199	83,927	111.1
홍콩	662	79	738.0	1,607	491	227.3
태국	16,822	928	1712.7	33,310	3,568	833.6
필리핀	15,139	9,572	58.2	71,194	52,279	36.2
베트남	12,884	2,133	504.0	35,770	10,066	255.4
말레이시아	3,415	323	957.3	9,295	1,792	418.7
러시아	4,400	2,899	51.8	19,310	14,755	30.9
인도네시아	8,265	4,529	82.5	31,448	22,627	39.0
싱가포르	10,462	95	10912.6	26,327	534	4830.1

출처: 한국관광공사

3년 이내 '한국' 방문 의향이 있다고 응답했으며, 방한 여행 의향자들은 한국 방문 이유로 '문화·체험 즐길거리가 많아서'를 꼽고 있었다.[26] 코로나19 이후 다시 열린 해외여행 시대에 BTS, 〈오징어 게임〉 등 'K-콘텐츠'의 위력이 높게 작용한 것으로 예측되는 대목이다.

K-콘텐츠의 영향으로 코로나19 이전 대비 관광시장의 생태계가 변화한 점도 주목할 만한 대목이다. 본래 우리나라 관광시장의 핵심 축에는 중국, 일본이 양대 산맥으로 자리 잡고 있었지만, 최근 한국관광공사의 '방한 외래관광객 통계'에 따르면, 아세안 10개국에서 온 방한 관광객 수는 7만 4,067명으로 전체의 32.5%를 차지한 것으로 나타났다. 중국을 포함한 중화권(대만·홍콩·마카오)이 1만 4,418명, 일본 관광객은 5,855명에 그친 것과 비교하면 압도적으로 높은 수치다.[27] 아세안 관광객이 늘어난 데에는 K-콘텐츠의 영향이 컸다는 게 전문가들의 설명이다. 상대적으로 한류에 대해 관심도가 높은 동남아 지역의 관광객들이 코로나19 이후 하늘길이 열리자 '한국행'을 택한 것으로 분석되고 있기 때문이다. 한국국제문화교류진흥원이 발간한 〈2021 한류 파급효과 연구〉에 따르면, 한류 대중화가 이뤄진 국가는 베트남, 말레이시아, 대만, 인도네시아, 태국, 중국 등 6개국으로 전년보다 3개국 증가했으며, 특히 미국, 영국, 호주, 남아공 등 과거 한류 인기가 중하위권에 머물렀던 국가들에서 한류 대중화가 가장 크게 일어난 것으로 나타났다.[28] 코로나19 이후 우리나라 관광시장의 지도가 또 어떻게 바뀌게 될지 궁금해지는 결과다.

K-컬처의 힘은 문화 소비에만 그치지 않는다. K-콘텐츠로 우리나라 문화에 익숙해진 해외 소비자들이 K-상품에 대한 관심을

2022년 9월 12일, 에미상 시상식에서 감독상, 남우 주연상 등 6개 부문을 수상한 〈오징어 게임〉
출처: AFP 연합

넘어 '한국'이라는 나라에 대한 인식 전환도 이끌어내고 있기 때문이다. 최근 러시아에서는 'K-콘텐츠'를 소재로 한 한국어 강좌가 인기를 끌고 있고,[29] 올해 태국 대입 시험의 제2 외국어 과목에서는 한국어 응시생이 처음으로 일본어를 넘어선 것으로 조사됐다.[30] 식지 않는 한류의 인기가 '한국어 공부'로 이어진다는 점은 글로벌시장에서 한국의 위상을 높이고 입지를 다질 수 있음을 의미하는 것이기도 하다. 뿐만 아니라 2022년 미국의 한 상장지수펀드ETF 운용사가 한국 엔터테인먼트 기업을 담은 ETF 상품을 출시한 점도 주목을 받고 있다. 해당 ETF가 미국 증권거래위원회SEC 승인을 받으면 한국 대중음악의 혜택을 받은 업체에 투자하는 첫 번째 ETF가 돼 K-POP의 영향력이 ETF 세계로 확장될 것이라는 평가를 받고 있다.[31]

이러한 K-콘텐츠의 힘은 현재 진행형으로 최초의 '비영어권 작품 수상' 등의 새로운 역사를 연일 기록하고 있는 중이다. 앞으로 음악, 영화, 드라마 등 다양한 분야에서 K-컬처가 흥행하며, 한국의 '소프트 파워'도 점점 더 높아질 것으로 전망된다.[32]

PART 3

LIFE

시간, 돈, 인간관계의
선택적 소비

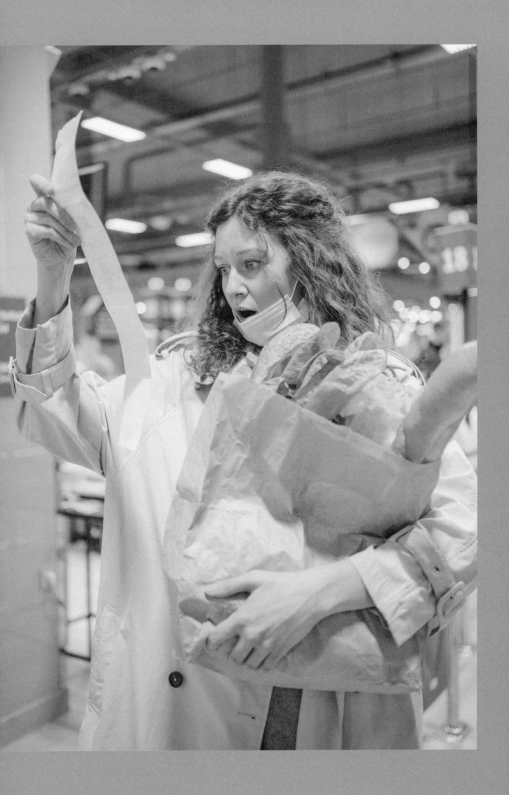

만성적인 외로움,
익숙하면서도 새로운 인간관계 찾기
접촉 결핍과 낮은 공동체 의식, 모임 속 모임, 관계 복원 욕구

'포옹'만 해주는 비즈니스가 "
성장하는 이유

큰 키, 잘생긴 외모, 반백의 머리털, 칼은 주요 미디어 기업에서 억대 연봉을 받는 소프트웨어 개발자다. 자식 하나를 둔 이혼남인 칼은 몇 년 전 직장 때문에 로스앤젤레스로 이사했다. (중략) 그동안 만나던 친구들과 단절된 채 새로운 도시에 혼자 살게 된 칼은 처음에 온라인 데이트를 시도해봤지만 감당이 되지 않았다. 내 쪽에서 상대가 마음에 들면 상대는 내가 별로고, 상대가 나를 좋아하면 내 쪽에서 말없이 일체 연락을 끊어버리는 식이었다. (중략) 진은 직업적인 '커들러 (cuddler: 포옹해주는 사람)'다. 시급 80달러에 캘리포니아주 베니스에 자리한 '샨티(힌두어로 '마음의 평화'라는 뜻)' 스타일의 원룸형 아파트로 찾아온 손님을 쓰다듬고 안아준다. (중략) "그 일은 저를 바꾸어놓았습니다." 칼의 목소리에서 뚜렷한 안도감이 느껴졌다. "직장에서 정말 우울하고 생산성이 아주 낮은 사람이었는데, 갑자기 생산성이 치솟는 사람이 되었지요." 비록 돈을 받고서였지만 진은 칼이 갈구하던 인간과의 연결감을 주었다.

– 노리나 허츠, 《고립의 시대》, p.281~283 요약

한 전문직 남성이 외로움을 달래기 위해 몇 명의 이성과 교제를 시도한다. 하지만 복잡하고 까다로운 조건(또는 상황)으로 인해 실패를 반복한다. 이 과정에서 남성은, '진'이라는 이름의 '커들러'라는 생소한 직업을 가진 여성을 만나고, 심리적인 안정감을 찾는다. 이 '안아주는 사람'의 역할에 성적인 교감(섹스)은 포함되지 않는다. 단지 친밀감을 주는 쓰다듬는 행위와 포옹이 이 서비스의 핵심이다. 칼은 커들러 서비스를 이용하면서 한 달에 무려 2,000달러를 쓴다. 그리고 비용을 감당하기 위해 집을 포기하고 차에서 생활을 하며, 주차장에서 가까운 휴무 없는 24시간 헬스장에서 씻고, 사무실 냉장고에 음식을 보관해놓고 산다.[1] 이 사례를 취재한 《고립의 시대》의 저자 노리나 허츠는 심리학 연구를 인용하면서 "누군가 몸을 천천히 부드럽게 쓸어내려주면 설사 그가

#커들리스트(Cuddlist)

낯선 사람이라도 사회적 배제로 인한 고통이 경감되는 것으로 나타났다"고 전한다. 더불어, 이 남성의 사례는 갈수록 커지는 친구, 우정, 사람과의 접촉에 대한 요구에 시장market이 새롭고 놀라운 방식으로 대응하고 있는 것이라고 소개한다. 실제로 이 시장은 커지고 있다.

코로나19 이전인 2015년 초, 이 커들러 비즈니스는 이색 직업으로 소개됐는데,[2] 매춘이나 유사 성행위로 이어진다는 의혹에 시달리면서 잠시 주춤했다. 그러다가 2020년 코로나19 이후 다시 주목을 받게 되는데, 심지어 이때는 그간의 불명예는 온데간데없이 '고소득 이색 직업'으로 소개되기도 했다.[3] 커들러 서비스에 대한 이런 변화는 사람들이 경험하는 외로움의 크기가 이전보다 더 커졌다는 반증일 수 있다. 현대인이 경험하는 외로움은 이미 2010년대 중반부터 중요하게 다뤄져왔지만(비즈니스와 사회적 차원에서), 이 '안아주기(커들러)' 서비스의 성장은 코로나19를 겪는 동안 사람들이 심리적으로 더욱 외로워졌다는 것을 의미한다. 사람들은 얼마나 외로워하고 있는 것일까? 그리고 이 '외로움'이 일상에 끼치는 영향은 무엇일까?

외로움은 생각보다 〃
많은 문제를 야기한다

노리나 허츠는 외로움이라는 개념이 단순히 '혼자 있는 것'의 동의어가 아니라고 정의한다. 현재 우리가 경험하는 외로움은 얼마나 남과 연결되고 남에게 지지와 관심을 받는다고 느끼는지, 남으로부터 배제되고 고립됐다고 느끼는지 등을 포함하는 광범위한 개념이라는 것이다. 마크로밀 엠브레인 트렌드모니터 연구진은 노리나 허츠의 이런 개념에 근거해 개발된 척도를 약간 변형해 외로움을 측정했다.[4] 책(《고립의 시대》)에 공개된 20개 항목을 차용했고, 20대부터 50대까지 1,000명을 대상으로 현재 한국 사회의 외로움의 크기를 측정했다.

그 결과 '높은 수준의 외로움'[5]을 경험하는 사람들은 66.5%로, 10명 중 7명 수준이었다.[6] 눈에 띄는 부분은 계층에 따라 외로움을 느끼는 정도가 크게 달랐다는 점이다. 조사 결과로 보면, 중상층 이상보다는 하층과 중하층에서 외로움을 더 많이 느끼고 있었다(높은 수준의 외로움 경험자 수 – 하층(77.3%), 중하층(71.8%), 중상층 이상(60.3%), 중간층(60.1%)).[7] 이 결과는 외로움이라는 문제가 경제적 상황과 크게 관련돼 있을 수 있다는 것을 의미한다. 다수의 사람들이 외로움을

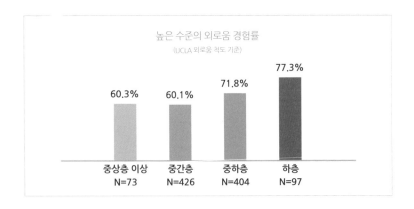

느끼는 이유 중 가장 중요하다고 생각하는 부분으로 '경제적인 이유 (37.7%, 1순위)'[8]를 들고 있는 것을 미루어 보면, 경제적 어려움은 외부 활동을 위축시키고, 이것은 또다시 여러 사람들과의 교류를 제한하는 악순환을 만들고 있는 것으로 이해해볼 수 있기 때문이다. 즉, 직접적으로 인과관계를 판단하기는 어렵지만 경제적 상황과 외로움, 그리고 인간관계의 빈도는 밀접한 관련성이 있다는 것을 시사하고 있는 것이다. 외로움의 수준이 높은 사람들은 실제 인간관계를 어떻게 맺고 있을까?

일단, 높은 수준의 외로움을 경험하는 사람들은 대인 관계에서부터 어려움을 토로하는 비율이 상대적으로 높게 나타났다. 실제로 사람을 만나 이야기하는 상황이 되면 무슨 말을 꺼내야 하는지를 걱정하는 비율이 현저하게 높았으며(실제로 사람을 만나 이야기를 해야 하는 상황이 되면 무슨 말을 꺼내야 할지부터가 걱정된다 – 외로움 高 46.8% vs. 외로움 低 20.3%), 얼굴을 보며 소통하는 것에 대해서 두려움이 컸고(나는 한편으로 사람들의 얼굴을 보며 소통하는 것이 두렵기도 하다 – 외로움 高 48.6% vs. 외로움 低 15.8%), 심지어 '진짜 내 모습'을 알게 된다면 아무도 나를 가까이하지 않을 것이라는, 극단적인 불안감도 낮은 외로움 집단에 비해 현저하게 높았다(진짜 내 모습을 알게 된다면 아무도 나를 가까이하지 않을 거란 불안감이 들 때가 있다 – 외로움 高 28.0% vs. 외로움 低 9.6%).[9]

이렇게 대인 관계상에서 어려움을 크게 경험하는 '높은 외로움' 집단의 사람들이 보여주는 태도는, 고스란히 '불특정 타인'에 대한 불신으로도 이어지고 있었다(나는 사람들이 기본적으로 서로를 신뢰하지 않는다고 생각한다 – 외로움 高 50.1% vs. 외로움 低 32.2%).[10] 높은 외로움 집

실제로 사람을 만나 이야기를 해야 하는 상황이 되면
무슨 말을 꺼내야 할지부터가 걱정된다(동의율)

외로움 경험 높은 집단, N=665　　(2022)　　외로움 경험 낮은 집단, N=335

46.8%　　**VS.**　　20.3%

나는 한편으로 사람들의 얼굴을 보며 소통하는 것이 두렵기도 하다(동의율)

외로움 경험 높은 집단, N=665　　(2022)　　외로움 경험 낮은 집단, N=335

48.6%　　**VS.**　　15.8%

진짜 내 모습을 알게 된다면 아무도 나를 가까이하지
않을 거란 불안감이 들 때가 있다(동의율)

외로움 경험 높은 집단, N=665　　(2022)　　외로움 경험 낮은 집단, N=335

28.0%　　**VS.**　　9.6%

단 사람들은 자신이 하는 일과 일터로부터 소외당하고 있다고 느끼는 비율이 '낮은 외로움' 집단에 비해 상대적으로 높았으며(나는 내가 하는 일과 일터로부터 소외당하고 있다고 느낀다 – 외로움 高 21.1% vs. 외로움 低 5.4%), 더 극단적으로는 일상생활에서 사람들로부터 무시당하고 있다고 느끼는 비율이 '낮은 외로움' 집단에 비해 3배 이상 현저히 높았고(나는 일상생활에서 사람들로부터 무시당하고 있다고 느낀다 – 외로움 高 14.7% vs. 외로움 低 4.5%), 이런 태도는 정치 시스템에 대한 불신으로도 이어지고 있었다(나는 우리나라의 정치 시스템으로부터 단절되어 있다고 느낀다 – 외로움 高 33.5% vs. 외로움 低 20.6%).[11]

나는 사람들이 기본적으로 서로를 신뢰하지 않는다고 생각한다(동의율)

외로움 경험 높은 집단, N=665   (2022)   외로움 경험 낮은 집단, N=335

50.1%   **VS.**   32.2%

나는 내가 하는 일과 일터로부터 소외당하고 있다고 느낀다(동의율)

외로움 경험 높은 집단, N=665   (2022)   외로움 경험 낮은 집단, N=335

21.1%   **VS.**   5.4%

나는 일상생활에서 사람들로부터 무시당하고 있다고 느낀다(동의율)

외로움 경험 높은 집단, N=665   (2022)   외로움 경험 낮은 집단, N=335

14.7%   **VS.**   4.5%

나는 우리나라의 정치 시스템으로부터 단절되어 있다고 느낀다(동의율)

외로움 경험 높은 집단, N=665   (2022)   외로움 경험 낮은 집단, N=335

33.5%   **VS.**   20.6%

이렇게 반복적이고 일상적인 소외와 고립의 경험은 어떤 행동을 유발하게 될까? 많은 심리학 연구들은 외로움(고독)과 공격성과의 관계를 지적한다. 생쥐를 대상으로 한 실험 결과, 우리(케이지) 안에서 4주 동안 고독을 강요받았던 거의 모든 생쥐는 새로운 생쥐를 만나면 자신의 외로움을 달래기 위해 '친절하게' 대해주는 것이 아니라, 예외 없이 '공격'을 했던 것이다.[12]

혼자 지내는 시간이 길어질수록 화를 자주 낸다(동의율)

외로움 경험 높은 집단, N=665   (2022)   외로움 경험 낮은 집단, N=335

22.0%   VS.   6.9%

코로나 시기에 혼자 머무는 시간이 늘어나면서
평소 부정적인 감정 표현이 더 잦아지고 강해졌다(동의율)

외로움 경험 높은 집단, N=665   (2022)   외로움 경험 낮은 집단, N=335

33.4%   VS.   11.9%

코로나 때문에 외로움을 경험하는 빈도가 더 잦아졌다(동의율)

외로움 경험 높은 집단, N=665   (2022)   외로움 경험 낮은 집단, N=335

47.4%   VS.   23.3%

　　조사의 결과도 이와 유사한 경향이 관찰됐다. 높은 외로움을 경험하는 집단은 낮은 외로움 집단에 비해 현저하게 높은 비율로, 혼자 지내는 시간이 길어질 때 화를 더 자주 낸다고 보고하고 있었다(혼자 지내는 시간이 길어질수록 화를 자주 낸다 - 외로움 高 22.0% vs. 외로움 低 6.9%).[13] 그리고 이런 부정적인 경향은 코로나19가 더욱 강화한 것으로 보인다(코로나 시기에 혼자 머무는 시간이 늘어나면서 평소 부정적인 감정 표현이 더 잦아지고 강해졌다 - 외로움 高 33.4% vs. 외로움 低 11.9%, 코로나 때문에 외로움을 경험하는 빈도가 더 잦아졌다 - 외로움 高 47.4% vs. 외로움 低 23.3%).[14]

외로움은 대인 관계에서 출발한 것일 수
도 있고, 경제적 환경에서 출발한 것일 수
도 있다. 그 원인이 어떤 것이든 스스로 선
택한 것이 아닌 한, 만성적인 외로움이 유
발하는 부정적 행동의 패턴은 뚜렷해 보인
다. 걱정되는 지점은 이런 외로움으로 인한
부정적인 결과가 코로나19로 인해 더욱 강화됐을 가능성이다. 코로
나19가 팬데믹에서 엔데믹으로의 전환이 검토되고 있고, 대면 만남
의 욕구가 분출하는 현재, 달라지고 있는 환경과 주변 상황이 외로움
이 유발하는 다양한 문제를 해결하는 단초를 제공해줄 수 있을까?

익숙한 곳에서 만나고 싶지만, 〞
약간 주저한다

코로나19가 사람들의 일상에서 가장 크게 영향을 준 것은 대인 관
계였다. 몇 차례 추적 조사를 통해 나타난 자료에 따르면, 코로나19
로 인해 가장 영향을 받은 분야가 초기에는 여가 생활(63.2%(2021.
04.)→70.7%(2021. 11.)→56.7%(2022. 03.))이나 문화생활(46.5%(2021.
04.)→48.4%(2021. 11.)→39.8%(2022. 03.)) 등이었지만, 가장 치명타를 맞
은 부분은 대인 관계(59.5%(2021. 04.)→64.6%(2021. 11.)→76.4%(2022. 03.))
였기 때문이다.[15] 그래서 코로나 초기 사람들과의 만남이 적어졌어도
'오히려 좋았던' 긍정적인 느낌은 코로나19 팬데믹의 시간이 길어질

수록 감소하고 있었다. 점점 더 많은 사람들이 만남이 적어져서 불편함을 경험했던 것이다(나는 코로나19로 만남이 적어져서 불편했다 – 32.1%(2020. 07.)→43.4%(2021. 04.)→56.8%(2021. 11.)→62.1%(2022. 03.)).[16]

이제 사람들은 미뤄뒀던 사람들과의 교류를 복원하려고 하고 있다. 그래서 코로나19 팬데믹 시기 유행했던 메타버스 공간에 머물며 사람들과 교류하기보다 오프라인 세상에서 시간을 더 보내고 싶어 했다(방역 단계가 낮아져서 안전하게 사람을 만날 수 있다면, 메타버스 세계보다는 실제 사람을 만나 시간을 보내고 싶다 – 82.7%).[17] 그렇다면, 우선적으로 고려하는 '만남'은 어떤 곳에서 일어날까? 사람들은 일단 '익숙한 모임'을 찾고 있는 것 같다. 많은 사람들이 코로나 이후 늘어날 것 같은 모임으로 직장이나 동창회를 예상했기 때문이다(위드 코로나 이후 증가 예상 모임: 동호회 – 1순위. 직장 내 친목회(40.2%), 2순위. 대학교 모임(친구/동기)(23.0%), 3순위. 배우자/가족 모임(22.5%), 4순위. 고교 친구 모임(21.3%), 5순위. 여행 모임(20.8%)).[18]

이런 예상은 실제 참석 의향으로도 확인되고 있었다. 아주 근소하게나마 코로나19 이전에 비해 학교 동창 모임에 대한 참석 의향

나는 코로나19로 만남이 적어져서 불편했다(동의율)

32.1% 2020. 7.
43.4% 2021. 4.
56.8% 2021. 11.
62.1% 2022. 3.

* N=1,000

메타버스에 대한 태도(동의율)

방역 단계가 낮아져서 안전하게 사람을 만날 수 있다면, 메타버스 세계보다는 실제 사람을 만나 시간을 보내고 싶다　82.7%

* 2022, N=1,000

이 증가하고 있었던 것이다(향후 참석 의향이 있는 동창 모임 - 고교 동창 모임 45.3%(2019)→45.7%(2022), 대학 동창 모임 39.8%(2019)→42.6%(2022), 초등학교 동창 모임 23.1%(2019)→28.0%(2022), 중학교 동창 모임 19.3% (2019)→23.8%(2022)).[19] 그리고 과거 유행했던 동창회 사이트가 다시 생긴다면 그 사이트에 가입할 의향도 증가했다(동창회 사이트 가입 의향 - 51.5%(2019)→60.6%(2022)).[20]

하지만 이들 동창회 모임의 활성화를 성급하게 기대하기는 어려울 것 같다. 동창회 참석 의향이 별로 없다는 의견은 낮기는 하지만, 이전에 비해 다소 증가했고(동창회 참석 의향 없는 편 - 24.3% (2019)→28.1%(2022)), 과거에 주도했던 '끈끈하고', '넓은' 인간관계

향후 참석 의향이 있는 동창 모임

고교 동창 모임 (참석 의향률)	대학 동창 모임 (참석 의향률)	초등학교 동창 모임 (참석 의향률)	중학교 동창 모임 (참석 의향률)
45.3% 45.7%	39.8% 42.6%	23.1% 28.0%	19.3% 23.8%
2019 2022	2019 2022	2019 2022	2019 2022

* N=1,000

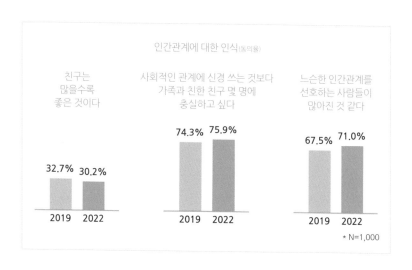

인간관계에 대한 인식(동의율)

친구는
많을수록
좋은 것이다

사회적인 관계에 신경 쓰는 것보다
가족과 친한 친구 몇 명에
충실하고 싶다

느슨한 인간관계를
선호하는 사람들이
많아진 것 같다

32.7%　30.2%

74.3%　75.9%

67.5%　71.0%

2019　2022

2019　2022

2019　2022

* N=1,000

가치관은 여전히 환영받지 못하고 있었기 때문이다(친구는 많을수록 좋은 것이다 - 32.7%(2019)→30.2%(2022), 사회적인 관계에 신경 쓰는 것보다 가족과 친한 친구 몇 명에 충실하고 싶다 - 74.3%(2019)→75.9%(2022), 느슨한 인간관계를 선호하는 사람들이 많아진 것 같다 - 67.5%(2019)→71.0%(2022)). [21] 코로나19가 유발한 인간관계 결핍의 욕구는, 사람들로 하여금 익숙한 모임을 떠올리게 하고, 한번 가볼까 생각은 들게 하지만, 여전히 쉽게 결정하지는 못하고 주저하게끔 만들고 있다.

인간관계의 조건, ”
동일 취향과 가치관

새로운 사람을 만나고, 말을 건네고, 사귀는 과정은 어렵다. 그리고 코로나19로 만남의 빈도나 기회가 희소해지면서 점점 더 어려워지고 있다. 그래서 많은 사람들이 나와 비슷한 취향을 가진 사람을 만나는 것도 어려워했다(요즘은 나와 비슷한 취향을 가진 사람들을 찾기가 어려운 것 같다 – 26.2%(2018)→47.7%(2022)).[22] 역설적이게도 바로 이런 어려움 때문에 많은 사람들이 취향이 비슷하다면, 딱 그 하나만으로 관계가 좋아질 것으로 기대하고 있었다(취향이 비슷하면 관계가 더 돈독해질 수 있다 – 84.7%). 그리고 이런 취향과 가치관 중심의 인간관계라면 많은 사람들이 '긍정적인 감정'을 가질 것으로 기대했고, 이런 경향은 4년 전보다 더 강화되고 있었다(나는 나와 같은 취향, 가치관을 가진 사람들과 만나는 것이 즐겁다 – 80.0%(2018)→84.2%(2022), 나는 나와 비슷한 취향을 가진 사람들을 보면 왠지 모르게 반갑다 – 80.7%(2018)→83.3%(2022), 나는 나와 비슷한 취향을 가진 사람들을 보면 동질감을 느낀다 – 76.6%(2018)→79.5%(2022)).[23]

동일한 취향, 관심사, 가치관 중심의 인간관계 방향성은 사람들로 하여금 출신지, 출신 학교 등과 같은 귀속적 대상보다 더 강한 소속감을 주고 있었다(나는 나의 취향과 비슷한 사람들이 모여 있는 곳에서 소속감을 느낀다 – 59.7%(2018)→68.8%(2022)).[24] 실제로 많은 사람들은 학연이나 지연보다는 관심사 중심의 인간관계를 중요하다고 생

취향/인간관계에 대한 태도(동의율)

취향이 비슷하면 관계가 더 돈독해질 수 있다   84.7%

* 2022, N=1,000

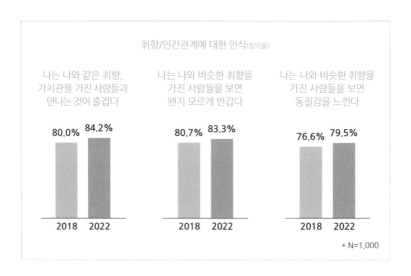

취향/인간관계에 대한 인식(동의율)

| 나는 나와 같은 취향, 가치관을 가진 사람들과 만나는 것이 즐겁다 | 나는 나와 비슷한 취향을 가진 사람들을 보면 왠지 모르게 반갑다 | 나는 나와 비슷한 취향을 가진 사람들을 보면 동질감을 느낀다 |

80.0% 84.2%　　80.7% 83.3%　　76.6% 79.5%

2018 2022　　2018 2022　　2018 2022

* N=1,000

각했고(나에게는 학연, 지연보다 취향과 관심사에 의한 인간관계가 더욱 중요하다 - 61.1%(2019)→64.6%(2022)), 같은 취향과 관심사를 가진 사람들을 더 많이 만나고 싶어 했다(나와 비슷한 취향과 관심사를 가진 사람들을 더 많이 만나고 싶다 - 68.7%(2019)→74.0%(2022)).[25] 그래서 '동일 취향'을 매개로 한 인간관계라면 사람들은 자신이 가지고 있는 시간과 비용을 투자할 용의가 '충분히' 있었다. 심지어, 이런 의향은 고물가·저성장과 같은 지금의 어려운 시대에도 더욱 높아졌다(나와 비슷한 취향, 관심사를 가진 사람들을 만나기 위해서라면 '시간'을 투자할 용의가 있다 - 73.3%(2019)→78.5%(2022), 나와 비슷한 취향, 관심사를 가진 사람들을 만나기 위해서라면 '비용'을 투자할 용의가 있다 - 61.2%(2019)→68.4%(2022)).[26]

어떤 사람의 취향이 나와 같은지는 어떻게 확인할 수 있을까? 나와 그 사람을 연결하는 매개물(또는 대상)이 있어야 한다. 가치관과

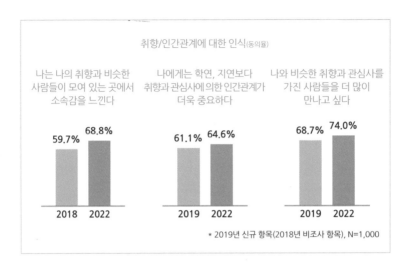

취향/인간관계에 대한 인식(동의율)

나는 나의 취향과 비슷한
사람들이 모여 있는 곳에서
소속감을 느낀다

59.7%　68.8%

2018　2022

나에게는 학연, 지연보다
취향과 관심사에 의한 인간관계가
더욱 중요하다

61.1%　64.6%

2019　2022

나와 비슷한 취향과 관심사를
가진 사람들을 더 많이
만나고 싶다

68.7%　74.0%

2019　2022

* 2019년 신규 항목(2018년 비조사 항목), N=1,000

관심사는 추구하는 의미가 같다면, 쉽게 구분할 수 있다. 정치관이
나 경제관 같은 것이다. 여기서 '취향'은 방향이 약간 다르다. 의미
보다는 '재미'를 추구하는 경향이 강하기 때문이다. 내가 재미있게
보는 영화, 드라마, 책이나 좋아하는 연예인, 운동선수, 운동 등과
같이 설명하기 어려운 '재미 요소'가 취향의 방향을 좌우한다. 결국
은 '내가 좋아하는(또는 재미있어하는) 활동'을 공유해야 하는 것이다.

취향을 중심으로 한 모임이다. 사
실, 코로나19가 시작되기 직전까지
이런 취향 중심 모임이 유행했던
적이 있었다. 바로 살롱 문화다.[27]

책은 그저 도울 뿐, "
재미있는 대화를 원한다

살롱 문화는 코로나19가 확산되기 직전까지 대단한 유행이었고,[28] 《2020 트렌드 모니터》에서는 이것을 취향을 중심으로 인간관계가 재편되고 있다는 관점에서 분석했다. 당시의 취향 중심 모임은 책을 매개로 한 모임이 중심이었는데, 많은 사람들이 이렇게 책을 통해 공통된 관심사를 주제로 대화하면서 행복감을 떠올렸다(책 모임을 통해 공통된 관심사를 주제로 자유롭게 대화하는 것 자체가 행복감을 줄 수 있다 - 69.7%).[29] 그래서 많은 사람들이 자신의 독서 취향과 가치관이 맞는 사람들과 소통하기를 원했다(나는 요즘 독서 취향과 가치관이 맞는 사람들과 소통하고 싶다 - 58.0%).[30]

　여기까지만 보면, 많은 사람들이 책을 읽고 서로 이야기하고자 하는 욕구가 충만한 상황인 것으로 보일 수도 있다. 하지만 이 '책 모임'에 대한 조사의 내용은 '책'에 대한 사람들의 태도와 '모임'에 대한 태도로 조금 구분해서 읽어야 한다. 지금 사람들이 책과 독서에 대해 가지고 있는 생각은 그다지 긍정적이지는 않기 때문이다. 내 인

책 모임에 대한 인식(동의율)

책 모임을 통해 공통된 관심사를 주제로 자유롭게
대화하는 것 자체가 행복감을 줄 수 있다　69.7%

나는 요즘 독서 취향과 가치관이
맞는 사람들과 소통하고 싶다　58.0%

* 2022, N=1,000

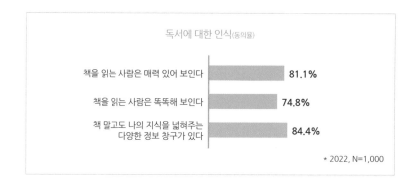

독서에 대한 인식(동의율)

책을 읽는 사람은 매력 있어 보인다	81.1%
책을 읽는 사람은 똑똑해 보인다	74.8%
책 말고도 나의 지식을 넓혀주는 다양한 정보 창구가 있다	84.4%

* 2022, N=1,000

생에서 독서는 꼭 필요하다는 생각은 10명 중 7명 가까이(67.1%)가 가지고 있었지만, 이 비율은 6년 전인 2016년에 비해 현저하게 낮아진 것이며(79.7%(2016)→67.1%(2022)), 책보다는 인터넷에서 찾은 정보가 더 도움이 된다는 의견과 책은 그냥 필요한 사람만 읽으면 된다는 의견은 소폭 증가했던 것이다(책 읽는 것보다 인터넷에서 찾은 정보가 더 도움 된다-31.5%(2016)→34.0%(2022), 책은 읽어야 하는 사람만 읽으면 된다-12.4%(2016)→19.0%(2022)).[31] 책은 사람을 매력적이고 지적(知的)으로 보이게 하는 도구였으나(책을 읽는 사람은 매력 있어 보인다-81.1%, 책을 읽는 사람은 똑똑해 보인다-74.8%), 사람들은 책 말고도 지식을 넓혀주는 다양한 정보 창구를 떠올리고 있었고(책 말고도 나의 지식을 넓혀주는 다양한 정보 창구가 있다-84.4%), 사회적·경제적 성공과는 직접적인 연관성을 느끼는 사람들이 많지 않았기 때문이다(한국 사회에서 성공하기 위해서는 책을 많이 읽어야 한다-35.0%, 책을 많이 읽어야 인생에서 성공한다-27.6%, 독서력과 높은 연봉은 직접적으로 관계가 있다-22.6%, 돈을 많이 버는 것과 책을 많이 읽는 것은 별개의 문제다-63.7%).[32]

다만, 책은 서로 다른 사람들의 '공통의 취향'을 확인하는 좋은

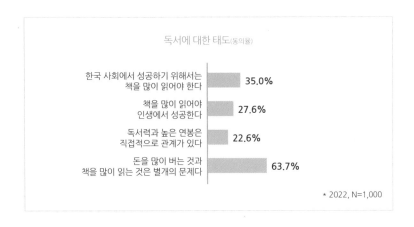

독서에 대한 태도(동의율)

한국 사회에서 성공하기 위해서는 책을 많이 읽어야 한다	35.0%
책을 많이 읽어야 인생에서 성공한다	27.6%
독서력과 높은 연봉은 직접적으로 관계가 있다	22.6%
돈을 많이 버는 것과 책을 많이 읽는 것은 별개의 문제다	63.7%

* 2022, N=1,000

매개물은 될 수 있을 것으로 보인다. 책을 읽고 나면 주변 사람들
과 그 책 속에 나온 소재로 이야기하기를 좋아하는 사람들이 굉장
히 많았기 때문이다(읽은 책을 소재로 주변 사람들과 대화하는 것을 좋아한
다-64.2%).[33] 그래서 비록 지금 당장은 책 모임을 하고 있는 사람들
의 비율은 낮았지만(현재 책 모임 활동 중-5.0%), 과거 책 모임의 경험
은 이보다 훨씬 많았고(과거 책 모임 경험-21.3%), 앞으로 책 모임에
참여하려는 의향은 높았다(나는 요즘 타인을 이해하고 깊이 있는 생각을 나
눌 수 있는 모임에 참여하고 싶은 마음이 있다-60.9%).[34] 여기에는 타인을
이해하려는 명분도 있었지만, 보다 본능적으로는 '이야기하고 싶은
욕구'에 더 끌리는 것으로 보인다. 향후 가장 참여해보고 싶은 책 모
임의 유행이 바로 자기 계발의 연장선에서의 독서나 독서 토론, 스
터디 형태보다는 '책으로 수다를 떠는' 형태의 모임이었기 때문이다
(참여하고 싶은 책 모임 유형-1순위. 책 수다형(38.9%), 2순위. 생활 습관 개선
형(29.6%), 3순위. 독서 토론형(28.8%), 4순위. 스터디형(18.6%), 5순위. 덕후
형(15.0%)).[35]

사람들은 책으로 얻는 실용적 이익이나 지식의 의미보다는, '나와 비슷한 사람'과 '이야기하고 싶은 욕구'에 가장 많이 끌렸다. 그리고 사실 이런 책 중심의 취향 모임을 원하는 기저에는 한국 사회의 전통적 인간관계가 깔고 있는 '나이', '사회적 지위', 또는 '의례 강요' 같은 견고한 사회적 위계

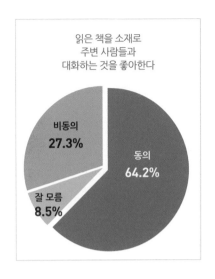

읽은 책을 소재로
주변 사람들과
대화하는 것을 좋아한다

비동의
27.3%

동의
64.2%

잘 모름
8.5%

나 강제 같은 것으로부터의 자유를 원하는 정서도 짙게 깔려 있다 (나는 부수적인 사교 모임(술자리, 회식 등)을 강요하지 않는 책 모임을 하고 싶

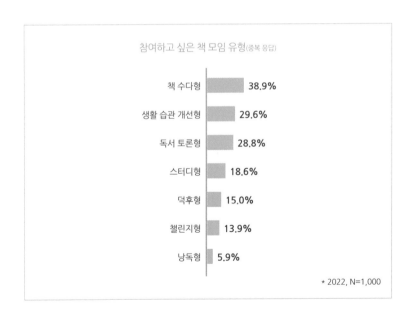

참여하고 싶은 책 모임 유형(중복 응답)

유형	비율
책 수다형	38.9%
생활 습관 개선형	29.6%
독서 토론형	28.8%
스터디형	18.6%
덕후형	15.0%
챌린지형	13.9%
낭독형	5.9%

* 2022, N=1,000

* 2022, N=1,000

다 - 66.3%, 나는 요즘 '직위'와 관계없이 사람들이 모이는 그런 모임을 하고 싶다 - 62.8%, 나는 요즘 '나이'와 관계없이 사람들이 모이는 그런 모임을 하고 싶다 - 57.4%).[36] 분명히 사람들의 마음속에는 코로나19 팬데믹으로 주춤했던 살롱 문화 부흥에 대한 욕망이 다시 움직이고 있는 것 같아 보인다. 이 욕망의 기저에는 '나와 다른 사람'과 조심스럽지만 '이야기하고 싶은 강렬한 욕망'이 숨어 있다(나는 요즘 다양한 분야에 종사하는 사람들과 대화를 하며 서로 관계를 맺고 싶은 마음이 있다 - 69.1%).[37]

So what? 〟
시사점 및 전망

커들러(안아주기) 서비스를 창안한 '커들리스트' 회사의 공동 창업자 마델론 기나초는 국내 언론과의 인터뷰에서, 이 커들러 서비스의 본질에 대해 다음과 같이 설명한다. 사회적 동물인 사람은 혼자서는 살아남을 수 없기 때문에, 다른 사람과의 접촉은 우리가 안전하고, 보살핌을 받고, 연결돼 있다는 것을 말해준다는 것이다.[38] 지금 사람들은 다른 사람의 따뜻한 손길을 필요로 한다. 그리고 그 손길은 그저 '이미지'로서의 따뜻함이 아니라, 직접 '내 피부에 닿는' 손길이다. 그만큼 더 절실한 어떤 것을 필요로 하고 있는 것이다. 그리고 이런 접촉에 대한 절실함은 그만큼 코로나19로 인해 사람들의 인간관계가 크게 단절됐었다는 역설적인 의미를 담고 있다. 몇 년간의 반복적인 인간관계의 단절과 느슨한 연결은 지금, 강한 연결과 접촉에 대한 욕망으로 드러나고 있는 것으로 보인다. 다만, 지난 3년간의 인간관계의 단절과 깊은 외로움에 대한 경험이 인간관계의 빈도와 강도를 일시에 복구하는 것을 주춤거리게 하는 것으로 보인다. 이런 상황에 기반한 두 가지 전망과 시사점이 있다.

첫째로는, **'익숙한 관계×새로운 취향=콜라보(컬래버레이션)' 모임, 즉 '모임 속 모임'이 중요해질 것으로 전망된다.** 이제, 사람들은 서로 만나고 싶어 한다. 다만, 불특정한 모임을 추구하기보다 자신의 과거 히스토리를 고려한 동창회나 회사라는 '익숙한 공간' 속에서 사람들과의 관계를 추구하려고 한다. 다만, 여기서 '익숙한 관계'는 한국 사회에서 코로나19 이전까지 학연, 지연, 직급, 지위라는 견고한 틀 속에 갇혀 있던 부정적인 인식의 대상이었다. 일단 지금 많은 사람들은 이 '익숙한 관계'를 두리번거리고 있는 것으로 보이는데, 이때 자신의 취향 중심의 소모임을 추구하려는 경향이 많이 생길 것으로 전망된다. 예를 들면, 직장 내 살롱 문화(예: 책, 와인, 스포츠, 맛집 탐방 등)라든지, 동창회 내의 취향 모임 같은 것이다. 수평적 관계만 설정된다면, 이런 '모임 속 모임'은 지금과 같은 불황기에 맞춤형 인간관계일 수 있다. 한 번의 모임으로 동창회, 사우회(직장 모임) 내에서의 인맥 관리와 취향 모임을 동시에 취할 수 있는 '일타쌍

피'의 효과를 가져올 수 있기 때문이다(돈과 시간이 이중으로 들지도 않는다). 현재는 인맥을 확장하려는 니즈도 현저하게 낮기 때문에 이 '모임 속 모임' 전략은 인간관계의 좁고 깊은 효율화를 추구하는 데 딱 맞는 전략으로 보인다. 다만, 이 전략은 '아는 사람만 계속해서 돌려 보는' 느낌으로 새로운 인간관계나 새로운 관점을 받아들이는 한계를 유발할 수도 있다는 단점이 있다. 여기에 덧붙이자면, 여기서 언급한 취향의 소재에는, 라이프 스타일의 가벼운 경험 공유 소재들(예: 책, 와인, 맛집 등) 외에 '사회적 의미를 추구하는 가치관(예: 비건, 환경 이슈, 정치적 가치관 등)'을 지향하는 모임도 성행할 가능성이 높아 보인다. 앞서 제시한 자료에 나타난 것처럼, 사람들은 자신의 가치관과 사회적 의미를 공유하고자 하는 욕구 또한 높기 때문이다.

두 번째 전망은, 중요한 사회적 의제에 대한 무관심과 이로 인한 중·장기적인 정책의 의제 설정이 불가능해질 수 있다는 어두운 전망이다. 외로움으로 인한 부정적인 결과는 사회적 이슈에 대한 무관심, 공동체 의식의 하락으로 이어지면서 중요한 사회적 의제에 대한 대중적 관심을 떨어뜨릴 수 있다. 이렇게 되면 즉각적인 대중적 관심을 얻지 못하지만, 당장 준비하지 않으면 심각한 사회적·거시 환경적 문제는 국민적 여론의 동력을 얻지 못해 추진이 어려워지거나 불가능해질 수도 있다. 예를 들면, 인구 (절벽) 문제, 고령화 문제, 이

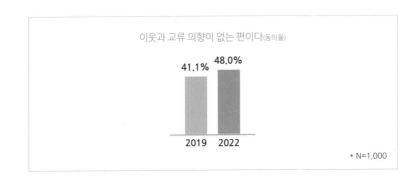

이웃과 교류 의향이 없는 편이다(동의율)

41.1% 48.0%

2019 2022

* N=1,000

로 인한 연금 개혁 문제, 환경오염 문제, 재생에너지 문제 등이다.

외로움은 타인과의 관계에서 공감 능력을 떨어뜨린다. 몇몇 심리학 연구자들은 외로움과 공감 능력의 감소 사이에 연관성을 발견했는데, 여기서 공감 능력은 다른 사람의 입장이 돼보는 능력, 다른 사람의 관점이나 고통을 이해하는 능력을 말한다.[39] 노리나 허츠는 《고립의 시대》에서 이런 공감 능력의 저하는 "타인이 불필요하다는 인식"에 기반한다고 분석한다. 마크로밀 엠브레인 조사 결과에 따르면, 현재 우리나라의 20대부터 50대까지 외로움을 경험하는 비율(높은 외로움 경험자 비율 - 66.5%)은 매우 높은 편이다.[40] 공교롭게도, '타인을 불필요하다'고 느끼는 인식도 늘어나고 있다. 많은 사람들이 이웃 및 동네 사람들과 교류 의향이 없는 편이었는데, 이 비율은 코로나19 이전에 비해 늘어나고 있었고(교류 의향이 없는 편 - 41.1% (2019)→48.0%(2022)), 그 이유는 이웃을 몰라도 딱히 불편할 것도 없고, 차라리 모르고 지내는 것이 편해서였다(교류 의향이 없는 이유 - 1순위. 교류를 하지 않아도 딱히 불편할 일이 없어서(52.3%), 2순위. 모르고 지내는 게 편해서(41.5%)).[41] 이웃에 무관심한 이런 태도는 불특정 타인(국

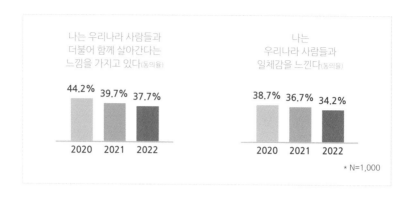

나는 우리나라 사람들과 더불어 함께 살아간다는 느낌을 가지고 있다(동의율)

44.2% 39.7% 37.7%
2020 2021 2022

나는 우리나라 사람들과 일체감을 느낀다(동의율)

38.7% 36.7% 34.2%
2020 2021 2022

* N=1,000

민)에 대한 태도에도 그대로 나타나고 있었다. 내가 속한 사회와 국가라는 테두리에서 느끼는 '공동체 의식'이 코로나19를 거치면서 점점 옅어지고 있었기 때문이다(나는 우리나라 사람들과 더불어 함께 살아간다는 느낌을 가지고 있다 – 44.2%(2020)→39.7%(2021)→37.7%(2022), 나는 우리나라 사람들과 일체감을 느낀다 – 38.7%(2020)→36.7%(2021)→34.2%(2022)).[42] 이렇게 되면, 한국 사회에 다양한 이슈나 사회문제가 발생하게 되더라도 실제 사람들은 '왜 그 일이 일어나게 됐는가?'에 둔감할 수밖에는 없고(사람들이 시위를 하면, 나는 보통 그 이유가 궁금해서 찾아본다 – 52.4%(2018)→48.9%(2020)→45.0%(2022)), 자신이 처해 있는 감정적인 반응에 좀 더 민감해질 수밖에는 없다(시위나 데모로 인해 교통 체증이 생기면 원인을 궁금해하기보다 짜증부터 난다 – 44.9%(2018)→51.4%(2020)→55.7%(2022)).[43] 이렇게 자신의 감정에는 민감하지만, 사회적 이슈에 대한 대중적 관심이 줄어들면 정치권력을 감시하는 여론의 동력도 함께 떨어질 수밖에는 없다.

많은 사회 시스템이 코로나19 이전으로 돌아가려고 하고 있다. 학

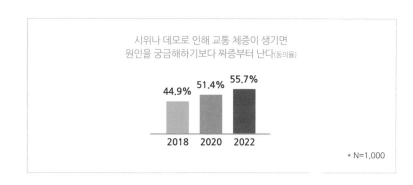

시위나 데모로 인해 교통 체증이 생기면
원인을 궁금해하기보다 짜증부터 난다(동의율)

44.9%　51.4%　55.7%

2018　2020　2022

* N=1,000

교에 학생들이 돌아가고, 재택근무가 줄어들고, 집회나 모임이 재개되고, 병원도 이전 시스템으로 돌아가고 있다. 하지만 인간관계는 생각보다 빠르게 복원되지는 않는 것 같다. 지난 3년간 사람들이 경험한 '인간관계 축소'라는 트라우마는 생각보다 큰 것이었기 때문이다. 코로나19 시기, 사람들은 불특정한 사람과의 관계를 두려워하고 만남을 꺼렸으며, '자신이 상상한 타인의 상황'을 그대로 믿어버렸다. 그 사람과의 상호작용을 통해 확인할 수 있는 교감의 기회나 빈도가 없거나 낮았기 때문이다. 그래서 사람들은 인간관계 복원을 욕망하지만, 선뜻 나서지 못하고 과거에 익숙했던 관계를 검색하고 있었다. 많은 문제가 '외로움'에서 생겨난 것일 수 있다. 그래서 '내 취향'에 맞는 '재미있는 이야기 상대'를 찾는 소소한 수고는 이 외로움에서 파생하는 문제를 해결하는 아주 근사한 해결책일 수도 있다.

#외로움 비즈니스
#행동주의 모임

'외로움' 관련 비즈니스 >>>

최근 일본에는 '자기 자신'을 빌려주는 임대업에 종사하는 사람, 이른바 '미스터 렌털^{Mr. Rental}'이 등장해 화제다. 고객들이 요청하면 직접 만나 시간을 보내고 돈을 받는 일을 하는 것으로, 아무 말 없이 커피를 함께 마시거나, 누군가 의 생일에 초대받아 케이크를 나눠 먹고, 길거리 음악을 함께 듣고, 식당이나 쇼핑에 동행하는 등의 일을 한다. 그는 "어떤 사람들은 외로워하고, 어떤 사

출처: 〈14F 일사에프〉 유튜브

람들은 어딘가 홀로 가는 걸 부끄러워한다"며 "그런 사람들이 나를 고용한다"고 설명했다. CBS는 최근 이러한 임대업 종사자들이 늘어나고 있다며, 이는 '일본'에서 최근 외로움 문제가 심각해지고 있는 사회적 현상을 반증하는 현상이라고 설명했다.[44]

출처: 해피톡스 홈페이지

미국 애틀랜타에서는 외로운 독거노인들의 말동무가 되어주는 IT 스타트업 '해피톡스Happy Talks' 서비스가 등장했다. 주 고객층은 독거노인을 걱정하는 그들의 자녀와 손주들로, 바쁜 일상에 그들을 직접 챙겨주기가 힘든 사람들에게 큰 호응을 얻고 있다고 한다. 해피톡스는 정기적으로 전화를 하며 가족 대신 말동무가 되어주는 서비스를 제공하는데, 월 서비스 이용료는 99달러로 총 4번 30분 길이의 통화가 지원된다. 요금을 추가할 경우 더 긴 통화 시간이나 빈도수의 옵션도 선택할 수 있다.[45]

독일 MPI-IS가 개발한 허기봇
출처: MPI-IS

인간관계에 단절을 느끼는 이들을 위로하기 위해 사람을 껴안아주는 '포옹 로봇'도 등장했다. 알렉시스 블록 독일 막스플랑크연구소 연구원팀에서 출시한 포옹 로봇, 일명 '허기봇 3.0'이다. 허기봇은 소재, 크기, 사람의 신체에 따른 포옹 방식과 팔 높이 조절 등 포옹 로봇의 원칙 11계명을 모두 적용했으며, 인간에게 최적 포옹을 제공하기 위한 각종 장비를 갖춘 것으로 전해진다. 허기봇은 사람을 최대한 만족시키기 위한 다양한 포옹 기술도 추가했는데, 특히나 사람의 반응에 따라 움직이는 로봇이지만 로봇이 가끔은 '먼저' 포옹을 시도하는 등 실제로 인간과 포옹하는 듯한 교감적 느낌을 높이기 위한 기술이 추가됐다고 연구진들은 밝혔다.[46]

'비명 지르기' 위해 모인 엄마들 >>>

미국에서는 엄마들이 밤늦게 학교 운동장에 모여 '비명을 지르는 모임'을 결성해 화제가 되고 있다. 이 비명 지르기 모임은 코로나로 3년째 육아, 집안일과 재택근무를 하며 높아진 스트레스를 해소하기 위한 모임이다. 2021년 3월 보스턴에서 한 심리 치료사의 모집 글로 시작된 모임은 단숨에 미 전역 부모들 사이에서 화제가 됐으며, 관심도 높아지고 있다. 모임에 참여한 한 엄마는 "같은 감정을 공유

▌ 미국 매사추세츠주 보스턴의 찰스타운고등학교 운동장에서 엄마들이 모여 비명을 지르고 있다.
▌ 출처: School of Mom 페이스북

하는 이들과 함께할 수 있다는 것만으로 안전하다고 느꼈다"고 말했다.[47] 뉴욕 맨해튼 정신과 의사 엘런 보라는 "모든 사회 구성원이 어떤 방식으로든 코로나에 영향을 받았지만, 엄마들은 탈출구도 휴식 시간도 갖지 못하는 경우가 많다"며, "2~3년 동안 억눌린 감정을 비슷한 처지의 이들이 모인 공동체에서 비명을 지르는 식으로 해소하는 것은 건강한 방식"이라고 전했다.[48]

세대 구분 없는 자전거 타기 모임 >>>

덴마크에는 거동이 불편한 사람이나 노인들을 자전거로 태워주며 대화를 나누는 일명 '나이 없이 자전거 타기Cycling Without Age'란 자원봉사 프로그램이 있다. 움직이기 어렵고, 외롭게 지내는 노인들이 자

▌ 덴마크에서 시작된 'Cycling Without Age'
   출처: Cycling Without Age 홈페이지

전거를 타고 잠시 외출하면서 자연을 즐기며, 사회 활동에 대한 즐거움도 찾는 프로그램이다. 2012년 덴마크에서 시작된 이 프로그램은 현재 유럽 대부분 국가와 미국, 호주, 싱가포르 등 총 52개국에서 운영되고 있다고 한다.[49] 특히나 코로나19로 외출이 금지되며 고립감과 우울감이 컸던 노인들에게 다시금 '일상의 기쁨'을 안겨주며 프로그램에 대한 시니어 계층의 많은 관심과 지지를 받고 있다.

취향으로 모였지만 '가치관'으로 연대한다 >>>

전 세계에 퍼진 K팝 팬덤이 인종차별이나 환경보호, 성폭력 방지, 코로나 피해자 돕기 등 정치·사회 현상에도 적극적으로 참여해 의

K팝 행동주의 사례

시기	K팝 스타	이슈	활동
2020년	BTS(아미)	Black Lives Matter (흑인의 생명은 중요하다) 운동	BLM 지지 해시태그, 100만 달러 기부 등
	트와이스, NCT, 엑소, 블랙핑크 등	페루 민주화 시위와 테러 반대 운동	시위대 지지
2021년	BTS 멤버 제이홉 팬, 엔하이픈(엔진) 등	페루 코로나 사망자 급격 확산	의료용 산소 탱크 기부
2021년~현재	BTS(아미)	아프리카 여성 성폭력	GBV(젠더 기반 폭력) 반대 및 방지
	레드벨벳(레베럽) 슈퍼주니어(엘프) 등	코로나로 태국 여행업계 파산 위기	툭툭(삼륜차) 운전사에게 경제적 지원

견을 내는 'K팝 행동주의activism'로 진화하고 있다. 다양한 이슈에 영향력을 행사하고 있는 것으로, 영국 일간지 〈가디언〉은 "소셜 미디어에 익숙한 K팝 팬들이 사회적 대의大義를 내세워 전 세계 어디든 공동체를 만들어내고 있다"면서 "소속감belonging과 공익common good을 특징으로 하는 'K팝 행동주의'가 정치·사회적으로 강한 메시지로 세상을 포용하고 있다"고 분석했다.[50]

돈과 시간 쥐어짜내기,
생존 재테크

자기 계발의 귀환, 내 생활의 통제, 작고 사소한 습관의 힘

2003년, 그리고 2011년 ""

과거를 돌아보며 미래를 예견하는 작업은 요즘 시대에 하나의 클리세 중 하나가 됐다. 상식과 지식이 때로 오류나 에러가 되는 시대에 살고 있지만, 그럼에도 과거의 패턴과 사이클은 미래를 준비하는 우리에게 일종의 팁을 준다고 믿고 있기 때문이다. 주기적인 호황과 불황의 경험을 통해 어느 정도 예측 가능하다고 보는 '경기의 순환'이 가장 대표적인 예다. 이 맥락에서 2003년의 한 데이터를 짚어보자.

　2003년은 1997년의 IMF의 지속적인 여파와 태풍 '매미'의 피해 등으로 실질 성장을 달성하기 어렵다는 경제 위기론에 힘이 실렸

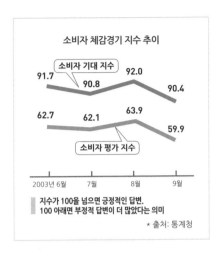

소비자 체감경기 지수 추이

소비자 기대 지수
91.7
90.8   92.0
90.4

62.7   62.1   63.9
59.9

소비자 평가 지수

2003년 6월   7월   8월   9월

지수가 100을 넘으면 긍정적 답변.
100 아래면 부정적 답변이 더 많았다는 의미

＊출처: 통계청

던 해였다. 통계청이 발표한 '2003년 12월 소비자전망조사' 보고서에서도 가계 부채가 사상 최고치를 갱신, 신용 불량자 급증이 소비 위축의 주요 원인으로 꼽히는 등 최악의 소비 부진의 해로 기록돼 있다.[1] 여러 지표를 종합했을 때 소비자들의 실제 살림살이가 매우 어려웠던 해가 바로 2003년이었던 것이다. 때문에 소비자들은 불투명한 고용과 소득, 미래 불확실성 등으로 지갑을 좀처럼 열려 하지 않았다. 물가 상승분까지 고려하면 실제 소득이 줄어든다는 불안감이 커져서 씀씀이 자체를 줄이는 것 외에는 방법이 없다고 생각했기 때문이다. 이런 소비 심리를 반영한 듯, 당시 지상파가 기획한 한 TV 프로그램은 2003년 11월 15일 첫 방송 이후 사회적으로 큰 주목과 관심을 받았다. 바로 MBC의 〈행복주식회사 만원의 행복〉이다. 연예인들이 1주일 동안 현금 1만 원으로 생활하는 모습을 촬영한 프로그램으로, 당시 화장실까지 따라다니며 소비를 감시하는 등 촬영이 꽤 지독했던 것으로 유명했다.

현시점에서 살펴볼 필요가 있는 또 하나의 해가 있다. 바로 2011년이다. 외환 위기 이후 가장 낮은 성장세를 보인 2009년이 왠지 더 의미심장해 보이지만, 2009년은 심각한 경기 불황과 함께 신종 플루 전염병이 발생한 해였고, 이듬해 2010년은 신종 플루 전염병 극

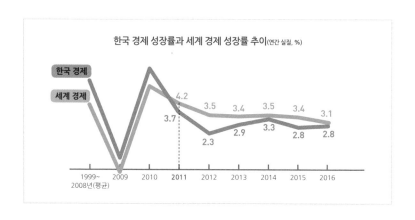

한국 경제 성장률과 세계 경제 성장률 추이(연간 실질, %)

한국 경제
세계 경제

4.2
3.7
3.5 3.4 3.5 3.4 3.1
2.3 2.9 3.3 2.8 2.8

1999~
2008년(평균) 2009 2010 2011 2012 2013 2014 2015 2016

복과 함께 OECD 국가 중 가장 빠른 경제 회복세를 보여 국민적 자부심이 한 단계 업그레이드됐던 해였다. 흐름으로 보면 코로나19 바이러스 발생으로 경기 침체가 심각했던 2020년, K방역으로 불릴 만큼 세계적으로 우수한 코로나 대응 시스템을 보여줬던 2021년의 모습과 흡사하다. 문제는 그다음이다. 경제 전문가들은 2009년, 2010년 이후 경기 침체에 빠진 2011년이 한국 경제의 근본적 변곡점이었다고 주장한다. 산업화 이후 처음으로 한국 경제성장률이 세계 경제성장률을 밑돌기 시작한 해인 데다 한국 경제의 등뼈인 주력 제조업과 대기업의 생산성이 처음으로 마이너스로 돌아서는 구조적 전환이 일어났던 해였기 때문이다.[2] 민간 소비 역시 고물가와 저성장, 국내외 재해(구제역 등), 기상이변 등으로 대중 소비자들의 정서적 소비 심리가 매우 위축된 해였다. 당시 통계청 발표에 따르면, 김치찌개 백반, 자장면, 칼국수 등 서민들이 주로 찾는 외식 품목의 가격 인상 폭이 소비자물가 상승률을 2배 이상 웃돌고, 구제역 여파로 삼겹살이 '금겹살'이라 불렸던 첫해이기도 했다.[3] 때문에 소비자들은 당장의 지출을 최소화할 수 있는 제품, (영세 상인의 반발과 여론의 질타를 받았지만) 일정 수준 이상의 품질이면서 파격적인 가격으로 판매하는 제품들에 큰 호응을 보였다. 2010년 12월 말 롯데마트에서 시작한 '통큰·반값' 상품은 2011년 삼성경제연구소 10대 히트 상품 중 하나에 꼽히기도 했다.[4]

'통큰·반값' 상품의 인기, 그리고 〈만원의 행복〉 프로그램에 대한 소비자들의 호응 등 저성장·고물가를 마주하는 두 해의 소비자 태도가 뭔가 낯설지 않다. 오히려 2022년 초부터 갑자기 체감되기 시작한 고물가·고유가·고금리·고환율 등에 대처하는 2022년 대중 소비자들의 소비 방향과 무척이나 닮은 듯한 느낌이다. 그렇다면 2022년 현재, 대중 소비자들은 어떤 소비 태도를 취하고 있을까? 경제의 큰 흐름이 하락 국면에 들어왔다고 느끼면 대중들은 직감적으로 지금 당장 현시점에서 할 수 있는 최선의 것을 고민하기 시작한다. 그리고 2022년 대중 소비자들이 고민 끝에 얻은 결론은, '짠테크'다.

티끌 모아 티끌? 〃
NOPE!

그야말로 '짠테크' 열풍이다. 지난 몇 년간 '욜로', '플렉스'란 유행어가 등장한 것이 무색할 정도로 씀씀이를 줄이려는 소비자들이 대거 증가했다. 특징적인 점은 '짜다+재테크'란 의미의 '짠테크'가 '짠

출처: 빅카인즈 '짠테크' 연관 검색어 워드 클라우드 분석

한+재테크'란 해석이 더 설득력 있을 정도로 이른바 짠내 나는 알뜰족이 많아졌다는 점이다. 특히나 젊은 층을 중심으로 일종의 문화처럼 번지고 있는 '무지출 챌린지'가 인상적이다. 치솟는 물가 탓에 하루 지출 제로(0)를 실천하기 위한 움직임인데 MZ세대의 '인증' 욕구와 맞물리며 유행으로 급부상한 모습이다. 냉장고에 남아 있는 재료들을 최대한 활용해 음식을 직접 해 먹는 '냉파(냉장고 파먹기)'부터, 미용실에 가지 않고 머리를 직접 자르거나, 각종 이벤트에 참가해 경품으로 딸려 오는 아메리카노 기프티콘으로 간식을 해결하는 등 무지출 실천 방법도 각양각색이다.[5] 유효기간 임박 할인 정보를 알려주는 앱app, (못난이 제품 등의) B급 상품처럼 정가보다 저렴하게 이용할 수 있는 방법을 찾는 것은 물론이고, 각종 이벤트나 중고 거래 등을 활용해 한 푼이라도 벌려는 '부수입족族'도 늘고 있다. 매일 퀴즈 풀기, 설문 조사 참여, 도보 수 늘리기, 리뷰 작성 등

앱에서 요구하는 사항을 수행해 포인트를 받는 '앱테크(앱+재테크)'에 매달리는 젊은 층도 늘고 있다.[6] 실제로 마크로밀 엠브레인의 조사 결과를 보면, 최근 생활비 부담으로 할인 쿠폰이나 적립금을 사용(48.2%, 중복 응답)하고, 가격 비교 사이트를 이용해 최대한 저렴한 곳에서 물건을 구매(46.1%)하거나, 앱테크 등을 통해 자투리 비용을 모으는(40.2%) 등 다양한 연령층에서 생활비 절약 노력을 기울이고 있는 모습을 확인할 수 있었다. 소소하고 작지만 뭔가 확실한 보상을 주는 전략으로 위기에 대응하고 있는 것이다. 심지어 욜로^{YOLO}나 플렉스보다 절약하는 소비 태도가 더 낫다는 인식(70.6%, 동의율)[7]까지 더해지는 등 사회 전반적으로 일단 '작은 것부터 아끼고', '소소한 수익이라도 얻으려는' 소비 태도가 우위를 점하고 있다.

그런데 물가 인상이 급격해지는 상황에선 짠테크만으로 지출을 줄이는 데에는 한계가 있다. 지속적으로 부수입 창출 등 새로운 돌

생활비를 줄이기 위해 노력하고 있는 점
(중복 응답)   (N=1,000, 주요 응답값 제시, 단위: %)

쇼핑할 때는 할인쿠폰, 적립금 최대한 활용하기   **48.2%**

온라인 쇼핑 시 가격비교 사이트 이용하기   **46.1%**

배달음식 이용 줄이기   **42.5%**

각종 앱테크를 통해 자투리 비용 모으기   **40.2%**

외식을 줄이고, 직접 요리해서 먹기   **36.3%**

가까운 거리는 최대한 걸어다니기   **35.6%**

69.5%
생활비는 줄이려고 노력만 한다면 충분히 줄일 수 있는 지출이다

(단위: 동의율%)

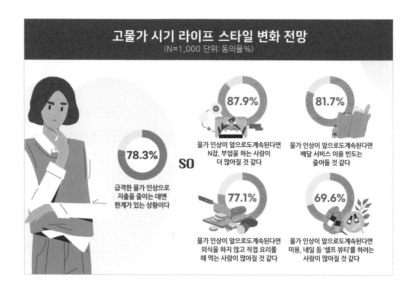

고물가 시기 라이프 스타일 변화 전망
(N=1,000 단위: 동의율%)

78.3%
급격한 물가 인상으로
지출을 줄이는 데엔
한계가 있는 상황이다

SO

87.9%
물가 인상이 앞으로도계속된다면
N잡, 부업을 하는 사람이
더 많아질 것 같다

81.7%
물가 인상이 앞으로도계속된다면
배달 서비스 이용 빈도는
줄어들 것 같다

77.1%
물가 인상이 앞으로도계속된다면
외식을 하지 않고 직접 요리를
해 먹는 사람이 많아질 것 같다

69.6%
물가 인상이 앞으로도계속된다면
미용, 네일 등 '셀프 뷰티'를 하려는
사람이 많아질 것 같다

파구를 마련하려는 노력을 시도하겠지만, 이 역시 불확실성이 높은 대안 중 하나일 뿐이다. 때문에 대중 소비자들은 결국 라이프 스타일의 변화를 시도하는 경우가 많아지고 있다. 전보다 배달 서비스 이용 빈도를 줄이거나, '집밥'과 '셀프 뷰티' 수요를 늘리는 식이다.[8] 이전에 비해 일상의 큰 변화는 아닐 수 있지만, 편하고 쉬웠던 생활 패턴을 어렵고 불편한 방향으로 회귀하려는 태도는 대단한 결심일 수 있다. 그런데 더욱 예상치 못한 대중 소비자들의 라이프 스타일 변화가 곳곳에서 포착되고 있다. 너무나도 습관적이고 자동적이어서 굳이 대안을 생각할 필요가 없는 것들에 대해서까지 심리적 중요성을 부여하기 시작한 것이다.

'시간의 티끌'까지 모아 "
습관을 만들다

2022년 한 해 떠오르는 키워드 중 하나는 아주 멋진 삶을 일컫는 '갓생'이다. 신을 의미하는 'God'와 인생을 뜻하는 '생生'의 합성어로, 부지런하고 (神처럼) 타의 모범이 되는 삶을 뜻한다.[9] '갓생'의 핵심은 대단한 성취가 아니다. 그보다는 작은 계획부터 실천해나가는 삶, 즉 습관, 매일의 루틴과 계획을 '해내는 것'을 중요하게 바라본다. 무의식적인 행동에 가까운 습관에도 의도적이고 지속적인 노력을 기울여 허투루 삶을 살지 않겠다는 자기 관리의 의지를 담은 행동으로 볼 수 있다. 2022년 한 해 '바디 프로필 촬영(일명 바프)'이나 새벽 시간을 자기 계발에 활용하는 '미라클 모닝^{miracle morning}' 역

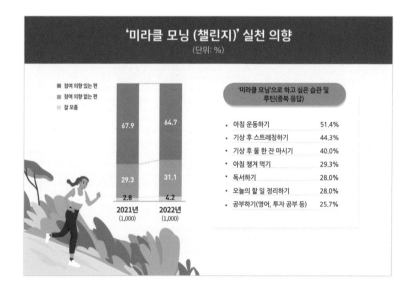

시 이 같은 '갓생' 열풍의 일환이기도 하다. 마크로밀 엠브레인 조사 결과를 보더라도 대중 소비자들은 목표를 이루기 위해 작은 일이라도 매일 반복해서 실천하는 것이 중요하다고 보고 있었고(81.3%, 동의율), 규칙적인 삶을 잘 지키면 체계적이고 효율적인 삶을 살 수 있다(71.7%)는 믿음이 강하게 나타나고 있었다. 그래서 스스로가 미라클 모닝을 하게 된다면 '(간단한) 아침 운동하기(51.4%, 중복 응답)', '기상 후 스트레칭하기(44.3%)'나 '기상 후 물 한 잔 마시기(40.0%)'처럼 작지만 소소한 활동을 나만의 루틴으로 만들고 싶다는 응답이 많았다.[10] 실제로도 '수분 섭취'를 루틴화하려는 이들이 늘면서 물 음용 시간을 상기시켜주는 애플리케이션이 등장하는 등[11] 물 한 잔 마시기에도 나름의 의미 부여를 하는 대중들이 많아지고 있는 추세다. 도대체 이유가 뭘까?

인생의 크고 중요한 변화는 우리가 알지도 못하는 사이에 일어난다는 점에서 불확실성이 매우 큰 스트레스 요인이라 할 수 있다. 무방비 상태로 최악의 상황에 내던져지는 것과 같은 기분이 들기 때문이다. 당연히 불안감도 절대적으로 클 수밖에 없다. 그런데 이렇게 불확실성이 가득한 상황에서 '정교하게 설계된 반복된 행동'은 그 행동을 하는 것만으로도 우리의 불안과 스트레스를 다스리는 데 도움을 줄 수가 있다. 삶의 패턴을 규칙적이고 안정적으로 조율해주는 힘이 있고, 어딘가에 몰두할 수 있게끔 동기부여가 되기 때문이다.[12] 습관이 이뤄지는 방식을 '의식적'으로 이해하고 있으면, 어느 정도 삶의 통제력이 발휘될 수 있다는 뜻이다.

통제의 방향을 바꾸다 🔛
: 내 일상의 선택적 집중

'통제감'은 주어진 결과에 대해 책임을 지는 정도가 자신의 내적 요소에 의해 더 많이 결정된다고 믿는 태도다. 개인의 생각과 행동을 좌우하는 매우 중요한 심리적 변인으로, 자신의 삶을 통제할 수 있다는 생각은 곧 자신을 긍정적으로 평가할 뿐만 아니라 미래에 긍정적인 사건을 경험하게 될 것이란 기대감을 갖게 해준다.[13] '삶을 통제할 수 있다는 것' 자체가 개인에게는 주관적인 만족감을 주는 하나의 가치가 되는 셈이다. 이런 맥락에서 보면 개인이 느끼는 행복감은 기본적으로 스스로가 얼마만큼의 통제력을 행사할 수 있는가 하는 능력에 달려 있다고 볼 수 있다. 하지만 지금 외부의 상황은 개인이 통제할 수 없는 상황(고금리·고물가·저성장)으로 급변하고 있다. 심지어 내가 어떤 행동을 해도 세상이 바뀌지 않고 상황을 바

일상생활 루틴(습관) 필요성
(N=1,000 단위: 동의율%)

63.9%
나는 즉흥적인 삶보다
계획적인 삶을
더 선호한다

81.3%
목표를 이루기 위해서는
작은 일이라도 매일 반복해서
실천하는 것이 제일 중요하다

71.9%
나는 하루 10분의
작은 변화도 나의 삶을
바꿀 수 있다고 생각한다

71.7%
평소 규칙적인 습관(루틴)을
잘 지키면 체계적이고 효율적인
삶을 살 수 있다

꿀 수 없다는 것을 인지하는 경험이 점점 더 많아지고만 있다. 대중 소비자들의 심리적 기저에 거대한 불확실성에서 오는 '불안'이란 감정이 강력하게 전제돼 있는 것이다. 이런 상황에서 개인이 취할 수 있는 선택은 나를 통제하는 것, 즉 스스로의 관점과 태도를 바꾸는 것이다. 외부의 상황적 요인을 통제할 수 없다면 나의 일상을 통제하는 것이고, 그 선택의 방향은 '크지만 불확실한 이득'보다 '작지만 확실한 이득'을 취하는 쪽으로 향하고 있는 것이다.[14]

　불확실성과 불안은 거대하고 대단한 방법으로 해결할 수 있는 것이 아니다. 작고 소소한 긍정적 경험이 쌓일 때 비로소 해결 가능한 실마리가 보일 수 있다. 인지심리학자 아주대 김경일 교수는 일반적인 수의 개념으로 보면 반복적인 경험, 예컨대 1+1+1+1은 4일 수 있지만 심리적 효과 측면에서는 4가 아닌 8, 12, 16, 20으로 체감되는 의미가 다를 수 있다고 말한다. 특히나 성취감 같은 긍정적 감정은 인지심리학적으로 '크기'가 아닌 '빈도'로 기록되기 때문에 어쩌다 한 번 10점짜리 성취감을 느끼는 것보다 3점, 4점, 다시 3점짜리 성취감을 자주 느끼는 것이 훨씬 그 사람을 만족시키며 성장에 도움을 줄 수가 있다고 주장한다. 크기보다 (긍정적 경험의) 빈도가 중요하다는 것이다.[15] 그래서 많은 심리학자들은 자질구레한 긍정적 경험을 여러 번 축적하는 것이 좋다고 조언하기도 한다. 지금 한국의 대중 소비자들이 늘 같은 일상에서 부지런히 '작은 것부터 아끼고', '소소한 수익이라도 얻으려고 노력하며', '작은 습관에도 의지를 불태우는' 이유 역시 이것 때문일 수 있다.

대부분의 사람들은 가장 불안한 것을 시급하게 하게 된다. 특히 발전이나 성공을 목표로 할 경우 그렇다. 부지런함은 불안함을 피하기 위한 가장 일반적인 방법이다.

– 뤼디거 달케,《돈의 심리학》, p.213

So what? 〟
시사점 및 전망

'월급'과 '자식 성적' 빼고 오를 수 있는 건 다 오른다는 요즘, 곳곳에서 대중 소비자들의 재정 긴축 노력이 포착되고 있다. 각종 모임이나 술자리, 비용 부담이 큰 취미 활동을 포기하는 사람들도 많아졌고, 여름철 전기료 부담을 덜기 위해 재택근무보다 사무실 근무를 선호하는 사람들도 적지 않다.[16] 짠내 나는 재테크부터 소소한 실천을 이어가는 도전들도 '챌린지'란 이름으로 유행을 타고 있다. 다만 종전까지의 '챌린지'는 (돌려 차기로 병뚜껑 따기 같은) '재미'나 (제로 웨이스트[17] 같은) '사회적 가치'가 도전의 가장 큰 이유였다면, 지금의 '챌린지'는 '자기 계발/자기 관리'에 방점이 찍혀 있다는 점에서 다소 차이가 있다. 사실 대중 소비자들이 현재 수행하고 있는 '챌린지'란 이름의 다양한 도전들은 미래를 대비해 자산을 쌓고, 자신의 소비 습관이나 생활 태도를 점검하려는 목적이 크다. '재미'나 '일회성'의 활동이 아니라면, 이러한 도전들은 점검에서 끝이 아닐 수 있다. 실제로 삶의 변화를 경험할 수 있도록 이끄는 '동력'이 될 수 있다는 뜻이다. 이런 맥락에서 몇 가지 중요한 인사이트를 살펴보자.

첫 번째로는, 삶의 방식을 유연하게 바꿀 필요가 있다는 생각이 뾰족해짐과 동시에 그 방향성이 더더욱 '자기 계발/자기 관리' 쪽으로 수렴될 가능성이 높다는 점이다. 앞서 언급한 소비나 생활 습관 등을 점검하는 태도는 대체로 경제적 불확실성에서 오는 위기 대응 목적이 컸다. 하지만 최근의 이런 활동은 오히려 신체 건강 관리, 지식 향상과 같은 자기 계발 활동의 일환으로 생각하는 경향이 강하다. 마크로밀 엠브레인 조사 결과를 보더라도 현재 스스로가 하고 있는 자기 계발 활동을 묻는 질문에 '(헬스, 영양제 섭취 등) 체력/건강관리(43.7%, 중복 응답)' 다음으로 '재테크/투자 공부(34.1%)'와 '나만의 루틴 만들기(25.5%)'를 꼽는 경우가 많았다.[18] 2021년부터 젊은 층 사이에서 열풍을 넘어 광풍에 가까운 인기를 끌었던 바디 프로필 촬영 역시 대중 소비자들은 '자기 관리에 대한 높은 관심(80.1%, 동의율)'과 '동기부여(82.4%)', '건강한 생활 습관 형성(64.9%)'에 대한 니즈 때문으로 그 인기 요인을 바라봤다.[19] 생활 습관과 소비 패턴 개선이 단순히 지금 현재 상태의 점검이 아니라, 보다 나은 '나'로서의 성장을 위한 자기 계발 차원의 활동으로 '선택'되고 있는 것이다. 이렇게 되면 우리는 넓은 의미에서 스스로의 '정체성'까지 선택하는 게 가능해질 수 있다. 타이트한 패션으로 날씬하거나 근육질의 몸매를 드러냄으로써 '자기 관리에 철저하다'는 이미지를 표현하는 것처럼 '나는 꽤 괜찮은 사람이다'라는 메시지를 전달하는 데 도움이 되는 활동들, 즉 긍정적인 정체성 형성에 도움이 되는 활동들이 앞으로 개인의 삶의 변화를 이끌 행동으로 선택되는 중요한 목적이자 이유, 동기가 될 가능성이 높다.[20]

단, 앞서 언급한 '무지출 챌린지'나 '짠테크' 중에서도 '과도한 절약 방식'은, 자기 계발 차원의 긍정적 이미지 유발 효과를 기대하기가 다소 어려울 수 있다. 마크로밀 엠브레인 조사 결과를 보면, 무지출 챌린지 등의 소비 절약 방식은 자칫 무조건 절약해야 한다는 강박 관념(54.1%, 중복 응답)을 줄 수 있을 것 같고, 기본적인 소비마저 줄여야 하는 현실이 씁쓸하게 느껴진다는(53.3%)는 소비자들의 거부 태도가 있었기 때문이다. 향후 스스로의 무지출 챌린지 시도 의향도 54.2%의 절반 수준으로 평가[21]되고 있어, '과도한 절약 방식'에 대해선 소비자들의 호오가 강하게 갈릴 것으로 예상된다. 다만 최근 '낭또(낭만 또라이)'와 같은 신조어의 등장처럼 '과도한 절약 방식'을 취하면서도 한편으로는 타인의 시선보다 나의 취향에 몰입하는 사람들, 즉 스스로의 정체성을 온전히 표현하려는 사람들에 대해선 대리 만족과 매력을 느끼는 사람들이 많아지고 있는 현상은 주목할 필요가 있다. 여전히 대중 소비자들은 아끼고 절약하는 것도 중요하지만 적절한 즐거움을 느낄 수 있는 소비가 필요하다(87.8%, 동의

예능 프로그램 〈나 혼자 산다〉에 출연해 극강의 '짠내'나는 일상을 보여주고 있는 배우 차서원.
출처: MBC 〈나 혼자 산다〉

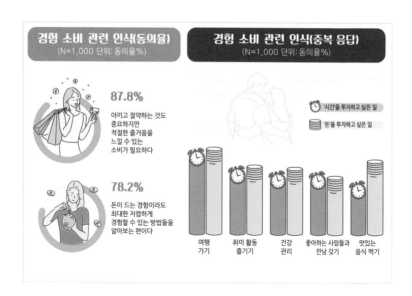

율)고 느끼고, 돈이 드는 경험이라도 최대한 저렴하게 경험할 수 있는 방법들을 알아본다(78.2%)고 응답할 만큼 경험 소비에 적극적인 태도를 보였기 때문이다. 시간과 돈에 여유가 있다면 가장 먼저 하고 싶은 활동 역시 '취미 생활 즐기기'였다.[22]

이러한 맥락에서 보면 중요한 두 번째 시사점을 발견할 수 있다. 바로, '선택의 영역'과 '방향성'의 문제로 결국 개인의 통제감 방향은 자신의 '의(衣)'와 '식(食)'에 집중될 가능성이 높다는 점이다. 개인의 삶의 변화를 이끌 '행동반경(범주)'을 구체적으로 '어떤 방향'으로 설정하는가에 따라 삶의 통제감이 주는 만족·행복의 레벨은 다를 수 있다. 라이프 스타일은 의식주로 대표되고, 그렇다면 개인의 통제감이 발휘될 영역은 결국 의식주 내에서 결정된다 해도 무방하다. 다만 이 의식주 중에서 주(住)는 가장 중요한 하나의 기둥을 차지하긴 하지만 이른바 의·식·금융이라는 우스갯소리가 있을 정도로 (주거 공간의 활용적 측면 외에는) 개인의 통제감을 발휘할 수 있는 영역이 제한돼 있다. 때문에 한국의 대중 소비자들이 통제감을 발휘할 라이프 스타일 영역은 의(衣)와 식(食) 영역에 집중될 가능성이 크다. 특히나 식(食) 영역에 대한 대중 소비자들의 태도에 좀 더 주목할 필요가 있다. 현재 대중 소비자들은 먹거리에 있어서만큼은 한 끼를 먹어도 나를 위해 제대로 먹고 싶다는 생각이 중요해지고, 조금 비싸더라도 특별한 경험을 제공하는 레스토랑에 아낌없이 투자하는 등 마냥 절약하고 아끼기보다 '새로운 경험'의 가치를 탐미하려는 니즈가 강하다. 따라서 앞으로도 (짠테크를 하더라도) 제대로 된 한 끼 식사나 먹거리에 대한 관심은 줄어들지 않을 것으로 보이며, 특히나 라이프 스타일의 통제감 욕구가 가장 강한 젊은 층을 중심으로 식(食) 영역에 대한 '선택적 집중 현상'은 더욱 뚜렷해질 것으로 보인다.[23] 이에 따라 프리미엄 밀키트의 인기, 희귀 음식에 대한 선호 등 소비자들의 취향을 맞추기 위한 업계의 움직임도 분주해질 것으로 전망된다.

세 번째로 살펴볼 시사점은 '소소하지만' 방향성이 뚜렷한 의미 추구 행동의 확산화다. 현재 대중 소비자들은 '미라클 모닝', '주간 일기 챌린지'처럼 대단하지 않은 일상적인 습관을 통해 소소한 성취감의 경험을 축적하고 있다. 이렇게 되면 막연하고 추상적인 것을 넘어 당장이라도 내가 할 수 있는 구체적이고도 명확한 행동을 찾아 성취감의 강도를 높이려는 노력이 더욱 강해질 수 있다. '긍정적 생각'보다 '긍정적 행동'을 하기 위한 목표 의지가 뚜렷해질 수 있다는 뜻이다. 이러한 맥락에서 대중 소비자들은 조금은 모호하고 추상

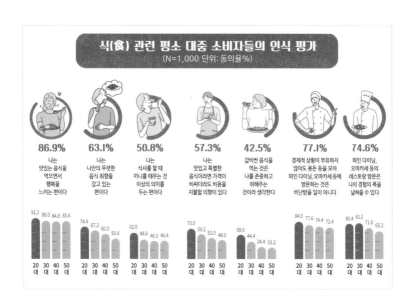

식(食) 관련 평소 대중 소비자들의 인식 평가
(N=1,000 단위: 동의율%)

86.9%	**63.1%**	**50.8%**	**57.3%**	**42.5%**	**77.1%**	**74.6%**
나는 맛있는 음식을 먹으면서 행복을 느끼는 편이다	나는 나만의 뚜렷한 음식 취향을 갖고 있는 편이다	나는 식사를 할 때 끼니를 때우는 것 이상의 의미를 두는 편이다	나는 맛있고 특별한 음식이라면 가격이 비싸더라도 비용을 지불할 의향이 있다	값비싼 음식을 먹는 것은 나를 존중하고 위해주는 것이라 생각한다	경제적 상황이 부유하지 않아도 용돈 등을 모아 파인 다이닝, 오마카세 등에 방문하는 것은 비난받을 일이 아니다	파인 다이닝, 오마카세 등의 레스토랑 방문은 나의 경험의 폭을 넓혀줄 수 있다

20대 30대 40대 50대: 91.2 86.0 84.8 85.6 / 74.4 67.2 60.0 50.8 / 62.0 48.8 46.0 46.4 / 70.0 59.2 52.0 48.0 / 58.0 44.4 34.4 33.2 / 84.0 77.6 74.4 72.4 / 80.4 81.2 71.6 65.2

적일 수 있는 친환경 이슈에 대해서도 당장 일상에서 실천할 수 있는 '작고 사소한 습관'을 찾으려는 노력을 기울일 가능성이 높다. 때문에 전보다 일상에 스며드는 친환경 습관인 5R 원칙(Refuse: 필요 없는 물건 거절하기, Reduce: 물건 구매량 줄이기, Reuse: 다회 용품 이용하기, Recycle: 재활용하기, Rot: 썩는 제품 사용하기)[24]에 대한 관심도도 더욱 높아질 것으로 예상된다. 나아가 작고 사소한 것들을 통해 경험하게 되는 잦은 성취감의 빈도는 '사소한 행동이 지닌 큰 힘'을 믿는 가치관으로까지 연결될 가능성도 높아 보인다. "한 사람의 완벽한 제로 웨이스트보다 열 명의 레스less 웨이스트가 더 낫다"는 연대 의식이 이전에 비해 더욱 강해질 것으로 전망되는 이유다.

2022년 두 번의 큰 선거에서 사람들은 자신이 원하는 사회를 위해 투표라는 권리를 행사했다. 외부 환경을 내가 원하는 방향으

통제하려는 욕구가 폭발했기 때문이다. 하지만 외부의 환경적 요인은 더 이상 개인이 통제할 수 없는 범위임을 체감하고, 인지하기 시작했다. 기대치가 달라지면 노력 여하가 달라지고 어려움을 극복하겠다는 의지가 달라지기 마련이다. 이에 대중 소비자들이 선택한 통제의 방향성은 결국 내 생활의 일부를 통제함으로써 삶의 만족이나 행복을 추구하려는 것으로 보인다. 2023년, 개인의 통제 방향에 우리가 주목해야 하는 이유다.

#지출 줄이기
#나에게 투자

고물가 시대,
짠내 나는 글로벌 이모저모 >>>

영국과 호주 등지에서는 쓰레기통을 뒤져 쓸 만한 물건을 찾아내
재활용하는 일명 '쓰레기통 다이빙^{dumpster diving}'이 관심을 받고 있다.

쓰레기통 다이빙은 환경보호 목적
도 있지만, 최근 고물가 시대를 버텨
내기 위해 새롭게 등장한 생활 방식
이기도 하다. 자신을 '쓰레기통 잠수
부^{dumpster diver}'라 칭하는 사람들은 소
셜 미디어 등을 통해 쓰레기통 다이

빙으로 자신이 1주일에 어느 정도의 비용을 절약했는지, 그리고 어느 지역의 어떤 쓰레기통에 쓸 만한 물건이 많은지 등의 정보를 직접 공유한다. [25]

기록적인 인플레이션에 최근 미국에서는 '생계유지'를 위해 피를 뽑아서 파는 서민들이 늘어나고 있다. 미국에서는 기업들이 '혈장 기부'의 대가를 지급할 수 있도록 허용하고 있기 때문에, 생활비가 부족한 서민들

이 '피를 뽑아' 적게는 400달러(50만 8,000원)에서 많게는 500달러(63만 5,000원)를 벌어 생계를 유지하고 있는 것이다. 미시간대학교 연구진에 따르면, 2019년 혈장 기부로 지급된 금액은 5,350달러로, 2006년의 4배 수준에 달했으며, 다가오는 2025년에는 미국의 혈장 산업 규모가 2016년의 2배가 넘는 480억 달러가 될 것으로 예상되고 있다. 미국의 혈장 기부 센터도 2005년 300개에서 2020년에는 900개를 넘어선 상태다. [26]

휴가철 여행에 목숨을 걸다시피 하는 '바캉스 민족' 프랑스인들이 고高물가와 폭염으로 여행을 포기하거나 가까운 곳에서 짧게 머무는 경우가 많아졌다. 특히나 파리의 대학생들은 "물

가가 워낙 비싸 여행을 떠나기보다는 파리에 남아 있거나 부모님 댁에서 그냥 쉰다"며 '짠내 바캉스'를 선택하고 있다. 여론조사 전문 기관 이포프에 따르면, 2022년 여름은 코로나19 이후 여행이 일부 재개됐기 때문에 휴가를 떠날 계획이라는 응답이 55%로 2021년(47%)보다 증가한 것으로 나타났지만, 응답자의 4분의 1가량은 심각하게 치솟고 있는 물가로 '작년보다 여행 예산은 줄이겠다'고 응답했다.[27]

최근 중국에서는 유통기한이 임박한 식품을 싸게 판매하는 특화 매장이 늘었다. 이는 2022년 봄 중국의 '제로 코로나' 봉쇄에 대한 경험과 경기 침체로 가계 지출을 줄이려는 소비자가 늘고 있기 때문으로 보인다.

중국 내 공공 데이터에 따르면, 유통기한이 임박한 식품을 파는 특화 매장은 최근 1년 새 119개가 등록됐고, 이는 지난 10년간 평균 92개보다 29% 높은 수치다. 차이나마켓리서치는 업계 매출이 2019년 250억 위안(약 4조 8,000억 원)에서 2022년 360억 위안(약 7조 원)으로 늘어날 것이라고 예상했다.[28]

일본에서는 물가 상승세가 가팔라지면서 일부 학교의 급식 재료까지 바뀌고 있다. 로이터통신에 따르면, 일본의 한 공립 중학교는 식자재 가격이 치솟자 급식에 제철 과일 대신 젤리를 제공하고 나

섰다. 일본에선 과일이 워낙 비싸기도 하지만 최근엔 더 비싸져 어쩔 수 없이 과일 대신 젤리나 케이크를 내놓고 있는 것이다. 물가 상승으로 먹을거리가 바뀐 건 수족관 동물들도 마찬가지다. 아사히TV에 따르면, 도쿄 인근 하코네에 위치한 하코네엔 수족관은 먹이로 쓰이는 전갱이 가격이 30% 가까이 인상되면서 고등어로 먹이를 대체하는 등 먹거리 물가 상승으로 사람은 물론 동물들의 먹을거리에 많은 변화가 일어나고 있다.[29]

'자전거'를 찾아보기 힘든 베트남에서 최근 '자전거 출퇴근족'이 대폭 늘어나고 있다. VN익스프레스, 탄니엔 등 현지 매체는 고유가 시대를 맞아 최근 이러한 현상이 두드러진다며 '자출족' 사례를 연이어 보도했다. 베트남 내 자전거의 인기가 점차 높아지면서 판매율도 가파르게 상승하는 추세인데, 하노이와 호찌민시, 하이퐁, 빈증성 등에 자전거 매장을 두고 있는 일본 소매업체 이온AEON은 2021년 기준 베트남의 자전거 누적 판매가 300만 대를 돌파했다고 밝혔다.[30]

자기 계발,
한국은 셀프, 일본은 독려, 중국은 포기 >>>

불안한 경제 상황에 물가 인상이 더해져 최근 한국 사회는 재테크 방안으로 '자기 계발'에 투자하려는 사람들이 늘어나고 있다. 마크로밀 엠브레인이 전국 성인 1,000명을 조사한 결과, 자기 계발 관심도는 70%로 나타났으며, 나에게 하는 투자를 성공 가능성이 높은 재테크 방식으로 인식(63.5%, 동의율)하는 사람들이 많았다.[31] 그렇다면 가까운 이웃 나라 중국과 일본의 '자기 계발' 모습은 과연 어떤 특징이 있을까?

일본 경제산업성이 제시한 자료에 따르면, 일본의 국내총생산동

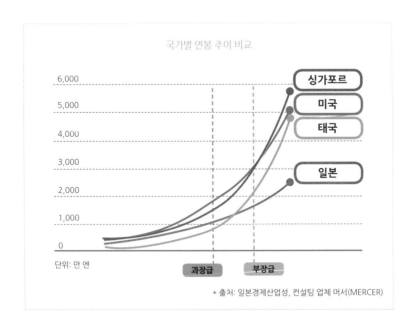

국가별 연봉 추이 비교

싱가포르
미국
태국
일본

6,000
5,000
4,000
3,000
2,000
1,000
0

단위: 만 엔

과장급   부장급

* 출처: 일본경제산업성, 컨설팅 업체 머서(MERCER)

의율GDP 대비 인력 투자 비중은 1995~1999년 0.41% 수준에서 서서히 줄어 2010~2014년에는 0.10%로까지 떨어진 것으로 나타났다. 미국은 물론이고 프랑스, 독일, 이탈리아, 영국 등과 큰 차이를 보이는 결과로, 일본의 기업 문화가 대체로 '인력 투자'에 대한 의지가 낮음을 알 수 있다.[32] 일본 직장인들의 자기 계발 의지 역시 높지는 않은 수준이다. 실제로 일본은 '부장 연봉'이 태국보다 낮을 정도로 연봉 인상률이 낮고, 성과보다는 '연공서열' 위주의 직급 체계를 갖고 있기 때문에 자기 계발에 힘쓰는 직장인이 점점 사라지는 모습을 보이고 있다.

최근 일본 정부는 자국 기업이 사람에 투자하지 않고, 개인도 자기 계발을 하지 않는 이러한 사회·경제적인 분위기를 지적하고 나섰다. 경산성이 갤럽 자료를 바탕으로 분석한 결과, 일본에서 직원 개인과 기업 조직이 서로의 성장을 돕는 직원의 수 비율이 5%에 불과했다고 밝혔는데, 이는 세계 평균 20%, 미국·캐나다 34%, 중국 17%, 한국 12%인 것을 감안하면 세계 최저 수준이었다.[33] 이토 쿠니오 히토츠바시대학 CFO교육센터장은 "기업에 도움이 되지 않는 근로자까지 회사에 남아 있고, 자기의 기술과 능력을 키우려는 의욕도 점점 사라지고 있다"며 "일본의 많은 기업에서 누구에게도 이득이 되지 않는 이런 상태가 오랜 기간 계속돼온 것이 지금의 정체와 후퇴를 불러온 것 같다"고 분석했다.[34]

이러한 문제의식을 바탕으로 기시다 후미오 내각은 향후 3년간 4,000억 엔을 투입해 100만 명의 능력 개발과 재취업을 지원하고, 직장인의 자기 계발, 디지털 등 성장 분야로의 노동이동, 겸업과 부업 촉진, 평생교육 환경 정비 등을 실시한다고 밝혔다.[35] 점점 떨어지고 있는 일본의 경쟁력을 높이기 위한 국가 차원의 대응책으로 보인다.

'세계의 공장'으로 불렸던 중국은 저렴한 인건비, 국가 주도 투자 정책 등으로 고성장을 이뤘다. 특히 중국의 창업시장은 창업 인프라, 관련 정책 확대 등을 통해 급속도로 성장했다. 이에 중국의 청년세대들은 적극적으로 창업에 도전하고, 취업에도 큰 걱정이 없었다. 그러던 중국에서 최근 구직난으로 '번아웃'에 시달리는 청년세대가 늘어나고 있다. 지난 2020년부터 코로나19로 해고가 대거 이뤄지고, 2021년부터는 정부가 민간 기업 규제를 늘리면서 고용도 줄어들어 최악의 실업난을 겪고 있는 것이다. 네이멍구자치구 정부 웹 사이트가 최근 공개한 통계 수치에 따르면, 전국 대졸자의 정착률(취업률과 달리 임시 계약직, 탄력 고용, 창업, 대학원 진학까지 모두 포함한 수치)은 23.61%에 달해, 대졸자 전체의 4분의 1 수준에 불과한 것으로 나타났다.[36]

과열된 취업 경쟁에 지친 중국 청년세대는 '자포자기족' 세대로 거듭나는 중이다. 2021년 중국 청년들 사이에선 '평평하게 드러누워 살자'는 뜻의 '탕핑躺平' 운동이 번져나갔는데, 특별한 노력을 하지 않고 '최소 경쟁, 최대 행복'을 추구하는 것이 모토다. 아울러 실업난 악화로 취업이나 경제난에 좌절한 청년들이 더 이상 사회가 망가지더라도 신경 쓰지 않겠다는 태도를 취하면서, 이른바 '사회가 썩도록 그냥 내버려두겠다'는 뜻의 '바이란躺烂'이라는 새로운 유행어도 확산되고 있는 추세다.[37]

대중 소비자들이 현재 수행하고 있는
'챌린지'란 이름의 다양한 도전들은
미래를 대비해 자산을 쌓고 자신의 소비 습관이나
생활 태도를 점검하려는 목적이 크다.
삶의 변화를 경험할 수 있도록 이끄는 '동력'이 될 수 있다는 뜻이다.

2023
트렌드 모니터

PART 4
WORK

재미와 의미,
어려운 시기를 견디는 방법

재택근무 경험이 가져온
'개인'주의 '조직'문화
약한 유대, 낙인 효과 가속화, U세대의 등장

'필패 신드롬' 재조명 ⟫

어엿한 중견 회사에 재직 중인 C 부장(발음이 좀 그렇다)은 건물 엘리베이터에서 사원 한 명을 만났다. 건물 전체 층을 다 사용하는 회사라 파란색 목걸이의 사원증은 누가 봐도 이 회사 사람인데, 어랏. 같은 목걸이이고 얼굴마저 직급 있게(?) 생긴 C 부장을 보고 인사를 안 한다. 뒤끝 없는 C 부장이지만, 이름은 기억했다. 애티튜드가 영 아니올시다 였으니까. 그런데 이 일이 있은 후, 업무적으로 그 사원과 협업하는 일이 자주 발생한다. '싸가지'가 없다고 생각해서인지 행동 하나하나가 괜히 밉상이고, 점심시간 한 시간을 칼같이 지켜내는(?) 것도 얄밉다. 아무리 C 부장의 말이 빠르기로서니 말귀도 잘 못 알아듣는 것 같고, 행동도 굼뜨는 것이 별로다. 업무 처리도 너~무 소극적이고 뭔가 2% 부족하다. C 부장은 혹여 문제라도 생길까 그 사원이 맡은 업무 중 몇몇 가지의 중요한 일은 믿을 만한 다른 직원에게 조금씩 넘긴다. 그럴 때마다 해당 사원은 주눅이 들고, 더더욱 소심해진다. 답답한 C 부장은 다음 분기에는 그 사원과 일하지 않겠노라 인사과에 통보를 하고, 그해 그 사원에게 최하짐의 상호 협업 평가 점수를 준다. 해당 사원은 동료에게 상사와의 고충을 토로하며 부서를 옮겨야 할지 이직을 해야 할지를 고민한다.

맥락에서 보면 C 부장은 꽤나 몹쓸 상사임이 분명하다. 고작 엘리베이터 사건 하나로 사람을 이리도 쉽게 판단하고 무능한 사람으로 만들다니. 모르긴 몰라도 저 C 부장을 어떡해서든 직장 내 괴롭힘 등의 사유로 회사 인사위원회에 회부하고 싶은 마음이 굴뚝같을 것이다. 물론, 정말 생각지도 않게(?) 잠깐의 애티튜드만큼이나 그 사원이 예의가 없고, 저성과자에 무능력의 끝판왕이었을 가능성도 있다(이런 직원은 사실상 회사의 고용 실수로, 징계나 해고의 대상이 되는 것이 맞다).

문제는 그저 단순히 상사에게 성과가 낮다고 '밉보인' 부하 직원이 불이익을 받게 되는 상황이 발생했다는 점이다. 그런데 곰곰이 생각을 해보자. 소위 윗사람한테 '찍혀서' '불이익'을 당하거나 '부당한' 대우를 받는 일이, 회사 생활에서 좀처럼 보기 드문 희귀한 사례일까? 마크로밀 엠브레인의 조사 결과를 보면, 재직 회사의 평가 시스템이 공정하지 못하다고 평가한 이유로 '상사(부서장/팀장) 마음대로 직원을 평가하는 경우가 많아서(56.2%, 중복 응답)'란 응답이 1순위

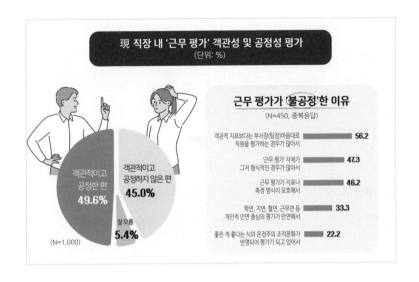

現 직장 내 '근무 평가' 객관성 및 공정성 평가
(단위: %)

객관적이고
공정한 편
49.6%

객관적이고
공정하지 않은 편
45.0%

잘 모름
5.4%

(N=1,000)

근무 평가가 '불공정'한 이유
(N=450, 중복응답)

객관적 지표보다는 부서장(팀장)마음대로 직원을 평가하는 경우가 많아서	56.2
'근무 평가' 자체가 그저 형식적인 경우가 많아서	47.3
근무 평가가 지표나 측정 방식이 모호해서	46.2
학연, 지연, 혈연, 근무연 등 개인적 인연 중심의 평가가 만연해서	33.3
좋은 게 좋다는 식의 온정주의 조직문화가 반영되어 평가가 되고 있어서	22.2

였을 만큼 꽤나 만연한 모습이었다.[1] 굳이 데이터가 아니더라도 눈치 빠른 부하 직원이거나 연차가 좀 있거나, 아니면 C 부장과 비슷한 직급의 관리자 또는 리더라면 느낌적인 느낌으로 체감하고 있는 문제일 가능성이 높다.

놀라운 점은 이러한 조직 사회의 면면이 어제오늘의 일은 아니란 사실이다. 무려 20년 전, 리더십 분야의 세계적인 권위자로 인정받은 석학들이 기업의 리더 3,000여 명을 대상으로 심층 인터뷰한 결과를 담은 책《필패 신드롬The Set-up-to Fail Syndrome》에서도 이와 비슷한 결과가 등장한다. '필패 신드롬'은 (사실상 능력이 있(었)음에도) 성과가 그저 그렇거나 낮은 직원으로 '오해받은' 직원이 낮은 기대치에 맞는 성과를 내게끔 유도되고, 결국 자신의 의지든 아니든 회사를 그만두게 되는 역학 구도를 말한다.[2] 당연히 원래 일 잘했던 직원도 예외는 아니다. 어찌 됐든 상사로부터 '능력 부족'이란 꼬리표가 붙게 되면 그에 맞게 최소한의 필요한 일만 하고, 회사에 의미 있는 기여를 하겠다는 다짐을 포기하게 되는 건 마찬가지이기 때문이다. 게다가 부하 직원 자신도 은연중에 (자신을 싫어한다고 생각하는) 그 상사의 피드백을 무시하고, 상사에게 맞서거나, 다른 임원과 연합(?)하는 등의 정치적 활동으로 이러한 역학 구도를 더욱 성공적(?)이게 만들었을 가능성이 있다. 어찌 됐든 작은 오해와 선입견으로 능력을 제한하는 '낙인 효과'는, 실로 어마어마한 파급력을 갖는다는 것을 알 수 있다. 그런데 뭔가, 20여 년 전에 등장한 이론이라고 하기엔 세월을 뛰어넘어 요즘 조직 생활에서도 쉽게 수긍이 갈 만큼 묘한 설득력이 있다. 아니나 다를까 2022년 1월, 이 책의 개정판이 나왔다. 개정판이 나오는 이유는 간단하다. 사람들이 '찾기' 때문이다.

재택근무 경험, ""
관계와 소통에 주목하게 된 결정적 계기

편견과 낙인의 문제는 사실 잦은 접촉으로 줄일 수 있는 사안이다. 코로나 시대 이전에야 직장 내 편견과 낙인은 이른바 직장 상사와 부하 직원 간의 어쩔 수 없는 평가 시스템 차원의 '관행'으로 여겨지기도 했고, 혹여 이슈가 되더라도 직장 상사 개인의 인성 문제 정도로 상황을 인식하는 경우가 많았다. 하지만 직장인들은 지난 3년여의 코로나 시대의 직장 생활을 '직접' 경험했다. 그리고 코로나 시대 직장 생활에서 '보지 않고 낙인을 찍는' 상황이 많았다는 것을 '몸소'

느끼기 시작했다. 바로, '재택근무 경험' 때문이다.

코로나19가 우리의 일상생활을 습격한 지난 2020년, 직장인들 사이에서 감지된 이상기류 중 하나는 개인 생활과 회사 생활을 엄격하게 구분하려는 태도가 강해지고 있는 점이었다(일과 개인 생활을 엄격하게 구분하는 편 – 동의 62.6%).[3] 그리고 이러한 태도는 회사에서의 인간관계와 일상에서의 인간관계는 엄연히 다른 것(74.6%, 동의율)이라 주장할 만큼 직장인들의 '인간관계'에도 적지 않은 영향을 주고 있었다.[4] 그런데 이러한 직장인들의 태도를 더욱 견고하게 만든 하나의 사건이 발생했다. 바로 코로나19로 의도치 않게 경험하게 된 '재택근무'다. '재택근무로 업무를 보는 것이 과연 가능할까?'라는 의문이 무색할 만큼 직장인들은 매우 '빠르게', '잘' 적응했다. 심지어 '회사라는 공간에 출근을 하지 않더라도', '이전보다 회의를 적게 하고', '커뮤니케이션을 덜 하더라도', '직장 상사나 주변인들에게 감정 노동을 하지 않아도' 충분히 업무가 가능하다는 것을 본능적으로 깨달았다. 기존의 직장 생활이 대단히 형식적이고 의례적인 부분이 많았다는 것을 체감하게 되었음은 물론이고, 개인 생활과 회사 생활을 구분하고 싶은 그들의 욕구가 재택근무로 실현 가능해질 수도 있음을 인지하게 된 셈이다. 타인에게 직접적으로 노출되는 시간이 줄어든 만큼 당연히 직장인들에게는 이제부터 누구에게 보여지는 '성실한 근무 태도'보다 '성과를 얼마나 내느냐'가 보다 더 중요해졌다(재택근무가 활성화되면 성실한 근무 태도보다는 성과를 얼마나 내느냐가 더 중요해질 것 같다 – 동의 81.8%).[5] 직장 생활에서의 '관계'와 '일'에 대한 태도와 관점이 이전과는 달라진 것이다. 이러한 태도는 2021년의 재택 경험에도 그대로 이어졌다. 다만, 2021년 직장인의 재택근무 태도는 2020년과는 사뭇 달라진 양상을 보였다. 아마도 2020년의 재택 경험이 단순히 한시적인 비상 대책 경험으로 인지된 것이라고 한다면 2021년의 재택근무는 정부의 '위드 코로나' 정책과 함께 어느 정도 지속성이 담보된 재택근무였기에 나타난 결과일 수 있다.

　달라진 점은 대략 두 가지를 꼽을 수 있다. 첫째는 여전히 직장인들에게 재택근무는 만족스러운 근무 형태이지만 뭔지 모를 심리적 불편함을 소소하게 느끼기 시작했다는 점이다. 재택근무를 하면서 회사에서는 잘 느끼지 못했던 심리적 편안함이나 상사나 주변 사람들의 눈치를 보지 않게 돼서 좋다는 인식이 재택 근무 초반 대비 감소한 것인데,[6] 이는 아마도 눈앞에 보여야만 일을 한다고 생각하

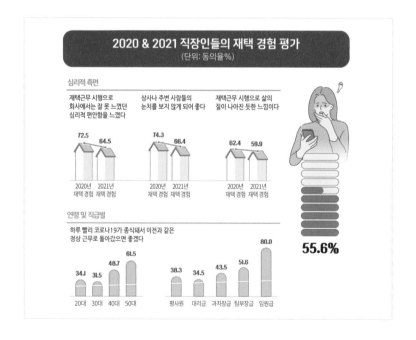

는 대다수 기업, 경영진들이 은연중에 보인 태도 때문에 나타난 결과일 수도 있다. 이러한 추론이 가능한 이유는 직급에 따라 정상 근무 복귀에 대한 뚜렷한 입장 차이가 있었기 때문이다. 대체로 연령과 직급이 낮은 직장인일수록 재택근무에 만족감을 나타내고 선호하는 태도가 두드러졌지만, 중장년층과 직급이 높은 직장인의 경우 내심 이전처럼 출근을 하고 사무실에서 근무하기를 바라는 마음을 숨기지 않고 있었다. 이렇게 되면 자신들의 바람과는 달리 회사가 재택근무의 전면 도입을 가급적 피할 것이라는 예상이 가능하고, 결국 재택근무는 집에서 쉬엄쉬엄 일을 한다(59.1%, 동의율)[7]는 경영진과 직장 상사의 편견에 맞서 일을 해야 하기 때문에 나름의 스트레스와 불안감을 느끼는 상황이 발생할 수밖에 없게 되는 것이다.

2020년의 재택근무 경험과 달라진 두 번째 모습은 재택근무로 인해 직장 내 조직 생활에서의 '소통의 부재'를 인식하게 됐다는 사실이다. 직장 내 업무도 결국은 사람이 하는 일이기 때문에 출근을 해서 직장 동료들과 직접 소통하는 과정이 필요하다는 시각이 많아진 것이다. 실제로 직장인들이 꼽은 '2021년 재택근무가 직장 생활에 가져온 큰 변화'는 '직장 동료와의 관계'이기도 했다.[8] 아무래도 출퇴근 횟수가 줄어들고 직접 대면을 하지 못하게 되면서 자연스럽게 동료와의 거리감이 생긴 것을 체감했기 때문으로 풀이된다. 이렇게 두 해에 걸친 재택근무 경험을 살펴보면 직장인들에게 재택근무는 업무적인 효율성과 심리적 편안함을 제공해주는 근무 형태이긴 했지만, 정상 근무로의 복귀를 원하는 경영진과 직장 상사, 그리고 소통의 부재로 인한 직장 동료와의 관계에서 어느 정도의 심리적 불편함을 경험했던 근무 형태로 정리해볼 수 있다. 그리고 이러한 직장인들의 경험치는 코로나19의 종식이 요원한 현재까지 이어지고 있다.

문제는 앞으로다. 여전히 직장인들 사이에서는 향후 재택근무 제도의 활성화가 필요하고, 코로나 종식 이후에도 재택근무가 일반적인 직장 생활의 형태 중 하나가 돼야 한다고 보는 시각이 우세하다. 하지만 어차피 기업의 업종과 규모에 따라 재택근무의 가능 여부는 달라질 수 밖에 없고, 심지어 재택근무가 활성화되더라도 재택근무 자체가 불가능한 업종이 생각보다 많기 때문에 (인정하고 싶지 않지만) 일단 대부분의 직장인들은 일상으로의 복귀를 준비해야 하는 상황으로 볼 수 있다. 그런데 재택근무 후 회사 복귀 시 문제가 되는 것이 있다. 바로 본인이 가능한(원하는) 선보다 더 많은 사회적 소통을 요구받는 상황, 그리고 직원들을 마음껏 통제하고 싶어 하는 마음을 숨기지 않는 기성세대(관리직급)와의 전면적인 조우가 기다리고 있다는 사실이다. 재택근무 후 만만치 않은 회사 복귀 스트레스를 경험하게 되는 것이다. 다만, 앞으로 겪게 될 스트레스는 재택근무를 경험하기 이전에 겪은 스트레스 수준과는 레벨이 다를 것으로 보인다. 재택근무 경험으로 심리적 편안함의 수위를 만끽한 직장인들이 직장 생활에서의 스트레스 수준을 낮추고 심리적 안정을 추구하기 위한 다양한 해결책을 모색할 가능성이 크기 때문이다. 물론 직장인들이 이렇게 적극적인 태도를 취할 만큼 직장 생활에 애정이 있는지 자체를 의심할 순 있다. 그 어떤 해보다 완전한 경제적 자유를 실현해 직장 생활에서의 탈출(엑시트)을 꿈꾼 파이어족이 많았던 해였기 때문이다(F.I.R.E.족 의향 - 20대 60.0%, 30대 65.2%, 40대 53.6%).[9] 하지만 2021년부터 직장인들은 고통스러운 투자 실패로 난항을 겪고 있고, 앞으로는 고금리·고물가라는 불확실한 경제 상황을 견뎌야 하기에 당분간 직장 생활을 통한 숨 고르기 체제에 돌입할 가능성이 크다(직장인들은 직장을 더 열심히 다녀야겠다는 생각이 들 것 같다 - 동의율 62.5%).[10] 어쩔 수 없이 직장 생활에 집중해야만 하는 명분이 생긴 셈이다. 심지어 경제적 이유(예: 전기료 등) 때문에 그토록 선호하는 재택근무 대신 사무실 업무를 자처하고 있는 상황까지 발생하고 있기도 하다(전기료 등이 걱정되다 보니 웬만하면 업무는 회사에서 하려는 편이다 - 동의율 50.0%).[11] 이렇게 되면 직장인들은 일단 마음 편히 직장 생활을 할 수 있는 환경을 조성하기 위해 최선의 노력을 기울일 가능성이 크다. 그리고 그 대안은 가장 편안했던 재택근무의 경험을 기준 삼아 '(부하 직원을 통제하고 싶어 하는) 직장 상사와의 원활한 관계'를 위해 노력하거나, '조직 내 구성원과의 소통/교류'를 통해 긍정적 관계를 형성하려는 태도가 될 것으로 보인다. 인간의 행동을 이끄는 가장 강력한 동인은 과거에 경험한 '맥락'이기 때문이다.

So what? 〞
시사점 및 전망

코로나19가 발생한 지난 2020년부터 최근까지 3년여의 시간은 직장인들에게 반드시 회사에 출근을 해야 한다는 통념을 깨고, 회사 아닌 공간에서의 업무도 가능하다는 것을 깨닫게 한 시간이었다. 당연히 그로 인한 업무 방식과 결과물을 내는 방식 등 직장 생활 전반에는 적지 않은 변화가 찾아왔다. 가장 큰 변화는 '직장 내 관계(소통)'에 대한 관점 변화다. 2020년, 2021년 두 해의 재택근무 경험은 직장인들에게 '심리적 안정감'이란 신세계를 경험하게 했다. '다른 직원들과 직접적인 소통을 하지 않아도', '직장 상사와 대면하지 않아도' 된다는 그 상황이 전달해주는 힘이 꽤 컸던 것이다. 아쉬운 점은, 이 기간이 얼마 남지 않았다는 것이다. 이제 곧 직장인들은 (조금은 달라졌다 해도) 관계와 소통 측면에서 여전히 코로나19 이전의 관행과 관습이 남아 있는 직장 생활로 복귀해야 한다. 많은 MBTI 검색 정보가 '업무 스타일', '업무 유형', '연봉 순위'에서 '내 동료의 MBTI', '분위기 메이커 MBTI', 'MBTI별 사회생활 시점' 등 직장 내 관계나 소통 중심으로 달라지고 있는 이유이기도 하다. 변화의 속도가 급했던 만큼 아마도 기존의 관성과 부딪히는 충격은 '꽤 크고' 빈도 또한 '잦을' 것으로 예상된다. 이런 관점에서 몇 가지 예상 가능한 시나리오와 시사점을 검토해보려 한다.

가장 첫 번째는, 직장 생활에서 '일'로만 연결된 관계가 더욱 강화될 거라는 점이다. 역으로 사적 관계는 이전보다 낮은 수준으로 연결될 가능성이 있어 보인다. 이것은 직장인들이 고려하고 있는 현재 '직장 생활에서의 관계(소통)'가 코로나19 이전 직장 생활에 존재했던 그 '관계(소통)'는 아니라는 것을 의미하는 것이다. 흔히들 직장 내 조직원들과의 연결과 유대라 하면 직관적으로 '두터운 관계', '강한 결속'을 떠올리기 마련이다. 때문에 회사는 사적인 관계에 열

직장 內 원만한 인간관계의 의미
(n=1,000 단위: 동의율%)

83.2%
직장 생활에서 관계를
잘 쌓아두면 업무에도 도움이 된다

79.6%
직장에서의 원만한 인간관계는
회사를 '오래, 잘 다닐 수 있는'
동기(계기)가 될 수 있다

BUT

42.4%
재택근무가 해제되면
회사에서의 돈독한 인간관계를
원하는 사람이 많아질 것 같다

76.7%
직장에서의 원만한 인간관계는
'회사에서의 업무를 잘할 수 있는'
동기(계기)가 될 수 있다

75.6%
직장에서의 원만한 인간관계는
'일의 만족도를 높일 수 있는'
동기(계기)가 될 수 있다

을 올리고, 그 관계가 대단히 중요한 관계였음을 인지시키려 많은 노력을 기울인다. 사회적 거리 두기 해제 후 많은 경영진과 직장 상사들이 사내 회식과 사적 모임을 가지려 한 이유다. 하지만 정상 복귀를 앞둔 많은 직장인들에게 이 같은 일은 굉장한 스트레스를 유발하는 이벤트일 뿐이다. 조직원들과의 연결과 유대라는 것이 사적 관계, 사적 모임을 해야 할 만큼의 '강한 결속', '돈독함'을 의미하는 게 아닐 수 있다는 뜻이다. 대신 (아주 찰나의 순간적인 경험일지라도) 재택근무를 경험한 많은 직장인들은 직장 생활에서의 관계가 일시적인 이미지 메이킹이나 그럴듯한 친절함으로 얻어지는 것보다, 결국 믿을 만한 사람이라는 평판을 얻고 유지하는 것이 더 중요하다는 결론을 내렸을 가능성이 크다. 재택근무 경험은 '관계의 기술'보다 '업무의 효용성'과 '생산성'이 더 중요하다는 것을 체감한 결정적 사건이었기 때문이다. 따라서 '직장 생활에서의 관계(소통)'는 '업무를 잘할 수 있도록 돕거나', '일의 만족도를 높이는' 동기(계기)가 될 순 있지만, 강한 결속력과 유대감, 끈끈함으로 얽힌 관계는 아니란 인식이 확산될 수 있다. 그리고 그 관계를 맺는 대상은 아마도 '일의 태도(방식)' 측면에서 얼마만큼의 신뢰를 주는 사람인지로 결정될 가능성이 높다. 이제 직장인들은 직장 생활에서 돈독하고 두터운 관계를 원하지 않는다. 그저 내 업무, 내 일의 만족도에 도움이 되는 원활한 관계를 희망할 뿐이다.[12] 그 어느 때보다 직장 생활에서 '관계적 소통 스킬'이 필요한 이유다.

이러한 관점에서 예상되는 두 번째 시사점은 평가에 있어서 낙인 효과가 강화될 가능성이 높다는 점이다. 이것은 직장 내 조직원들에 대한 '평가와 판단'의 문제를 수반하며, 평가 담당자(관리자 직급 등)도 이 문제를 보다 진지하게 생각해 볼 필요가 있음을 시사한다. 앞서 언급한 것처럼 관계 맺음의 중요한 조건으로서 '일을 하는 태도(방식)'에 대한 고려도가 높아지면, 그동안 직장에서 고高성과자, 저低성과자를 분류한 판단의 적합성과 공정성에 의문을 품는 일이 많아질 수 있다. 한마디로 경영진과 직장 상사들에게는 또 하나의 도전이 기다리고 있는 셈이다. 사실 인간은 정보를 분류하고 범주화하는 경향이 매우 강하다. 일련의 사건을 파악하고 타인과의 상호작용이 좀 더 빠르고 효율적으로 이뤄질 수 있도록 도움을 주기 때문이다(진화심리학에선 이것을 생존의 기술(능력)로까지 설명한다). 불확실성과 모호함이 넘치는 VUCA[13]의 세계에서 범주화 작업은 일종의 지침서나 다름없다. 직장 생활에서 직원들을 범주화하는 과정

역시 마찬가지다. 특히 직장 상사들이나 관리자들에게는 대단한 노력을 기울이지 않아도 어떤 업무가 어떤 직원에게 적절할지, 정보의 효율적 통제와 확산은 어떤 직원에게 맡기면 좋을지 등을 빠르게 결정할 수 있도록 도움을 준다. 하지만 생각해보면 이 같은 범주화 작업은 실제로는 확실한 업무적 성과에 기인했다기보다는 (앞선 엘리베이터 사례처럼) 그 직원의 일상생활 태도로 결정되는 경우가 흔하다. 눈치가 없거나 소심하거나 말투나 옷차림, 이메일의 첫인사 방법 등 주로 애티튜드와 관련된 정보들이 범주화의 기준이 됐을 가능성이 크다는 뜻이다. 물론, 한 기업의 경영진이나 관리자 직급 정도면 이 범주화의 과정들이 대개 믿을 만한 판단이었음을 확인하는 과정이 누적된 사람들일 수 있다. 무의식중에 '쟤라면 믿을 만하지', '사람은 안 바뀌어', '쟤는 안 돼'를 되뇌는 경우가 연차나 직급이 상위 단계일수록 많을 수밖에 없는 이유다. 하지만 그 판단의 기준이 상식적이고 객관성이 담보된 것인지는 한 번쯤 생각해볼 필요가 있다. 가령 마크로밀 엠브레인 조사 결과를 보면, 회사에서 '존재감 없이 일을 하는 직원'에 대해 직장 상사들은 '저성과자'로 판단하는 경향이 높았지만, 다른 직원들은 그들을 '저성과자'로 바라보는 경향이 낮았다.[14] 요즘 직장에는 조직 생활을 하면서 최대한 다른 사람들 눈에 띄고 싶지 않아 하거나 피곤해지는 상황들로부터 자유롭기 위해 능력이나 재능을 숨기려는 직원들(일명 힘숨찐[15])이 생각보다 많기 때문이다. 이러한 결과는 두 가지 사실을 말해준다. 부하 직원에 대한 직장 상사의 평가가 보편적 상식과 객관적 근거를 바탕으로 100% 이뤄진다고 단언하기는 어렵다는 점과, 관리자와 조직

직장 內 저성과자에 대한 인식
(단위: 동의율 %)

연령 및 직급별(동의율)

회사에서 일을 하는 사람인지 아닌지 존재감이 전혀 없는 직원은 저성과자에 해당한다

20대	30대	40대	50대
34.0	35.8	46.4	53.6

직급 없음	평사원	중간 관리자	고위 관리직
32.1	38.5	48.6	55.7

원들의 판단은 상충되는 지점이 존재할 수 있다는 것이다. 때문에 조직원들을 판단해야 하는 요직의 직급자라면 지금까지 그들을 평가하던 '관행적 관점'에서 벗어나 '일을 하는 방식(태도)' 중심으로 보다 면밀히 그들을 살펴볼 필요가 있다. 이러한 노력이 수반되면 앞서 조직에서 존재감 없이 저성과자로 평가됐던 직원에게도 '그들의 재능을 마음껏 드러낼 수 있는 기회'가 얼마든지 주어지는 환경이 조성될 수 있다. 능력 있는 직원, 능력을 맘껏 표출하는 직원을 얻고 싶다면 일단 그 판단에 선입견이나 편견이 관여되지 않았는지를 되돌아볼 필요가 있다. 이제는, 어쩌면 오히려 (약한 유대, 낮은 접촉 빈도 등으로) 더욱 강화될 수도 있는 '낙인 효과'를 (직장 상사나 관리자들이) 의도적으로 경계해야 할 중요한 시기임을 진지하게 생각해볼 필요가 있다.

의미는 '실천'이라는 행동을 통해 구현된다. 생각만으로 의미는 이루어지지 않는다. 하루 종일 의미를 고민한다고 해서 변화가 일어나지

는 않는다. 그러니 의미가 정말 있는 것인지를 의심하기 전에 일단 의미가 있음을 믿고 실천하려는 행동은 겉보기로는 사소한 것이라 할지라도 정말 중요하다. 의미는 생각하는 게 아니라 행하는 것이다.

– 요하네스 하르틀, 《에덴 컬처》, p.210~212

이러한 맥락에서 세 번째로 살펴볼 전망은 (직장 상사나 관리자가 아닌) 그동안 직장 생활에서 철저히 '을'의 입장에 있었던 젊은 직장인, 즉 MZ세대가 주도하는 '약한 유대' 경험에 근거한 '다양한 조직(생활) 문화'가 발현될 가능성이 높다는 것이다. 아직까지는 그들이 조직(생활) 문화를 수평적이고 자유롭게 변화시키는 힘이 부족하지만 이전보다는 자신의 역할과 영향력이 어느 정도인지를 확인하고, 그들이 어떤 선택지를 가졌으며 또는 가질 수 있는지를 고민하는 경우가 많아질 것으로 보인다. 가장 주의 깊게 살펴볼 행보는 2030 젊은 직장인들의 노조 참여 방향성에 대한 것이다. 이미 MZ세대의 노조 참여는 U세대(union(노조)+세대)란 신조어가 등장할 만큼 글로벌 현상으로 확산 중이다.[16] 국내에서도 2021년부터 굵직굵직한 대기업을 중심으로 2030 젊은 세대가 주도하는 노조가 늘고 있는 추세로, 현상으로선 매우 긍정적이다. 문제는 MZ세대 노조가 실패의 흐름을 타고 있는 것 같다는 성급한 판단이 등장하고 있다는 점이다. 이러한 분석은 기존 노조와의 유사 선상에서 MZ세대 노조를 바라보고 있다는 논리적 허점이 있다. MZ세대가 노조를 주도하는 흐름이 있긴 하지만, 그렇다고 기존의 강성 노조와 대립할 수 있을 만큼 MZ세대 노조가 강한 결속력을 지닌 조직은 아니기 때문이다. 최근 현대자동차그룹의 MZ 노조를 결성한 노조 위원장이 사퇴를 선택한 직접적인 이유도 (다양한 이유가 있었겠지만) 개인화 성향이 강한 MZ세대 구성원 특성 때문이란 의견이 지배적이다.[17] 하지만 MZ세대 노조는 단합의 목적과 방향성에 따라 결속력이 달라지는 조직일 수 있다. 지난 몇 년간 '공정성'을 화두로 연대를 하고(조국 사태, LH 땅 투기 의혹 사태 등), 지금과 같은 심각한 고용 불안을 겪고 있는 상황에서는 더더욱 스스로의 권리나 권익 여부에 따라 결속 의지의 차이가 있을 수 있다. 실제로 마크로밀 엠브레인 조사 결과를 보더라도 MZ세대는 노조 활동에 대해 대단한 의지와 지지 의사를 밝히고 있진 않다. 오히려 직장 내 노조로 인해 노사 관계가 악화되거나 잡음 발생을 우려하는 의견이 더 많다. 하지만 또 다른 데이터를 살펴보면 연령에 따라 노조의 역할 자체를 다르게 보고 있음을 확인할 수 있다.

대개 지금까지 강성 노조의 주축이 된다고 평가받는 4050 연령대는 '임금 교섭'은 물론 '복리 후생 문제', '고용 안정', '정년 연장'과 같은 이슈에 노조가 필요하다는 의견이 많았지만, 2030 연령대는 상대적으로 '업무 환경 개선'이나 '성과금', '불합리한 관행', '승진·인사 차별' 등의 이슈에 민감하게 반응하는 모습을 확인할 수 있다.[18] 이런 맥락에서 보면 예상 가능한 시나리오가 하나 있다. 바로 'MZ세대의 노조 결속력'은 '경영진이나 상사의 (선입견, 오해 등의) 주관적 판단'으로 '고과 평가 방식 자체가 공정하지 못해서', '개인 성과에 따른 급여를 제대로 받지 못한' 이슈 등에 가장 강하게 드러날 수 있다는 것이다.

직장 내 노조 필요도

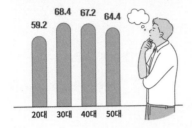

20대	30대	40대	50대
59.2	68.4	67.2	64.4

노조로 인한 잡음 발생 우려도

(단위: 동의율 %)

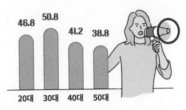

20대	30대	40대	50대
46.8	50.8	41.2	38.8

노조로 인한 직장 내 노사 관계 악화 우려도

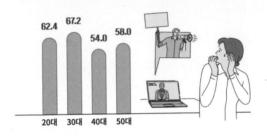

20대	30대	40대	50대
62.4	67.2	54.0	58.0

노조가 도움이 될 것 같은 직장 내 이슈(중복 응답)

	연령별			
	20대 (250)	30대 (250)	40대 (250)	50대 (250)
임금 협상, 교섭 문제	55.2	49.2	52.8	62.8
복리 후생 제도 개선	42.0	47.6	50.4	52.0
업무 환경 개선	49.2	45.2	39.6	40.8
특별수당, 성과급 지급 관련 문제	42.8	34.8	32.4	35.2
근로시간 단축, 노동강도 개선 이슈	31.6	24.0	27.6	28.4
불합리한 관행 해결	21.6	28.8	29.2	26.0
승진, 인사 차별 문제	25.2	21.2	16.8	18.0
고용 안정성 보장(비정규직 철폐 등)	12.0	16.8	21.2	30.0
정년 보장, 정년 시기 연장 등의 문제	9.2	15.2	18.0	28.4

(단위: %)

따라서 앞으로 MZ세대가 주도하는 전체적인 조직(생활) 문화의 방향성은 성과 평가의 기준이나 결과의 투명한 공개, 업무의 효용성과 생산성을 제고할 수 있는 시스템(예: 팀플, 크로스 협업 등) 모색, 함께 일할 동료를 직접 채용하는 등의 권리 행사처럼 매우 구체적이고 실용적이며 직접적인 사안에 집중될 가능성이 있다. 최근 시도되고 있는 'MZ세대 면접관으로 MZ세대 인재를 채용'하는 프로세스 적용 범위(영역)가 확대될 것으로 전망되는 이유이기도 하다. 단, 여기에서도 중요한 핵심이 있다. MZ세대가 생각하는 '함께(팀플, 협업 등)'는 어디까지나 '일의 방식(태도)'에서의 '긍정적 경험(결과)'을 위한 연대란 사실이다.

이러한 '젊은 직장인들의 행보', 그리고 앞서 살펴본 '직장 생활에서의 관계'와 '상사의 판단 문제'에 따른 다양한 시사점을 정리하면, 결국 다가오는 2023년은 직장 내 '조직 문화'를 다시금 재조명하는 계기가 될 것으로 보인다. 현재 직장인들은 2020년 코로나19 발생 이후 선택적 재택근무의 종료와 함께 모처럼 한 장소에 모여 있게 된 경우가 많아졌다. 그리고 '실제로' 한 장소에 모이게 됐을 때는 온라인에선 기대할 수 없는 '독특한 어떤 일'들이 일어나기 마련이며, 이러한 '독특한 어떤 일'은 공동체와 문화 형성에 기여하는 중요한 요소가 되기 마련이다.[19] 그리고 지금 직장인들에게 '독특한 어떤 일'은 주로 '관계' 때문에 비롯되는 경우가 많은 듯하다. 자연스런 관계 이탈 경험이 생산성과는 유의미한 관계가 없다는 것을 몸소 체감했기 때문이다. 일각에서는 이러한 경험으로 인해 느슨해진 조직 결속력이 곧 조직 전체의 견고함에 부정적 영향을 끼칠 것이라

우려한다. 하지만 사회 연결망 이론에 지대한 영향을 끼친 미국의 사회학자 마크 그라노베터는 《약한 유대 관계의 힘》이라는 그의 저서에서 약한 유대가 오히려 강한 유대보다 조직의 창의성과 생산성에 있어 더 유리하다고 주장한 바 있다. 갈등이 생기더라도 생산적인 논의를 촉발할 수 있는 가능성이 '강한 유대'의 관계보다 '약한 유대'에서 더 많기 때문에, 오히려 두터운 결속보다 얕은 관계를 어떻게 구현할 것인가를 고민하는 것이 보다 중요하다는 것이다(강한 유대는 종종 사람이 싫어서 일을 그르치고 마는 '관계 갈등'으로 변질되는 경우가 많다).[20]

이런 관점에서 보면 앞으로 강한 유대는 더 이상 조직 문화의 키key가 되진 않을 것 같다. 조직과 개인을 연결하려 추가적인 시간과 노력을 들일 필요가 없고, 또 그렇지 않았다고 해서 죄책감을 느낄 필요는 더더욱 없을 것 같다. 얕고 느슨하지만 서로에 대한 경계심과 그로 인한 스트레스를 어느 정도 해소할 수 있는 조직 문화가 있다면 그걸로 충분함을 느끼는 것이 지금의 직장인들이기 때문이다. 오히려 현재 직장인들에게 중요한 조직 문화의 핵심은 내가 지금 '어떤 일(업무)로서의 관계'가 맺어지고 있는가일 수 있다. 그러니 잠깐 하던 업무를 멈추고, 최근 내가 있는 조직에서 '어떤 일'에서의 '관계'가 형성돼 있는지를 생각해보자. 어쩌면 그것이 2023년 앞으로 당신이 속한 그 조직의 문화가 될 가능성이 높다.

#하이브리드 근무
#조용한 사직

재택근무와
사무실 출근의 기로에 선 세계 >>>

엔데믹 시대, 전 세계적으로 '사무실 출근'과 '재택근무 지속'을 둘러 싼 논의가 뜨겁다. 이는 곧 이제는 '사무실'로 복귀하라는 기업과 '재택근무'가 익숙해져 돌아가기 힘들다는 노동자들 사이의 팽팽한 접전을 의미하는 것이기도 하다. 실제로 미국, 캐나다 주요 기업들은 9월 5일 노동절 이후부터 '사무실 출근'을 본격적으로 늘리려 했지만 직원들의 반발에 부딪혀 어려움을 겪고 있다. 코로나19 이후 인력난이 가중된 상황에서 "재택근무가 없다면 이직을 하겠다"며 직원들이 초강수를 두고 있기 때문이다. 법적으로도 '재택근무'를 보장해야 한다는 움직임까지 일어나고 있어,• 당분간 '재택근무'와 '사무실 출근' 사이에서 머리 아픈 고민을 하는 기업들이 많아질 것으로 보인다.[21]

기업들이 '사무실 출근'을 원하는 이유는 딱 하나다. 바로 재택근무로 인한 '생산성 하락'이 우려되기 때문이다. 최근 연구 결과도 재택근무 증가에 따른 생산성 하락 문제를 지적하고 있다. 미국 댈러스 연방준비은행이 2022년 8월 발표한 보고서에 따르면, 재택근무가 증가한 미국 대도시의 생산성이 실제로 떨어진 것으로 조사됐기 때문이다.[22] 인구가 밀집한 대도시에서는 직장 내 소통, 전문적 네트워크 생성이 원활하게 일어나며 생산성이 더 높아질 수 있었는데 재택근무가 이를 어렵게 만들었다는 것이다. 세계 최대 투자은행 골드먼삭스의 CEO 데이비드 솔로몬 역시 금융업계 특성상 '도제식 교육'이 필요하다며 '주 5일 출근' 방침을 내리기도 했다.[23]

한 가지 더 주목해야 할 점은 이처럼 '관계', '소통'이 줄어들면서 가장 큰 피해를 보고 있는 직장인은 업무 경험을 쌓고 네트워크 형성이 절실한 '주니어 사원'들이란 사실이다. 선배에게 노하우를 전수받거나, 현장에서의 생생한 경험을 쌓는 일이 재택근무로 보기 드문 일이 됐기 때문이다. 실제로 미국 트렌드 조사업체 제너레이

• 최근 네덜란드에서는 '원격근무 유연'를 위한 법을 만들고 있다. 현행법상으로는 근로자가 재택근무를 요청해도 고용주가 이유 없이 거부할 수 있었다. 하지만 2022년 7월 하원을 통과한 법에 따르면 고용주는 근로자의 요청을 신중하게 검토해야 하고, 거부하려면 그 사유를 분명하게 제시하도록 규정되어 있다. 유럽에선 이미 원격 근무의 법적 틀을 갖추기 위한 움직임이 활발하다. 국회입법조사처의 연구자료에 의하면, 스페인, 프랑스, 독일 등에서는 "원격 근무자 차별 금지, 사생활 보장" 등의 내용이 담긴 법률이 입법된 바 있다.

주요 글로벌 기업 '하이브리드 근무'

3M	재택·출근·혼합 등 원하는 방식 선택
스포티파이	집·사무실·회사가 마련한 협업 공간 중 선택
에어비앤비·트위터	영구적 재택근무 허용
리프트	집·사무실 등 근무 장소 선택, 분기별 1회 모임 지원
애플	주 1일 사무실 출근(2022년 9월부터 주 3회 출근)
구글	주 3일 사무실 출근
스티븐슨하우드	최대 주 2일 재택 허용, 급여 20% 삭감 시 전면 재택근무

출처: 외신

션랩이 미국 대학 재학생 및 졸업생을 대상으로 한 조사에 따르면, 젊은 세대들은 '커뮤니티 참여 기회의 제한(78%, 중복 응답)'과 '멘토링을 받지 못하는 것(41%)' 등의 이유로 "전면 사무실 근무"를 원하는 모습을 보이고 있었다.[24]

물론 그렇다고 젊은 직장인들이 앞으로 '사무실 출근'을 원할 것이라고 단언하기도 어렵다. 당장은 업무 경험과 노하우가 부족한 상황이지만, 이들이 어느 정도 경력과 연차를 쌓고 실무진으로 자리 잡게 되면 이야기는 달라질 수 있기 때문이다. 따라서 엔데믹 시대에는 어떤 근무 형태가 더 좋다는 결론보다 새로운 변화에 맞춘 근무제도의 변화가 필요한 것으로 보인다. 최근 주요 글로벌 기업에서 '하이브리드 근무'를 도입하는 것도 이러한 맥락이다. 기업용 메신저 업체 '슬랙Slack'의 보고서에 따르면, 미국, 호주, 프랑스 등 세계 각국의 지식 근로자의 58%가 '하이브리드 근무'를 하고 있다고 응답했으며, 이는 6개월 전 조사 대비 12%p 증가한 수치였다.[25] 앞으로 100% 재택근무는 아니더라도 사무실 출근과 재택을 번갈아 하는 '하이브리드' 근무 형태가 대세로 자리 잡을 것으로 전망된다.

난 이제 지쳤어요,
주원인은 '꼰대 상사' >>>

2022년 7월, CNN, 〈뉴욕타임스〉 등의 해외 외신들이 한국 직장의 고질적 문제로 꼽히는 '직장 내 Gapjil(갑질)' 문화를 소개한 바 있다. 재택근무 축소로 사무실 근무가 많아지면서 상사의 모욕적 언사, 성희롱 문자메시지 등의 직장 내 'Gapjil' 문화가 다시 부활했다는 게 보도의 핵심 내용이다.[26] 그런데 이것이 비단 한국만의 문제는 아닌 듯하다. 최근 여론조사 기관 갤럽이 발표한 〈2022년 글로벌 고용시장 현황 보고서〉에 따르면, 직장에서 스트레스를 받는다고 응답한 비율이 2022년 최고치를 기록한 것으로 나타났다. 스트레스를 받는

출처: CNN

가장 큰 이유는 '직장 내의 부당한 처우'였지만 이 밖에 '상사의 업무 처리 시한 압박', '상사의 지원 부족', '상사의 불분명한 지시', '지나친 업무량' 등 모두 '직장 상사'와 연결된 경우가 많았다.[27]

미국에서 부는 조용한 사직 바람

미국에서는 청년세대를 중심으로 '조용한 사직Quiet Quitting'이란 신조어가 화제가 되고 있다. 직역하면 '직장을 그만둔다'는 뜻이지만, 실제로는 '직장에서 최소한의 일만 하겠다'는 뜻으로 쓰인다. 시작은 미국의 한 20대 엔지니어가 SNS에 올린 영상이었다. 영상 속 그는 "조용한 사직이란 주어진 일 이상을 해야 한다는 생각을 그만두는 것을 말한다"며 "일은 당신의 삶이 아니다. 당신의 가치는 당신이 하는 일의 결과물로 정의되지도 않는다"고 덧붙였다.[28] 이 게시물은 현재 340만 회가 넘는 조회 수를 기록하고 있으며, 이후 '조용한 사직'을 해시태그로 단 게시물이 여러 SNS에서 확산되고 있다. 온라인에서의 열풍은 실제 설문 조사에서도 그대로 감지되고 있다. 미국의 구인 사이트 레주메 빌더Resume Builder가 실시한 최신 조사에서 35~44세 근로자의 25%가 '조용한 사직자'가 되겠다고 응답한 것이다.[29] 미국 언론들은 이 신조어가 "직장인이 직장에서 주어진 것 이상을 하려는 생각을 중단하고 있다는 것을 보여준다"며

■ SNS에서 확산되는 '조용한 사직' 게시물

"조용한 사직자의 대부분은 MZ세대"라고 분석했다.[30]

커지는 노동자들의 분노,
증가하는 파업과 시위 >>>

전 세계적으로 인플레이션이 극심해지고 있는 가운데, 노동계의 시위, 파업 등 투쟁 의지가 뜨겁다. 코로나19 팬데믹을 겪으며 물가는 높아지고, 업무량은 증가했음에도 노동환경은 크게 개선되지 않았기 때문이다. 세계 곳곳에서 철도, 화물, 통신 등의 공공서비스 부분에서 파업이 일어나고 있으며, 중남미에서는 노동자들의 항의가

전 세계 주요 노조 파업 및 관련 시위

	부문	시기(파업 예고 및 예상 포함)
영국	철도	6월 21·23일, 7월 27일, 8월 18·20일
	통신	7월 29일, 8월 1일
프랑스	항공(파리 샤를드골공항)	7월 1~14일
스페인	항공(저비용 항공사 이지젯)	7월 초
덴마크·스웨덴·노르웨이	항공(스칸디나비아 항공)	7월 4~19일
이탈리아	항공(로마 레오나르도다빈치 국제 공항)	7월 17일
미국	화물 철도	9월 중순
아르헨티나	화물 트럭	6월 23일~30일
페루	화물 트럭	6월 27일~현재
에콰도르	원주민 단체	6월 13일~30일
파나마	원주민 단체	7월 1일~현재

출처: 외신 종합(2022년 10월 현재 기준)

파업을 넘어 반정부 시위로도 확대되고 있는 모습이다. 국제 구호 단체 옥스팜의 매트 그레인저 정책 담당자는 "팬데믹(대유행)으로 불평등이 심화해 그 후유증이 이제야 나타나고 있다"며 "점점 더 많은 시위를 보게 될 것"이라고 우려했다.[31]

MZ세대를 중심으로 부는 노조 붐

대퇴사 시대를 맞고 있는 미국에서는 최근 '노조' 결성 열풍이 불고 있다. 미 CNBC 방송에 따르면, 2021년 10월부터 2022년 3월까지 미 노동관계위원회(NLRB)에 접수된 노조 대표자 인정 요청 건수는 1,174건으로, 이전 해 같은 기간보다 57% 증가한 것으로 나타

미국 내 노조 설립 청원 제출 건수

단위: 건, 상반기 기준

미국 대기업 노조 설립 현황

스타벅스	아마존	블리자드	애플
2021년 12월	2022년 4월	2022년 5월	2022년 6월

났다.[32] 최근 '무노조 경영' 원칙을 갖고 있던 스타벅스, 아마존, 애플 등에서도 줄줄이 노조가 설립되기도 했다.

이러한 흐름의 중심에는 2030세대 젊은 노동자들이 있다. 여론조사 기관 갤럽에 따르면, 18~34세의 노조 지지율은 77%로, 35~54세(63%), 55세 이상(65%)보다 크게 웃도는 결과를 보였다.[33] 젊은 세대들이 노조 활동에 관심을 갖는 이유는 (이들 역시 한국의 MZ세대와 유사하게) '공정'과 '정의'의 가치를 중요하게 생각하기 때문인 경우가 많았다.

전문가들은 코로나19 이후 갈수록 양극화는 심해지고 인력난은 가중되면서 직장에서의 '공정한 대우'를 원하는 젊은 층이 증가하고 있기 때문으로 현상을 분석하고 있다.

직장 생활에서 '일'로만 연결된 관계가 더욱 강화될 거라는 점이다.

역으로 사적 관계는 이전보다 낮은 수준으로 연결될 가능성이 있어 보인다.

재택근무 경험은 '관계의 기술'보다

'업무의 효용성'과 '생산성'이 더 중요하다는 것을 체감한

결정적 사건이었다.

뷰카(VUCA) 시대, 직장인으로 산다는 것

'작은' 회식의 부활, 소수 집중의 인간관계, 문제는 '머니'

2030세대가 ""
'직장 회식'에 대한 태도를 바꾸고 있다

직장인들이 지출 '0원'에 도전하고 있다. 가까운 거리는 걸어 다니고, 거울을 보며 혼자 이발하고, 냉장고를 샅샅이 뒤져 식사를 준비하고, 도시락을 싼다. 값비싼 프랜차이즈 커피도 마다하며, 포인트를 꼼꼼히 챙기고, 중고 거래를 찾고, 무료 나눔을 신청한다. 하루 지출 '0원'으로 버티고 이것을 SNS에 인증하는 '무지출 챌린지'다. 일상생활을 유지하는 데 필요한 지

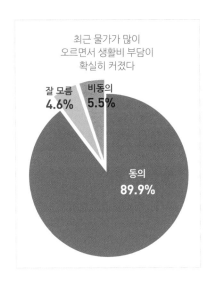

최근 물가가 많이
오르면서 생활비 부담이
확실히 커졌다

잘 모름
4.6%

비동의
5.5%

동의
89.9%

출을 '제로^{zero}'로 만든다는 것은 사실상 불가능하다. 통신비나 교통비, 전기료 등의 고정비는 줄일 수가 없기 때문이다. 그래서 이 무지출 챌린지의 핵심은 당장 눈에 보이는 식비와 커피 등의 부식비를 줄이는 일상적인 소비 활동에서의 무지출이다.

2022년 7월부터 갑작스럽게 급증한 이런 소비자들의 '무소비' 행동은, 같은 달 소비자물가 상승률이 6.3%까지 치솟은 시기[1]와 정확하게 일치한다. 때아닌 가계부 판매 급증[2] 현상도 이 갑작스러운 물가 상승과 맞물려 있다. 이 시기(2022년 7월)에 20대부터 50대까지 직장인들을 대상으로 실시한 조사에서도 이런 생활 물가의 체감도는 고스란히 반영돼 있다. 거의 모든 직장인들이 고물가의 상황을 직접적으로 경험하고 있었던 것이다(요즘 일상에서 물가 인상을 체감하는 편이다 - 96.9%, 최근 물가가 많이 오르면서 생활비 부담이 확실히 커졌다 - 89.9%).[3] 다만, 이런 고물가 시대에 대응하는 양상은 세대에 따라 다르게 나타나고 있었다.

2030세대 직장인들은 도시락을 싸 가지고 다니거나, 점심 식사 후 커피값 등의 식비를 우선적으로 아끼는 경향이 상대적으로 강하게 나타난 반면(직장에서 도시락 등으로 혼자 식사를 해결하는 사람들이 많아졌다 - 20대 56.0%, 30대 52.8%, 40대 52.4%, 50대 50.0%, 점심 식사 후 브랜드

커피보다는 저렴한 커피를 좀 더 마시게 된 편이다 - 20대 66.0%, 30대 66.0%, 40대 64.0%, 50대 59.6%, 점심 식사 후 커피를 먹는 빈도가 줄어든 편이다 - 20대 57.2%, 30대 55.2%, 40대 50.4%, 50대 50.8%), 4050세대는 저녁 약속이나 술자리 약속을 줄이는 방식으로 비용을 줄이는 경향이 강했다 (예전보다 회식, 모임 등에 참가하는 경우가 줄어든 편이다 - 50대 70.4%, 40대 70.8%, 30대 62.8%, 20대 59.6%, 저녁에 술 약속을 잡는 경우가 줄어든 편이다 - 50대 71.2%, 40대 70.4%, 30대 63.2%, 20대 58.8%).[4] 지금 당장의 일상적이고 반복적인 소비를 줄여야 하는 이슈는 상대적으로 젊은 세대(2030)가 좀 더 직접적으로 경험하고 있는 것으로 보인다.

고물가 시대에 대응하는 전략적 대응의 디테일은 각 세대가 처한 경제적 상황에 따라 다르지만, 공통적으로는 '밥'을 매개로 하는 인간관계를 줄이고 있었다. 혼자 식사를 해결하려고 하거나, 식사를 매개로 하는 만남을 줄이려고 하는 것이다. 2020년 코로나19 팬데믹 초기, 정부의 방역 지침(사회적 거리 두기)으로 반강제적으로 권유를 받았던 인간관계의 빈도와 강도가 고물가로 인해 다시 한번 줄

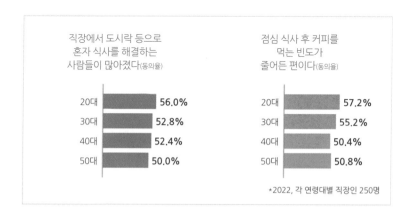

직장에서 도시락 등으로
혼자 식사를 해결하는
사람들이 많아졌다(동의율)

20대	56.0%
30대	52.8%
40대	52.4%
50대	50.0%

점심 식사 후 커피를
먹는 빈도가
줄어든 편이다(동의율)

20대	57.2%
30대	55.2%
40대	50.4%
50대	50.8%

*2022, 각 연령대별 직장인 250명

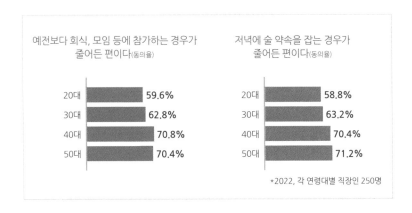

예전보다 회식, 모임 등에 참가하는 경우가 줄어든 편이다(동의율)		저녁에 술 약속을 잡는 경우가 줄어든 편이다(동의율)	
20대	59.6%	20대	58.8%
30대	62.8%	30대	63.2%
40대	70.8%	40대	70.4%
50대	70.4%	50대	71.2%

*2022, 각 연령대별 직장인 250명

어들고 있는 상황으로 변하고 있다.

이런 상황에서 직장인들에게 눈에 띄는 변화가 한 가지 관측된다. 특히 무지출 챌린지에 가장 크게 반응하고 있는 2030 직장인들의 '회식에 대한 태도 변화'다. 무지출 챌린지에 대한 관심이 확산되던 2022년 7월에 진행한 조사에서 2030세대 직장인들의 상당수는 회사에서의 식사 모임(예: 팀, 부서 회식)에 참석하려는 의도가 선배 세대인 4050세대들에 비해 매우 강했다(주로 법인 카드를 쓰는 식사 자리(팀, 부서 회식 등)는 부담 없이 참석하는 편이다 - 20대 70.8%, 30대 68.4%, 40대 58.8%, 50대 55.2%).[5] 이 태도는 불과 3개월 전인 2022년 4월에 실시한 조사에서 나타난 직장 회식에 대한 부정적인 이미지와는 180도 달라진 결과였다. 얼마 전까지만 해도 2030세대에게 '직장 회식'의 이

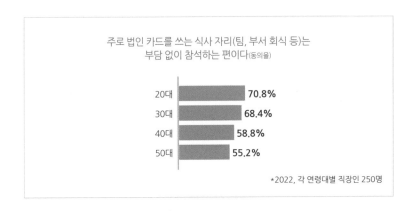

주로 법인 카드를 쓰는 식사 자리(팀, 부서 회식 등)는
부담 없이 참석하는 편이다(동의율)

20대	70.8%
30대	68.4%
40대	58.8%
50대	55.2%

*2022, 각 연령대별 직장인 250명

미지는 '귀찮고', '불편하고', '피하고 싶으며', 그래서 '싫고', '짜증 나는' 것이었기 때문이다(직장 내 '회식' 관련 연상 이미지 - 2030세대 1순위 '귀찮은', 2순위 '불편한', 3순위 '피하고 싶은', 4순위 '싫은', 5순위 '짜증 나는').[6] 즉, 회식 자체는 여전히 싫고 귀찮은 자리지만 '법인 카드'로 공짜로 즐길 수 있는 밥, 회식 자리는 (식비를 줄일 수 있으니까) 웬만하면 참석하려는 태도로 변했다고 볼 수 있다.

물가는 걷잡을 수 없이 오르고, 금리도 빠르게 올라 돈을 빌려서 투자할 수도 없는 상황. 여기에 기존 부채의 이자는 계속 불어나는 삼중고의 진퇴양난. 이제 2030세대의 고민은 깊어질 수밖에는 없는 상황이 됐다. 특히 2030 직장인들에게 있어서 그 고민의 방향은 자신들이 현재 몸을 담고 있는 '직장 생활'로 향할 수밖에 없다. 그렇다면, 이렇게 불과 몇 달 만에 직장 내 회식 문화에 대한 2030세대의 태도를 급변하게 한 외부 환경의 변화가 직장 생활에는 어떤 영향을 주었을까?

결론은 또다시 '자기 계발' 🙌

지금 많은 직장인들은 경제적 자유를 누리는 삶을 뒤로 미루고 있었다(앞으로 경제적 자유를 누리는 삶을 이루기는 힘들 것 같다 - 69.4%).[7] 그리고 현재의 일에 좀 더 집중해서 연봉을 올리거나 혹은 투자가 아닌 다른 부업을 찾거나, 이직 등의 방법으로 수입을 늘리는 편이 현실적인 방법이라고 생각하는 듯 보인다(직장인들은 직장을 더 열심히 다녀야겠다는 생각이 들 것 같다 - 62.5%, 연봉 협상, 이직 등으로 몸값을 올려야겠다는 생각이 더 커질 것 같다 - 79.1%, N잡이나 부업을 찾는 직장인들이 더 많아질 것 같다 - 88.2%).[8] 당장은 투자를 통한 자산을 키우는 것보다는 고정적인 수입을 늘리는 데 더 집중하고 있는 것이다(고물가 시기 대처 방안 - 지출 줄이기(43.0%), 투자/재테크로 자산 늘리기(29.4%), 이직/투잡 등으로 수입 늘리기(27.5%)).[9]

이러한 태도는 지난 2년간 투자에 쏠려 있던 관심의 일부를 조직 내부로 향하게 하는 것으로 보인다. 많은 직장인들이 현재의 고물가·고금리 시대를 경험하면서 현재의 직장, 직장 생활, 또는 자신이 하고 있는 일에 대해 고민을 하고 있었고, 이러한 경향은 딱 1년 전보다 대부분 증가하는

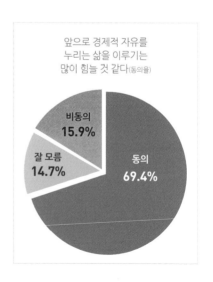

앞으로 경제적 자유를 누리는 삶을 이루기는 많이 힘들 것 같다(동의율)

비동의 15.9%

잘 모름 14.7%

동의 69.4%

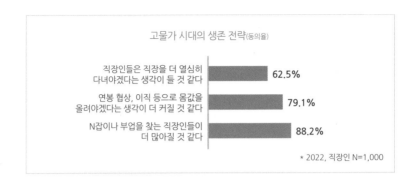

고물가 시대의 생존 전략(동의율)

직장인들은 직장을 더 열심히
다녀야겠다는 생각이 들 것 같다　62.5%

연봉 협상, 이직 등으로 몸값을
올려야겠다는 생각이 더 커질 것 같다　79.1%

N잡이나 부업을 찾는 직장인들이
더 많아질 것 같다　88.2%

* 2022, 직장인 N=1,000

경향을 보이고 있었기 때문이다(우리 회사가 '좋은' 회사인지를 생각해보는 계기가 됐다 - 54.3%(2021)→56.7%(2022), 재택근무를 하면서 내가 하고 있는 '일'에 대한 의미를 생각해보게 됐다 - 39.5%(2021)→49.8%(2022)).[10] 특히 눈에 띄는 것은 내가 속한 조직(회사)뿐만이 아니라 자신의 일에 대한 역량을 고민하게 됐다는 점이다(현재 내가 하고 있는 일에 대한 '나의 역량'을 생각해보게 됐다 - 50.7%(2021)→52.1%(2022)). 이 경향은 상대적으로 젊은 세대에게서 좀 더 높게 나타나고 있었다(자신의 역량에 대한 성찰 - 20대(55.2%), 30대(52.8%), 40대(52.4%), 50대(48.0%)).[11]

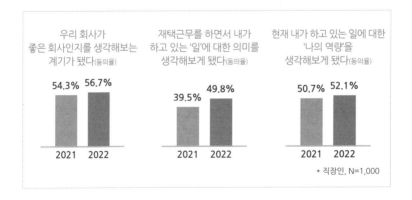

우리 회사가
좋은 회사인지를 생각해보는
계기가 됐다(동의율)

54.3% 56.7%

2021 2022

재택근무를 하면서 내가
하고 있는 '일'에 대한 의미를
생각해보게 됐다(동의율)

39.5% 49.8%

2021 2022

현재 내가 하고 있는 일에 대한
'나의 역량'을
생각해보게 됐다(동의율)

50.7% 52.1%

2021 2022

* 직장인, N=1,000

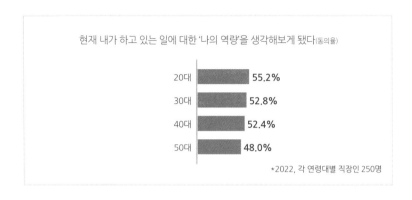

현재 내가 하고 있는 일에 대한 '나의 역량'을 생각해보게 됐다(동의율)

20대	55.2%
30대	52.8%
40대	52.4%
50대	48.0%

*2022, 각 연령대별 직장인 250명

　고물가 시대를 견디고 있는 직장인들의 이런 태도는 자기 계발에 대한 인식에도 고스란히 드러나고 있었다. 10명 중 7명이 넘는 직장인들이 자기 계발에 대한 관심을 보이고 있었던 것이다(70.0%).[12] 다수의 직장인들은 자신의 가치를 높여 스스로 대체 불가능한 재원이 되거나(나의 가치를 높여 대체 불가능한 사람이 되는 것이 가장 좋은 재테크 방식이다 - 77.3%), 자신에게 투자하는 방식이 성공 가능성이 가장 높은 재테크 방식이라는 데 동의하고 있었다(나에게 하는 투자는 성공 가능성이 가장 높은 재테크 방식이다 - 63.5%).[13] 그리고 10명 중 8명이 넘는 직장인들이 이런 방식의 자기 계발 투자가 더 많아질 것으로 전망했다(앞으로 '나'에게 여러 가지 방법으로 투자를 하려는 사람들이 점점 더 많아질 것이다 - 81.8%).[14]

　자기 계발에 돈과 시간을 투자하려는 의향에는 앞으로 큰 수익을 기대하려는 태도보다는 손실을 줄이려는 태도가 깔려 있다. 자기 계발 투자는 수익률에 상관없이 '실패하지 않을 투자 형태'로 인식되고 있기 때문이다(향후 10년간 수익 기대 투자 형태 - 자기 계발 8.6%,

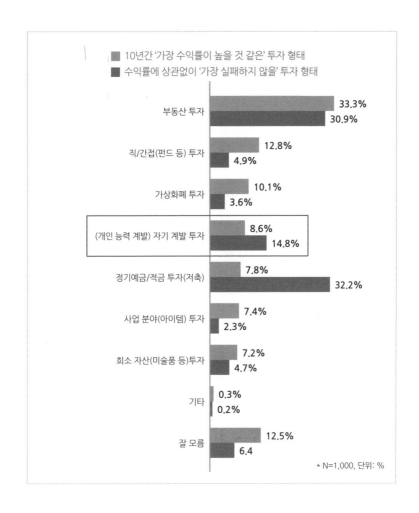

■ 10년간 '가장 수익률이 높을 것 같은' 투자 형태
■ 수익률에 상관없이 '가장 실패하지 않을' 투자 형태

부동산 투자	33.3%	30.9%
직/간접(펀드 등) 투자	12.8%	4.9%
가상화폐 투자	10.1%	3.6%
(개인 능력 계발) 자기 계발 투자	8.6%	14.8%
정기예금/적금 투자(저축)	7.8%	32.2%
사업 분야(아이템) 투자	7.4%	2.3%
희소 자산(미술품 등)투자	7.2%	4.7%
기타	0.3%	0.2%
잘 모름	12.5%	6.4

* N=1,000, 단위: %

가장 실패하지 않을 투자 형태 – 자기 계발 14.8%).[15] 당분간 투자에 보수적인 태도가 확산될 가능성이 높은 시대에 직장인들은 돈과 시간의 낭비가 비교적 적은 자기 계발 분야에 좀 더 투자하게 될 가능성이 높아 보인다. 그렇다면, 사람들은 어떤 분야에서 자신의 역량을 높이고 싶은 것일까?

자기 계발이 "
'몸' 관리와 '돈' 공부에 몰려 있는 이유

현재의 직장인들이 희망하는 자기 계발은 우선 자신의 건강에 도움이 되는 것들이었다(54.4%, 중복 응답).[16] 다음으로 취미 생활(48.4%), 투자·경제 활동 관련(47.1%), 새로운 기술이나 스킬 배움(36.8%), 새로운 직업을 얻는 데 도움이 되는 자기 계발(31.4%)순이었다.[17] 한편 실제로 현재 하고 있는 자기 계발 활동의 패턴도 이 희망 사항과 유사했는데 체력·건강 관리(43.7%, 중복 응답), 재테크·투자 공부(34.1%), 나만의 루틴 만들기(25.5%), 운동 배우기(25.2%), 다양한 책 읽기(23.2%)순이었다.[18]

현재 하고 있는 자기 계발 항목과 향후 희망 사항을 종합해보면, 전체적으로 직장인들의 자기 계발 1순위는 자신의 '몸'을 좀 더 건강한 상태로 관리하는 것으로 보인다. 여기에 투자나 경제 상황에 대한 공부에도 끊임없이 관심을 가지고 있는 것으로 보인다. 현재 자신이 속한 회사의 직무 자체에 대한 지식을 높이거나(19.2%, 중복 응답), 직무 관련한 자격증을 공부(19.2%, 중복 응답)하는 비율은 자기 계발의 항목에서 상대적으로 낮은 편이었다. 조직 내에서의 경쟁력을 높이는 방식의 자기 계발은 현재의 우선순위에서 밀려나 있었다. 그렇다면, 현재 직장인들의 자기 계발은 회사를 옮기는 이직을 염두에 둔 포석일까? 조사 결과로만 보면 딱히 그렇게 볼 수는 없어 보인다. 현재 속한 조직에 계속 머물고 싶다는 의향은 낮았지만(현재 내가 속한 조직에 앞으로도 계속 머물고 싶다 – 27.6%), 여러 조직(또는

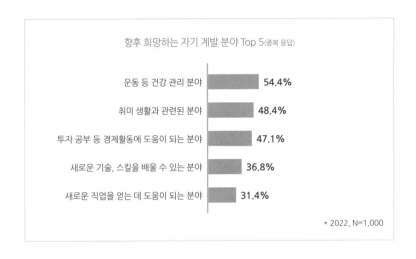

향후 희망하는 자기 계발 분야 Top 5(중복 응답)

운동 등 건강 관리 분야	54.4%
취미 생활과 관련된 분야	48.4%
투자 공부 등 경제활동에 도움이 되는 분야	47.1%
새로운 기술, 스킬을 배울 수 있는 분야	36.8%
새로운 직업을 얻는 데 도움이 되는 분야	31.4%

* 2022, N=1,000

회사)으로 옮겨 다니며 일을 하는 것에 대한 의견은 더욱 부정적이었기 때문이다(한 조직에 충성하기보다 여러 조직으로 옮겨 다니며 일을 하는 것이 중요하다고 생각한다 – 15.0%).[19] 한 조직에 충성하는 것만이 좋다고 보지는 않지만, 여러 조직(회사)을 옮겨 다니는 것도 부담이 큰 상황인 것이다.

현재 직장인들이 조직에 대해 가지고 있는 고민을 적나라하게 보여주는 이 결과는, 급변하는 현대사회라는 보다 큰 프레임에 대한 관점 속에서 이해할 수 있다. 직장인들은 지금 내가 속한 조직(회사)의 문제라기보다는 '우리 회사를 포함하고 있는 사회'가 너무 급변하고 있다고 느끼고 있었다. 이것을 정확하게 보여주는 자료가 있다.

일본의 저명한 경영 컨설턴트

현재 내가 속한 조직에 앞으로도 계속 머물고 싶다		한 조직에 충성하기보다 여러 조직으로 옮겨 다니며 일을 하는 것이 중요하다고 생각한다
27.6%	**VS.**	15.0%

* 2022, 직장인 N=1,000

인 야마구치 슈는 현대사회를 '뉴타입NEWTYPE'의 사고와 행동 양식이 필요한 시대로 정의한다. 야마구치 슈가 정의하는 뉴타입의 시대는 앞선 시대의 논리와 질서에 얽매이지 않고 유연하게 지식과 교양을 '리셋reset'하며 새로운 시대의 의미와 가치, 부를 창출해내는 사고와 행동의 패러다임이 지배하는 시대를 의미한다.[20] '올드타입OLDTYPE' 이라는 개념이 기존의 문제를 푸는 것에 집중하는 태도라면, 뉴타입은 문제가 무엇이고, 그 문제를 어떻게 정의해야 하는가에 집중하는 행동 양식이라는 것이다. 야마구치 슈는 이런 변화의 행동 양식의 기반에는 현대사회의 변동성Volatility, 불확실성Uncertainty, 복잡성Complexity, 모호성Ambiguity의 네 가지 특성, 즉 '뷰카VUCA'가 있다고 전제한다.[21] 실제로 직장인들 역시 현대사회가 '뷰카적인 특성(변동성, 불확실성, 복잡성, 모호성)을 지니고 있다는 데 동의하고 있었다. 특히 이 뷰카적 특징이 코로나 이후 그 폭이 더욱 커졌다는 데 매우 적극적으로 동의하고 있었다(동의율: 변동성 - 72.8%, 불확실성 - 77.5%, 복잡성 - 65.2%, 모호함 - 65.1%).[22]

정리하면 이렇다. 현재의 직장인들은 자기 계

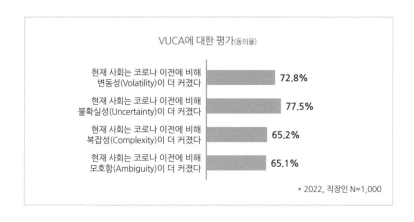

VUCA에 대한 평가(동의율)

현재 사회는 코로나 이전에 비해 변동성(Volatility)이 더 커졌다	72.8%
현재 사회는 코로나 이전에 비해 불확실성(Uncertainty)이 더 커졌다	77.5%
현재 사회는 코로나 이전에 비해 복잡성(Complexity)이 더 커졌다	65.2%
현재 사회는 코로나 이전에 비해 모호함(Ambiguity)이 더 커졌다	65.1%

* 2022, 직장인 N=1,000

발에 관심이 많다. 자기 계발의 방향은 크게 건강을 챙기는 방향과 투자·재테크 등으로 직접적으로 자신의 몸을 관리하고, 돈을 관리하는 방향이 주를 이루고 있는 것으로 보인다. 이른바 자신의 '몸값'을 높여 더 높은 연봉과 경쟁력으로 조직 내부의 경쟁력을 높이는 방식은 대세가 아닌 것으로 보이는데, 궁극적인 이유는 자신이 몸담고 있는 외부 환경(사회)의 불확실성과 복잡성, 변동성, 모호성이 이전에 비해 현저하게 커졌기 때문이다. 이런 태도는 현재 직장인들의 대다수가 회사가 어느 순간에는 개인을 지켜주지 못한다는 견고한 믿음을 가지고 있다는 조사 결과로도 확인된다(내가 아무리 열심히 회사 생활을 해도 내가 어려운 순간 회사는 나를 지켜주지 않는다 - 71.4%).[23] '내가 얼마나 회사 생활을 열심히 하는가'라는 문제와, '회사가 나의 생존을 지켜줄 수 있는가'는 다른 문제인 것이다. 나의 생존은 스스로가 지킬 수밖에는 없다는 신념이 전제돼 있는 것이다. 이런 관점에서 볼 때, 현재 어떻게 보면 가장 큰 리스크가 될 수 있는 '건강'을 관리하고, '돈 공부'에 쏟고 있는 직장인들의 자기

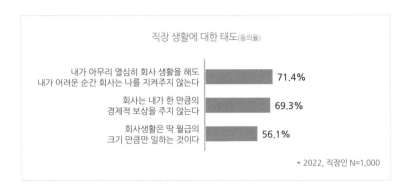

직장 생활에 대한 태도(동의율)

내가 아무리 열심히 회사 생활을 해도 내가 어려운 순간 회사는 나를 지켜주지 않는다	71.4%
회사는 내가 한 만큼의 경제적 보상을 주지 않는다	69.3%
회사생활은 딱 월급의 크기 만큼만 일하는 것이다	56.1%

* 2022, 직장인 N=1,000

계발에 대한 관심은 불확실한 미래를 버텨내기 위한 '최소한의 안전판'이 될 수 있다.

연봉만 많이 준다면 〃
무슨 일이든 할 수 있다?

그렇다면 이렇게 외부 환경에 대한 불확실성, 복잡성, 변동성, 모호성이 높은 상황과 물가가 가파르게 치솟는 상황에서, '수입(연봉, 몸값)'이 오른다면 직장 생활은 안정될까? 실제 조사 결과, 현재의 직장인들이 가지고 있는 '연봉'에 대한 집착은 매우 컸다. 이런 경향은 데이터를 통해서도 확인되고 있었다. 10명 중 8명에 가까운 직장인들이 연봉만큼 중요한 것은 없다고 평가했는데, 이 경향은 딱 1년 전에 비해 급격하게 증가했던 것이다(연봉만큼 직장인들에게 중요한 것은 없다 - 65.3%(2021)→78.5%(2022)).[24] 또한 연봉 이외의 조건들에 대한 중요도는 현저하게 떨어지고 있었고(회사를 다니는 데는 '연봉'보다 중요한 조건들이 많다-59.1%(2021)→52.5%(2022), 높은 연봉이 전부는 아니다-55.1%(2021)→49.7%(2022)), 심지어 높은 연봉이 보장된다면 일은 아무리 힘들어도 다닐 수 있다는 경향도 크게 높아진 모습을 보이고 있었던 것이다(높은 연봉이라면 아무리 힘들어도 다닐 수 있다-38.2%(2021)→48.1%(2022)).[25] 그런데 높은 연봉이 보장된다면, 일의 내용은 묻지도 따지지도 않겠다는 이 생각. 정말로 가능한 생각일까? 절반가량의 직장인들이 가지고 있는 이런 생각을 검증하기 위해 실험적인 조사를 진행했는데, 결과가 매우 흥미롭다.

프리랜서나 독립적으로 일하는 직업이 아닌 이상, 조직 생활을 기본으로 하는 직장 생활에서 높은 연봉은 '높은 책임(영업 책임, 업무 시간의 양, 관리해야 하는 조직의 크기 등)'을 동반한다. 그래서 절대다수의 회사에서 높은 연봉은 회사의 매출과 책임의 크기에 비례한다. 이런 전제에서 연봉과 트레이드오프(맞교환)되는 수준으로 세 가지 조건(업무 시간의 양/선택권, 매출 영업 규모, 관리해야 하는 조직의 크기)으로 단순화해서 질문을 구성했다.[26] 연봉을 5단계로 구성하고(3,000만, 5,000만, 7,000만, 1억, 3억), 각각 업무 시간의 양을 각 단계에 맞춰 질문했을 때 연봉×업무 시간의 조합 중 직장인들이 가장 선호하는 선택지는 '연봉 5,000만 원'과 '연봉 7,000만 원'의 정도에 맞는 업무 시간 수준이었다(연봉 5,000만 원+근무시간 통화 대기+주 1일 야근+주말·휴일 근무 없음: 선호율-31.8%, 연봉 7,000만 원+근무시간 통화 대기+주 3일 야근+주말·휴일 근무 없음: 선호율-29.3%).[27] 보기에서 최고 연봉인 3억 원의 옵션(연봉 3억 원+상시 통화 대기+주 5일 야근+월 3회 이상 주말·휴일

근무)을 선택한 직장인들은 14.1%에 불과했다.[28]

  이런 경향은 연봉 크기에 따른 '매출 영업 의무'에 대한 트레이드
오프 설문에서도 나타났다. 직장인들이 가장 선호하는 연봉에 따
른 영업 의무 조합은 연봉 7,000만 원 수준(7,000만 원+연봉만큼의
영업 의무+주어진 업무+상황에 따른 출퇴근 조절: 선호율 – 28.6%)과 연봉
3,000만 원 수준(3,000만 원+영업 의무 없음+주어진 업무+정해진 출퇴
근 시간 엄수+잔업 없음, 칼퇴근 보장: 선호율 – 24.0%)인 것으로 나타났던
것이다.[29] 최고 연봉(3억 원)에 따른 옵션을 수용하는 직장인들은 단
14.9%였다.[30] 조직 관리에 대한 트레이드오프 의무에 대한 응답도
유사한 경향이 있었는데, 연봉 7,000만 원에 5~7명 규모의 조직 관
리 의무에 대한 선호가 가장 높게 나타났으며(29.6%), 다음으로 연
봉 1억 원, 3억 원의 옵션(연봉 1억 원+10명 이상: 선호율 – 20.6%, 연봉 3
억 원+20명 이상: 선호율 – 19.8%)순이었다.[31]

  정리해보면, 10명 중 1~2명의 직장인들은 최대한의 연봉에 맞는
책임을 끌어안을 용의가 있었지만, 더 많은 직장인들은 '과도하지
않은 수준의 업무량'을 전제로 한 연봉 수준을 원했다. 주중에 할 수
있는 수준의 업무량에, 적정 수준의 팀원들과, 주어진 업무를 잘 처
리하는 업무 중심의 연봉을 선택한 직장인들이 가장 많았다. 많은
연봉을 원하는 것처럼 보이지만, 실제로 정해진 업무 시간을 초과
해 일상의 상당 부분을 갈아 넣으면서까지 높은 연봉과 맞바꾸려고
하는 직장인들은 생각보다 많지 않았던 것이다.

  회사의 업무나 사업의 내용은 굉장히 다양하기 때문에 여기서 제
시한 단순한 형태가 대부분의 업무를 포괄할 수는 없다. 다만, 회

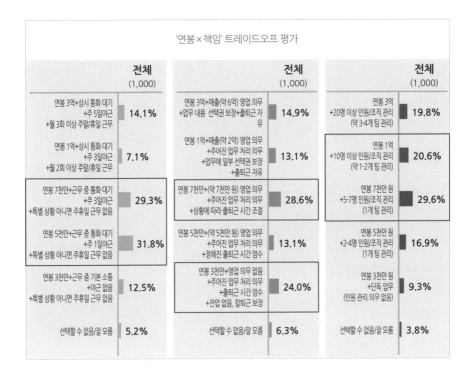

'연봉×책임' 트레이드오프 평가

전체 (1,000)		전체 (1,000)		전체 (1,000)	
연봉 3억+상시 통화 대기 +주 5일야근 +월 3회 이상 주말/휴일 근무	14.1%	연봉 3억+매출(약 6억) 영업 의무 +업무 내용 선택권 보장+출퇴근 자유	14.9%	연봉 3억 +20명 이상 인원/조직 관리 (약 3-4개 팀 관리)	19.8%
연봉 1억+상시 통화 대기 +주 3일야근 +월 2회 이상 주말/휴일 근무	7.1%	연봉 1억+매출(약 2억) 영업 의무 +주어진 업무 처리 의무 +업무에 일부 선택권 보장 +출퇴근 자유	13.1%	연봉 1억 +10명 이상 인원/조직 관리 (약 1-2개 팀 관리)	20.6%
연봉 7천만+근무 중 통화 대기 +주 3일야근 +특별 상황 아니면 주휴일 근무 없음	29.3%	연봉 7천만+(약 7천만 원) 영업 의무 +주어진 업무 처리 의무 +상황에 따라 출퇴근 시간 조절	28.6%	연봉 7천만 원 +5-7명 인원/조직 관리 (1개 팀 관리)	29.6%
연봉 5천만+근무 중 통화 대기 +주 1일야근 +특별 상황 아니면 주휴일 근무 없음	31.8%	연봉 5천만+(약 5천만 원) 영업 의무 +주어진 업무 처리 의무 +정해진 출퇴근 시간 엄수	13.1%	연봉 5천만 원 +2-4명 인원/조직 관리 (1개 팀 관리)	16.9%
연봉 3천만+근무 중 기본 소통 +야근 없음 +특별 상황 아니면 주휴일 근무 없음	12.5%	연봉 3천만+영업 의무 없음 +주어진 업무 처리 의무 +출퇴근 시간 엄수 +잔업 없음, 칼퇴근 보장	24.0%	연봉 3천만 원 +단독 업무 (인원 관리 의무 없음)	9.3%
선택할 수 없음/잘 모름	5.2%	선택할 수 없음/잘 모름	6.3%	선택할 수 없음/잘 모름	3.8%

사 내의 책임의 크기와 연봉의 크기가 비례한다는 전제만 놓고 본
다면, 현재 직장인들의 '높은 연봉'과 맞교환 가능한 '책임의 크기'는
일정한 한계가 전제돼 있다는 것을 알 수 있다. 연봉만 많이 준다
면, '어떤 일이든 할 수 있다'는 것은 현재 직장인들이 가지고 있는
불확실성이 높은 외부 환경에 대한 불안감의 표현일 뿐 직장 생활
에서의 책임의 크기에 비례하는 현실적인 판단은 아닐 가능성이 높
은 것이다.

경험하면서도 자각하지 못하는 만족 요인 "
: 직장 내 인간관계

높은 연봉에 대한 열망은 현재 직장인들의 불안감을 반영한다. 하지만 조직에서의 큰 책임을 떠맡지 않는 한 현실적으로 높은 연봉은 불가능하다. 그렇다면, 높은 연봉이 담보되지 않는 조직에서 현재와 같은 어려운 경제적 상황을 견딜 수 있는 방법은 무엇일까? 현재의 직장에 비교적 높은 만족도를 가지고 있는 동료 직장인들에게서 힌트를 찾아볼 수 있을 것 같다. 이 문제를 푸는 단서는 조직 내 인간관계에 있는 것으로 보인다.

현재의 조직에서 만족도가 높은 사람과 낮은 사람을 비교한 결과, 조직 내의 인간관계가 회사 생활을 유지하는 데 얼마나 중요한지를 확인할 수 있었다. 현 직장에서 만족도가 높은 사람들은 회식 참석과 퇴근 후 식사나 개인적인 만남의 빈도가 만족도가 낮은 사람들

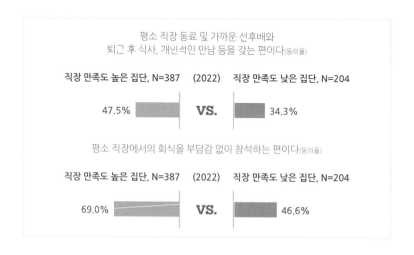

에 비해 더 잦았다(평소 직장 동료 및 가까운 선후배와 퇴근 후 식사, 개인적인 만남 등을 갖는 편이다 - 직장 만족도 높은 집단 47.5% vs. 직장 만족도 낮은 집단 34.3%, 평소 직장에서의 회식을 부담감 없이 참석하는 편이다 - 직장 만족도 높은 집단 69.0% vs. 직장 만족도 낮은 집단 46.6%).[32] 사적인 소통도 더 잦았으며(평소 직장 동료와 개인적인 대화(메시지)를 자주 나누는 편이다 - 직장 만족도 높은 집단 47.0% vs. 직장 만족도 낮은 집단 36.3%, 직장 동료에게 개인적인 사생활 등을 종종 이야기하는 편이다 - 직장 만족도 높은 집단 59.2% vs. 직장 만족도 낮은 집단 45.1%), 회사 내 인간관계는 회사를 그만둔다고 끝나는 관계가 아니며(직장 생활의 인간관계는 회사를 그만두면 끝나는 관계이다: 비동의율 - 직장 만족도 높은 집단 56.6% vs. 직장 만족도 낮은 집단 40.7%), 그래서 회사 생활은 인간관계 없이 그저 일만 하는 곳이라는 생각에 반대하는 경향이 강했다(회사는 인간관계 등은 상관없이 그저 나에게 맡겨진 일만 잘하면 되는 곳이다: 비동의율 - 직장 만족도 높은 집단 69.3% vs. 직장 만족도 낮은 집단 43.1%).[33]

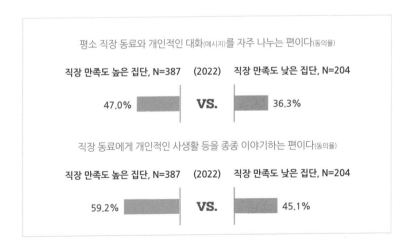

인간관계라는 단 하나의 변수로 지속 가능한 조직 생활의 모든 것을 설명할 수는 없다. 개인별로 경제적 상황이 현저하게 다르고, 연봉이 그 개인의 문제를 해결하는 데 중요도와 비중이 전혀 다르게 다가가기 때문이다. 다만, 현재의 직장 생활에서 얼마나 만족하느냐와 관계없이 상당수의 직장인들이 조직 내의 인간관계가 일의 만족도나 조직 생활을 잘 버텨내게 해주는 중요한 항목이라는 데는 동의하고 있었다(직장에서의 원만한 인간관계는 일의 만족도를 높일 수 있는 동기(계기)가 될 수 있다 - 75.6%, 직장에서의 원만한 인간관계는 '회사 생활에 의미'를 부여할 수 있는 동기(계기)가 될 수 있다 - 74.1%).[34] 특히 현재의 직장 생활에서 만족도가 낮은 사람들의 상당수(10명 중 7명 이상)도 어려운 회사 생활을 버티게 해주는 중요한 버팀목이 '동료'라는 것에 동의하고 있었다(직장에서의 원만한 인간관계는 일의 만족도를 높일 수

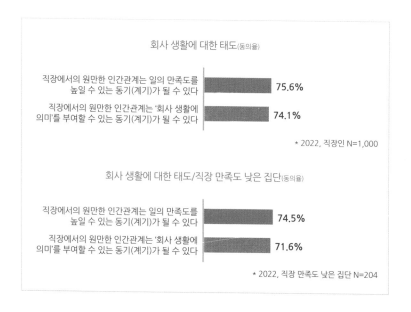

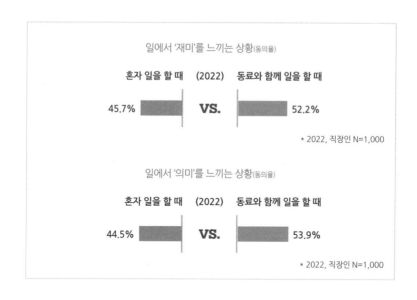

일에서 '재미'를 느끼는 상황(동의율)

혼자 일을 할 때 　(2022)　 동료와 함께 일을 할 때

45.7%　　**VS.**　　52.2%

* 2022, 직장인 N=1,000

일에서 '의미'를 느끼는 상황(동의율)

혼자 일을 할 때 　(2022)　 동료와 함께 일을 할 때

44.5%　　**VS.**　　53.9%

* 2022, 직장인 N=1,000

있는 동기(계기)가 될 수 있다 - 직장 만족도 낮은 집단 74.5%, 직장에서의 원만한 인간관계는 '회사 생활에 의미'를 부여할 수 있는 동기(계기)가 될 수 있다 - 직장 만족도 낮은 집단 71.6%).[35]

　이런 결과는 직장인들이 일상적으로 일의 재미와 의미를 부여할 때도 유사하게 나타나고 있었는데, 많은 직장인들이 일을 '혼자' 할 때에 비해, '동료'와 함께 할 때 더욱 '재미와 의미'를 부여하고 있었던 것이다(나는 혼자 일을 하게 되는 상황에서 '재미'를 많이 느낀다 - 45.7% vs. 나는 주변 동료와 함께 일을 하는 상황에서 '재미'를 많이 느낀다 - 52.2%, 나는 혼자 일을 하게 되는 상황에서 '의미'를 많이 느낀다 - 44.5% vs. 나는 주변 동료와 함께 일을 하는 상황에서 '의미'를 많이 느낀다 - 53.9%).[36] 표면적으로 드러나지는 않았지만, 많은 직장인들이 '이미' 회사라는 공동체 생활에서 '타인과 함께' 하는 즐거움과 의미를 알고 있었다. 많은 직

장인들에게 일의 재미와 의미는, 타인과 함께 할 때 높아지는 것이었다.

So what? 〃
시사점 및 전망

사람들은 희소한 자원을 귀하게 여긴다. 희소성 가치는 여기서 발생한다. 부족하니까 귀하게 여기는 것이다. 저금리로 인한 투자 열풍이 지나가고, 높은 금리, 높은 물가, 높은 이자의 시대가 갑작스레 들이닥치고 있다. 돈이라는 한정된 자원이 점차 귀해지고 있는 것이다. 여기에서 파생하는 시사점이 있다. 돈과 시간이라는 자원을 효율적으로 사용하려는 뚜렷한 세 가지 경향성이다.

첫째, 현재의 직장인들은 당장의 현금을 알뜰하게 관리하고 절약하려고 하고 있다. 이런 경향은 직장 내의 자원을 매우 효율적으로 활용하려는 경향과 관계가 있는데, 앞서 언급한 것처럼 회사에서 주는 혜택을 적극적으로 활용하고 회사 비용을 쓰는 범위 내의 활동(예를 들면, 법인카드 회식)에 이전보다 적극적으로 참여할 가능성이 크다. 이런 경향은 회사 생활의 긍정적인 점을 찾으려고 하는 태도와 관련된다. 실제로 고물가가 예상되는 시기에 10명 중 7명의 직장인들이 자신이 하고 있는 일과 관련한 긍정적인 면에 좀 더 관심을 두고 있었다(내 직업의 부정적인 측면보다는 긍정적인 측면에 초점을 맞추려 노력한다 - 69.3%).[37] 그리고 이 관점은 자신이 속한 조직 문화에 대한

내 직업의 부정적인 측면보다는 긍정적인
측면에 초점을 맞추려 노력한다 **69.3%**

나는 요즘 회사 생활에 있어 직장의 조직 문화가
얼마나 중요한 것인지를 깨닫고 있는 편이다 **60.9%**

* 2022, 직장인 N=1,000

관심으로 확대되고 있는 것으로 보인다(나는 요즘 회사 생활에 있어 직장의 조직 문화가 얼마나 중요한 것인지를 깨닫고 있는 편이다 – 60.9%).[38] 경제적 자유에 대한 염원은 잠시 유보하고, 당장의 내 직업, 내 회사에 대한 관여를 높이고 있는 것이다. 이처럼, 조직 문화와 조직에서 얻을 수 있는 이점에 집중하는 차원에서 '회사의 복지 제도'에 대한 관심도 높아지게 될 것으로 전망된다.

둘째, **돈과 시간이라는 자원이 줄어들게 되면서 인간관계의 막연한 확장보다는 나에게 '의미 있는 관계'를 숙고해 인간관계를 형성하게 될 가능성이 높고, 따라서 인간관계의 빈도나 강도가, '선택과 집중'으로 변화할 가능성이 높다.** 이런 경향은 겉으로 보기에는 인간관계를 줄이는 것처럼 보일 수 있다. 다만, 이것은 코로나19 초기 사회적 거리 두기 정책 직후 반강제적으로 대인 관계를 줄여야 했던 상황과는 다르고, 자발적인 선택에 의해 진행될 가능성이 크다. 막연하게 '알아두면 좋은 관계'를 지양하고, 나에게 보다 확실한 '의미와 재미'가 있는 대상과의 소모임 중심의 인간관계가 될 가능성이 높다. 앞선 조사에서도 유사한 결과가 나온 것처럼 2030세대는 혼자 식사를 해결하는 방식으로, 또 4050세대는 전통적으로 '식사 자리(저녁 술자리)'를 줄이는 경향으로 진행될 가능성이 크다. 개인 차원에서 의미와 재미를 담보하지 않는 막연한 인간관계는 상당히 줄어들 가능성이 높은 것이다(여기서 직장인들은 다 알지만 말로는 잘 하지 않는 '부드럽고 아름다운' 회사 선후배 관계를 위한 Tip. 일반적으로 한쪽이 계속 뭔가를 사는 상황은 지속 가능하지 않게 될 가능성이 크기 때문에, 선배는 밥을 사고, 후배는 커피를, 혹은 두 번 밥을 얻어먹으면 한 번은 대접을 해보면 어떨까? 이런 분위기라면, 선배는 기분 좋고, 후배는 뿌듯하다.^^)

세 번째 전망은 온라인 중심의 '자기 계발 플랫폼'에 대한 관심이 커질 가능성이 높다는 점이다. 현재의 직장인들은 자기 계발 욕구가 높다. 다만, 고물가 시기와 불확실성이 높은 시대적 상황으로 돈과 시간이라는 자원을 효율적으로 활용하고자 하는 욕구 또한 높아졌다. 높은 자기 계발 욕구와 돈과 시간이라는 자원의 효율적 배분이라는 욕구는 온라인 중심의 자기 계발 플랫폼에서 만나는 형태가 될 가능성이 높다. 실제 조사에서도 상당수의 사람들이 재능 공유 플랫폼 이용 의향을 피력하고 있었다(향후 재능 공유 플랫폼 (재)이용 의향이 있다 - 69.8%).[39] 내가 원하는 시간에 저렴한 방식으로 배우고, 나를 관리하고, 투자하려는 것이다(재능 공유 플랫폼 이용자 수 증가 이유 - 1순위. 언제 어디서든 가능, 2순위. 높은 자기 계발 욕구, 3순위. 자기 계발에 투자하는 사람 많음, 4순위. 저렴한 비용으로 가능).[40] 온라인 중심의 자기 계발 플랫폼은 '짧은 시간'의 일대일 커뮤니케이션도 가능하기 때문에 고물가의 경제적 불황기에 최적화된 자기 계발 방식으로 선택될 가능성이 높다(회사에 따라서는 온라인 자기 계발 플랫폼 이용을 사내

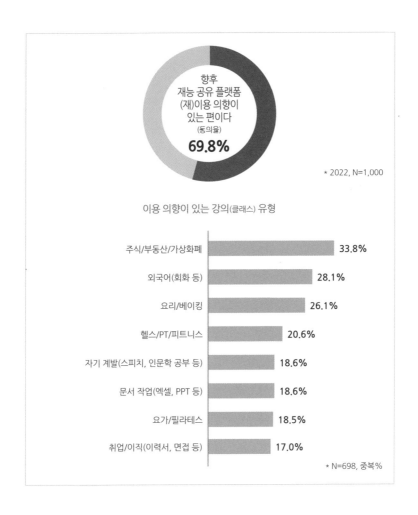

향후
재능 공유 플랫폼
(재)이용 의향이
있는 편이다
(동의율)
69.8%

* 2022, N=1,000

이용 의향이 있는 강의(클래스) 유형

주식/부동산/가상화폐	**33.8%**
외국어(회화 등)	**28.1%**
요리/베이킹	**26.1%**
헬스/PT/피트니스	**20.6%**
자기 계발(스피치, 인문학 공부 등)	**18.6%**
문서 작업(엑셀, PPT 등)	**18.6%**
요가/필라테스	**18.5%**
취업/이직(이력서, 면접 등)	**17.0%**

* N=698, 중복%

복지 차원으로 지원해줄 수도 있을 것이다).

많은 직장인들이 경제적 자유를 원한다. 그래서 물가가 오르기 시작하고 불황이 예상되던 시기에도 사람들의 '경제적 자유를 통한 빠른 은퇴 생활족(FIRE족)'을 원하는 경향은 더 높아졌다(40대 이하 56.0%(2021)→59.6%(2022), 50대 67.2%(2021)→72.8%(2022)).[41]

자유로운 삶에는 돈이 필요하다. 그래서 '돈과 자유'는 묶여 있는 개념이다. 한평생 돈에 관한 스트레스를 안고 살았던 러시아의 대문호 도스토옙스키는 "돈은 주조된 자유"라는 표현으로 돈과 자유와의 관계를 설파했다.[42] 하지만 진정한 자유로움을 얻기 위해서는, 역설적으로 '한시적 속박'을 필요로 할 수도 있다. 세계적인 경영 컨설턴트인 야마구치 슈는 우리가 자유로운 악기 연주를 위해서는 상당량의 훈련이 필요한데, 이 훈련이라는 것은 '일정한 틀'에 맞춰가는 과정으로, 상당 시간의 부자유스러움을 견디는 과정이라는 것이다. 야마구치 슈는 이 비유를 통해 '궁극적인 자유'를 얻는 핵심에는 '전문성'을 얻어야 하는 과정이 있고, 이것을 위해서는 일정 시간 스스로를 '부자유스럽게 속박'해야 하는 과정이 필연적이라는 점을 역설한다.[43]

> 회사에 얽매이지 않는 삶은 확실히 자유로울 것이다. 이 회사가 아니면 살아갈 수 없는 상태는 인생에서 많은 가능성을 빼앗아 간다. 하지만 한편으로 그 자유를 얻으려면 심한 부자유를 한번 받아들여야 한다는 것을 사람들은 대부분 깨닫지 못하고 있다. (중략) 훈련을 거듭해야 악기를 자유롭게 다룰 수 있다. 반면에 훈련을 하면 할수록 부자유성도 동시에 얻게 된다는 패러독스가 존재하는 것이다.
>
> ─ 야마구치 슈, 《어떻게 나의 일을 찾을 것인가》, p.209

수많은 경제 전문가들이 상당 기간 경제가 어려울 것으로 전망한

다. 그래서 많은 사람들이 이 시간을 의미 있게, 그리고 유연하게 견디는 방법을 고민한다. 나의 의지만으로 외부의 경제적 상황을 뛰어넘기 어렵다면, 내가 속한 조직에서, 내 주변에 나와 같은 고민을 하는 '동료'를 발견하고, 함께 이 '부자유'스러운 상황을 넘어가는 것이 하나의 방법일 수 있다. 그 동료와의 관계 속에서 의외의 '재미와 의미'를 발견할 수도 있기 때문이다. 그래야 고통의 시간도 견딜 수 있는 최소한의 힘이 생길 수 있다.

#달라진 동기부여
#런치플레이션

직장인의 동기부여는
'연봉'이 전부가 아니다? >>>

최근 글로벌 컨설팅 기업 베인앤드컴퍼니가 〈미래의 일자리 The Working Future: More Human, Not Less〉란 보고서를 발간했다. 이 보고서는 미국, 독일, 프랑스, 브라질 등 10개국 근로자 2만 명을 대상으로 조사한 결과로, 포스트 코로나 시대의 직장 문화 흐름을 분석하고 있다. 보고서에 따르면, 특히 직장인의 동기부여 요소가 과거와는 매우 달라지고 있는 모습을 보이는 것으로 확인됐다. 연봉이 직장인에게 있어 가장 중요한 요소인 점은 분명하지만, 연봉이 최우선 요소라고 응답한 비율은 22%에 그친 것으로, 연봉 외에 근무 유연성,

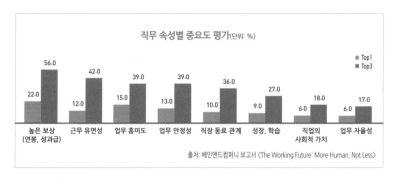

직무 속성별 중요도 평가(단위: %)

■ Top1
■ Top3

	Top1	Top3
높은 보상 (연봉, 성과급)	22.0	56.0
근무 유연성	12.0	42.0
업무 흥미도	15.0	39.0
업무 안정성	13.0	39.0
직장 동료 관계	10.0	36.0
성장, 학습	9.0	27.0
직업의 사회적 가치	6.0	18.0
업무 자율성	6.0	17.0

출처: 베인앤드컴퍼니 보고서 〈The Working Future: More Human, Not Less〉

유형	특성
Operator	• 조직의 신뢰할 만한 중추를 형성하는 유형 • 워라밸을 중요하게 생각하는 편으로, 조직 내에서 '구성원' 역할을 잘하는 유형
Giver	• 조직에서 인간적인 역할을 하는 유형 • 다른 사람들에게 긍정적 영향을 주는 것을 좋아하는 사람
Artisan	• 조직의 성과 기준을 높이는 유형 • 자신의 기술 등에서 완벽을 추구하며, 최선을 다해 복잡한 문제를 해결함
Explorer	• 조직의 변화에 빠르게 적응할 수 있도록 돕는 유형 • 모험을 즐기며, 일에서 열정적이고, 다양성을 원하는 편
Striver	• 조직이 성공적으로 운영되도록 유지하는 유형 • 노력해 성취하는 것을 선호하고, 경쟁적인 편
Pioneer	• 조직의 지속적인 변화를 가져오는 유형 • 세상을 바꾸는 것에 대한 사명감을 갖고 있으며, 꿈을 현실로 만들고자 하는 경향이 강한 편

출처 : 베인앤드컴퍼니 보고서 〈The Working Future: More Human, Not Less〉

업무 흥미도, 업무 안정성 등 다양한 요인들을 중요하게 여기고 있는 최근 직장인들의 모습을 확인할 수 있었다.

두 번째로 주목할 만한 보고서 결과로는 직업을 바라보는 가치관이 조직 구성원의 특성에 따라 각양각색으로 변하고 있다는 점이었다. 베인앤드컴퍼니는 전 세계 직장인들의 특성을 크게 6가지로 분류했는데, 각 유형에 따라 직장 만족도에 영향을 끼치는 요인이 매우 다양하다고 분석했다. 즉, 모두가 '승진', '연봉'만을 중요하게 여긴다고 볼 수 없으며, 각 직장인들의 유형에 따라 조직의 안정성이나 조직 구성원과의 관계, 업무 경험, 도전 기회 등 다양한 요소를 고려하고 있다는 것을 실제로 확인할 수 있었다.[44]

사무실에 복귀한 미국 직장인들, '런치플레이션'에 쇼크 >>>

최근 미국에선 사무실에 복귀한 직장인들이 높아진 물가에 '쇼크'를 느끼고 있는 것으로 나타났다. 〈뉴욕타임스〉 보도에 따르면, 미국의 소비자물가, 휘발유 가격 상승으로 직장인들의 점심 메뉴인 샌드위치, 샐러드 등의 가격이 오르면서 출퇴근, 커피, 점심 식사 등의 비용이 2년 전보다 훨씬 비싸진 것으로 나타났다.[45] 뉴욕 브루클린의 한 회사원(32세)은 점심으로 커피, 팬케이크 샌드위치, 케이크 등을 먹고 30.48달러(약 3만 9,000원)를 썼다며 높아진 물가에 심적 부담이 커졌다고 밝

■ 미국 뉴욕 브루클린에 자리 잡은 푸드 코트 '드클랍 마켓홀'

혔다. 미국 내에서는 일반적인 식사 문화인 식당에서의 팁도 기존 15% 수준에서 20~25%로 인상된 것으로 나타나[46] 점심값이 오르는 '런치플레이션' 고민이 더욱더 커지고 있는 미국 직장인들의 모습을 확인할 수 있었다.

상황이 이렇다 보니, 최근 '대퇴사 시대'를 맞으며 인력난에 시달리고 있는 미국 기업들은 '먹거리'를 제공하며 직원들을 유인하고 있는 모습을 보이고 있다. 미국 인적자원관리협회의SHRM 조사에 따르면, 미국 기업 중 절반 이상이 무료 스낵과 음료를 제공하고 있는 것으로 나타났는데, 이는 팬데믹 직전인 2019년 대비 크게 증가한 것으로 나타났다.[47] 미국 내에서도 잘 차린 식사를 제공하거나 식대를 지급하는 것이 최근 직원들에게도 반응이 좋은 '복지 제도'로 자리 잡고 있는 모습이다.

패널빅데이터 360도 분석

PANEL BIG DATA 360°

패널빅데이터®

다섯 가지 데이터를 통해 한 명의 패널을 360도로 분석할 수 있는 플랫폼

ALPS 분석 서비스

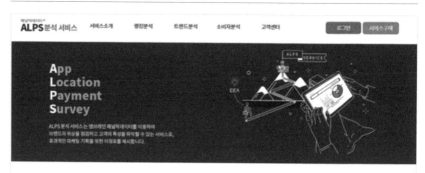

Data Ranking
데이터별 랭킹 TOP 10

● 2022년 05월 집계(전월 대비 증감 표시)

● App 앱

설치개수 TOP 10
1 카카오톡 KakaoTalk
2 YouTube 유튜브
3 Gmail 지메일
4 Chrome 크롬
5 V3 Mobile Plus

● Location 방문

방문개수 TOP 10
1 GS25
2 CU
3 스타벅스
4 세븐일레븐
5 다이소

● Payment 결제

결제개수 TOP 10
1 GS25
2 CU
3 다이소
4 스타벅스
5 이마트

패널빅데이터 중
앱(App)/방문(Location)/결제(Payment)/서베이(Survey) 데이터를
활용한 DIY 분석 서비스

앱 설치
이용 데이터

오프라인
방문 데이터

상품 구매
데이터

조사
데이터

마크로밀 엠브레인의 패널빅데이터®는 앱 설치/이용, 오프라인 방문, 카드결제, 상품구매, 조사데이터 등 총 다섯 가지의 데이터를 바탕으로 다음의 두 가지 서비스를 제공합니다.

구매빅데이터 분석서비스 (예시)

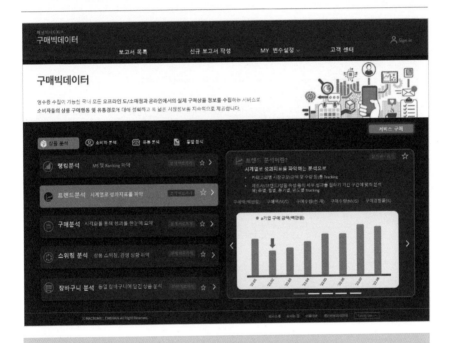

패널빅데이터 중
상품 구매 데이터(구매내역, 구매처, 결제수단, 구매자 프로파일 등)와
구매자의 조사 데이터의 연계 분석 서비스

상품 구매
데이터

조사
데이터

PANEL
BIG DATA
360°

Daily Journey by GEN & COVID

코로나가 극심했던 2021년 4~5월과 비교적 안정적인 일상을 회복한 2022년 4~5월의 1년 사이의 변화된 생활을 패널빅데이터®로 분석한 결과입니다.

 카드 결제 데이터

 앱 설치 이용 데이터

 오프라인 방문 데이터

세대 기준 | X세대: 1965~1979년생, 밀레니얼: 1980~1994년생, Z세대: 1995~2004년생
분석 기간 | 2022년 4~5월

01. Persona

 Gen X
이름 | 손모 씨
나이 | 40대 후반 (X세대)
직업 | 직장인
결혼 여부 | 기혼

 Gen M
이름 | 이모 씨
나이 | 30대 후반 (밀레니얼)
직업 | 전업 주부
결혼 여부 | 기혼

 Gen Z
이름 | 오모 씨
나이 | 20대 초반 (Z세대)
직업 | 대학생
결혼 여부 | 미혼

02. Data Overview

하루 평균 앱 이용시간(App), 월간 평균 방문 지점 수(Location), 1회 평균 결제 금액(Pay)으로 각 세대를 대표하는 행동 패턴을 전반적으로 살펴보았습니다.
더 자세한 지표는 다음 장에서 확인하실 수 있습니다.

	1위	2위	3위	
앱 설치 이용 데이터	470분	401분	356분	**Gen Z**는 일과 중 대부분의 시간을 스마트폰과 함께한다.
오프라인 방문 데이터	168곳	157곳	128곳	주로 집에서 아이들을 케어하는 **Gen M**이 오프라인 방문 지점 수가 가장 적다.
카드 결제 데이터	73,064원	51,894원	24,431원	**Gen X**는 수입이 안정적이고 가족을 위한 지출이 많다.

Gen X

이름 | 손모 씨 **나이** | 40대 후반
직업 | 직장인 **결혼 여부** | 기혼

카드 결제
데이터

앱 설치
이용 데이터

오프라인
방문 데이터

팬데믹이 한창이던 2021년 4~5월과 비교한 엔데믹이 다가온 2022년 4~5월의 일상을 그려보았습니다.
Gen X는 재택근무를 벗어나 다시 회사로 출근하며 현대인의 삶으로 자리를 되찾아가는 모습을 보이고 있습니다.

분석 기간 | 2021년 4~5월 & 2022년 4~5월
분석 대상 | 2021년/n=683, 2022년/n=1,565

각 데이터 모두 1,000명당 지표로
추출하였습니다.

01. 다시 평범한 일상으로!

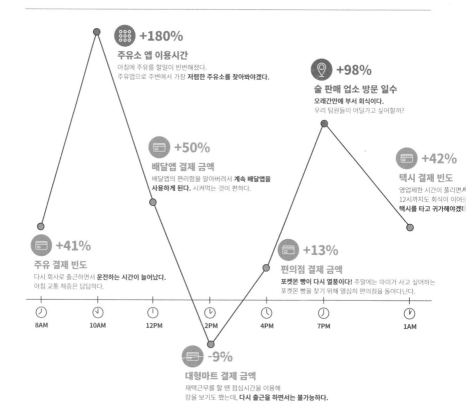

+180%
주유소 앱 이용시간
아침에 주유를 할일이 빈번해졌다.
주유앱으로 주변에서 가장 **저렴한 주유소를 찾아봐야겠다.**

+98%
술 판매 업소 방문 일수
오래간만에 부서 회식이다.
우리 팀원들이 어딜가고 싶어할까?

+50%
배달앱 결제 금액
배달앱의 편리함을 알아버려서 **계속 배달앱을 사용하게 된다.** 시켜먹는 것이 편하다.

+42%
택시 결제 빈도
영업제한 시간이 풀리면서
12시까지도 회식이 이어…
택시를 타고 귀가해야겠다

+41%
주유 결제 빈도
다시 회사로 출근하면서 **운전하는 시간이 늘어났다.**
아침 교통 체증은 답답하다.

+13%
편의점 결제 금액
포켓몬 빵이 다시 열풍이다! 주말에는 아이가 사고 싶어하는
포켓몬 빵을 찾기 위해 열심히 편의점을 돌아다닌다.

8AM 10AM 12PM 2PM 4PM 7PM 1AM

-9%
대형마트 결제 금액
재택근무를 할 땐 점심시간을 이용해
장을 보기도 했는데, **다시 출근을 하면서는 불가능하다.**

Gen M

이름 | 이모 씨 **나이** | 30대 후반
직업 | 전업 주부 **결혼 여부** | 기혼

 카드 결제 데이터

 앱 설치 이용 데이터

 오프라인 방문 데이터

2021년은 자녀들의 원격수업이 한창이었던 기간이었다면 2022년은 대면수업으로 전환, Gen M의 일상에 크나큰 변화가 있었던 해였습니다. 그 결과 Gen M은 자녀들이 학교에 있는 시간은 수다를 떨며 스트레스를 해소하고, 가족과 함께하는 주말에는 집을 벗어나 외출을 즐기는 해방된 일상을 만끽하는 모습을 보였습니다.

분석 기간 | 2021년 4~5월 & 2022년 4~5월
분석 대상 | 2021년/n=802, 2022년/n=1,472

각 데이터 모두 1,000명당 지표로 추출하였습니다.

02. 가족과 집 밖으로!

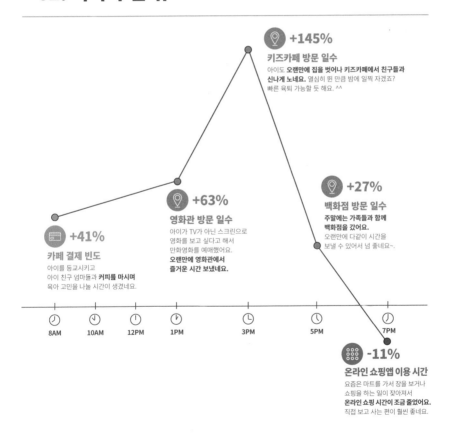

+145%
키즈카페 방문 일수
아이도 오랜만에 집을 벗어나 키즈카페에서 친구들과 신나게 노네요. 열심히 뛴 만큼 밤에 일찍 자겠죠? 빠른 육퇴 가능할 듯 해요. ^^

+63%
영화관 방문 일수
아이가 TV가 아닌 스크린으로 영화를 보고 싶다고 해서 만화영화를 예매했어요. 오랜만에 영화관에서 즐거운 시간 보냈네요.

+27%
백화점 방문 일수
주말에는 가족들과 함께 백화점을 갔어요. 오랜만에 다같이 시간을 보낼 수 있어서 넘 좋네요~.

+41%
카페 결제 빈도
아이를 등교시키고 아이 친구 엄마들과 커피를 마시며 육아 고민을 나눌 시간이 생겼네요.

8AM 10AM 12PM 1PM 3PM 5PM 7PM

-11%
온라인 쇼핑앱 이용 시간
요즘은 마트를 가서 장을 보거나 쇼핑을 하는 일이 잦아져서 온라인 쇼핑 시간이 조금 줄었어요. 직접 보고 사는 편이 훨씬 좋네요.

Gen Z

이름 | 오모 씨 **나이** | 20대 초반
직업 | 대학생 **결혼 여부** | 미혼

카드 결제
데이터

앱 설치
이용 데이터

오프라인
방문 데이터

학교에서 강의를 들으며 친구들과의 캠퍼스 라이프를 꿈꾸는 Gen Z에게 2021년은 그야말로 가혹한 한 해였습니다. 하지만 일상의 회복이 찾아온 2022년에는 드디어 캠퍼스에서의 시간을 제대로 즐기는 Gen Z세대의 모습이 포착됩니다. 거리두기를 하면서도 집에서 할 수 있는 무궁무진한 것들을 만들어 유행시킨 그들이 과연 집 밖에서는 또 얼마나 다양한 활동을 하며 즐길까요?

분석 기간 | 2021년 4~5월 & 2022년 4~5월
분석 대상 | 2021년/n=602, 2022년/n=924

각 데이터 모두 1,000명당 지표로
추출하였습니다.

03. 친구들과 오프라인으로!

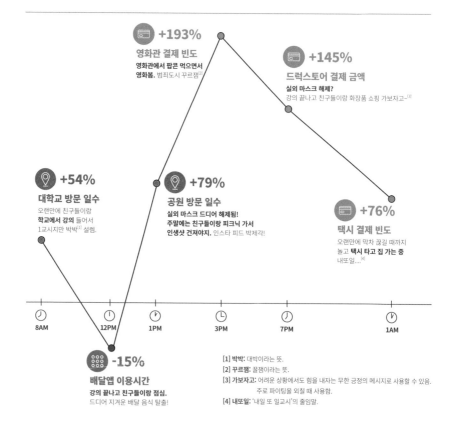

+193%
영화관 결제 빈도
영화관에서 팝콘 먹으면서
영화봄. 범죄도시 꾸르잼[2]

+145%
드럭스토어 결제 금액
실외 마스크 해제?
강의 끝나고 친구들이랑 화장품 쇼핑 가보자고~[3]

+54%
대학교 방문 일수
오랜만에 친구들이랑
학교에서 강의 들어서
1교시지만 박박[1] 설렘.

+79%
공원 방문 일수
실외 마스크 드디어 해제됨!
주말에는 친구들이랑 피크닉 가서
인생샷 건져야지. 인스타 피드 박제각!

+76%
택시 결제 빈도
오랜만에 막차 끊길 때까지
놀고 택시 타고 집 가는 중
내또일....[4]

-15%
배달앱 이용시간
강의 끝나고 친구들이랑 점심.
드디어 지겨운 배달 음식 탈출!

8AM | 12PM | 1PM | 3PM | 7PM | 1AM

[1] **박박**: 대박이라는 뜻.
[2] **꾸르잼**: 꿀잼이라는 뜻.
[3] **가보자고**: 어려운 상황에서도 힘을 내자는 무한 긍정의 메시지로 사용할 수 있음.
주로 파이팅을 외칠 때 사용함.
[4] **내또일**: '내일 또 일교시'의 줄임말.

패널빅데이터®를 통해 살펴본 2022년 상반기
국내 관광 데이터 인사이트

약 1,200개의 전국 관광 지오펜스를 gps 기반으로 측정한 위치데이터를 사용했습니다.

오프라인
방문 데이터

분석 기간 | 2022년 1~5월
분석 대상 | 10~50대/n=25,841 분석 기간 내 single source 전국 성/연령/지역 가중 적용

• 관광은 외지관광(해당 지역 거주자가 아니라,
  해당 지역의 관광지를 방문함)으로 정의합니다.

전국 관광도시 방문율

올 상반기 전국 관광도시 **1위는 서울, 2위는 강원, 3위는 제주**가 차지했다.
경기도의 겨울과 봄의 순위 차이가 인상깊다. (관광지 간 패널 중복 있음)

전국 상반기 순위

2022.01~07

1	서울	19%
2	강원	10%
3	제주	8%
4	경기	7%
5	경북	7%
6	인천	6%
7	부산	5%
8	경남	5%
9	전남	4%
10	충남	4%
11	전북	4%
12	충북	3%
13	대구	3%
14	대전	2%
15	울산	2%
16	광주	1%
17	세종	1%

경기도 겨울/봄 순위 차이

2022.01~02 ❄

1	서울	9%
2	강원	5%
3	제주	4%
4	경북	3%
5	인천	3%
6	경기	2%
7	부산	2%
8	경남	2%
9	전남	2%
10	전북	1%

2022.03~05 🌱

1	서울	15%
2	강원	7%
3	경기	6%
4	제주	5%
5	경북	5%
6	인천	4%
7	경남	3%
8	충남	3%
9	부산	3%
10	전남	3%

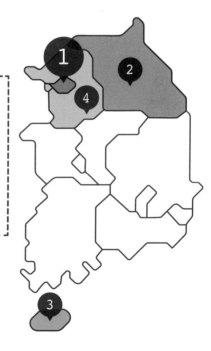

방문율 4위 관광지

수도권, 강원도, 제주도는 모두 질렸고, 각 도시의 TOP3 관광지는 이미 알고있는 당신에게 수도권을 제외한 각 도시의 4위 관광지를 추천한다. 당신에게 새로운 여행이 되기를! (도시별/수도권 및 강원, 제주 제외)

광주
우치공원 동물원

경북
포항 죽도시장

경남
외도 보타니아

대구
김광석 길

대전
한밭수목원

부산
부산타워

세종
베어트리파크

울산
언양자수정 동굴나라

전남
섬진강 기차마을공원

전북
덕진공원

충남
국립생태원

충북
청풍호반 케이블카

Embrain's 국내관광 DATA

대한빵국지도

약 1,200개의 전국 관광 지오펜스를 gps 기반으로 측정한 위치데이터를 사용했습니다.
관광은 외지관광(해당 지역 거주자가 아니나, 해당 지역의 관광지를 방문함)으로 정의합니다.

오프라인
방문 데이터

빵지순례자들 집중! 방문자수를 기순으로 **각 시도별 인기 베이커리**를 정리해 보았다.
다음 행선지는 이 지도에서 찾아보면 어떨까?

분석 기간 | 2022년 1~5월
분석 대상 | 20~60대/n=8,278 분석 기간 내 single source 전국 성/연령/지역 가중 적용

• 괄호 안 수치는 각 지역의 베이커리 방문자 중
해당 베이커리 방문자 수 비율을 의미합니다.

시도별 관광객이 많이 방문한 빵집

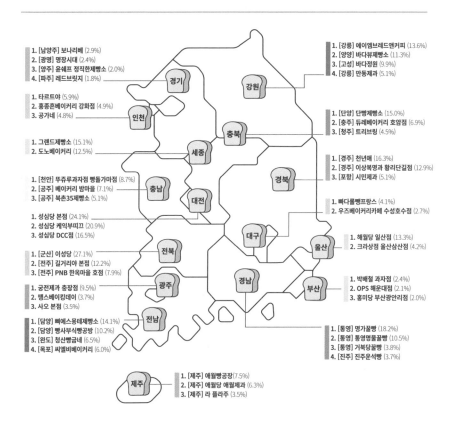

[경기]
1. [남양주] 보나리베 (2.9%)
2. [광명] 명장시대 (2.4%)
3. [양주] 윤쉐프 정직한제빵소 (2.0%)
4. [파주] 레드브릿지 (1.8%)

[인천]
1. 타르트야 (5.9%)
2. 홍종흔베이커리 강화점 (4.9%)
3. 공가네 (4.8%)

[세종]
1. 그랜드제빵소 (15.1%)
2. 도노베이커리 (12.5%)

[충남]
1. [천안] 뚜쥬루과자점 빵돌가마점 (8.7%)
2. [공주] 베이커리 밤마을 (7.1%)
3. [공주] 북촌35제빵소 (5.1%)

[대전]
1. 성심당 본점 (24.1%)
2. 성심당 케익부띠끄 (20.9%)
3. 성심당 DCC점 (16.5%)

[전북]
1. [군산] 이성당 (27.1%)
2. [전주] 길거리야 본점 (12.2%)
3. [전주] PNB 한옥마을 호점 (7.9%)

[광주]
1. 궁전제과 충장점 (9.5%)
2. 팽스베이킹데이 (3.7%)
3. 사오 본점 (3.5%)

[전남]
1. [담양] 삐에스몽테제빵소 (14.1%)
2. [담양] 빵사부식빵공방 (10.2%)
3. [완도] 청산빵굽네 (6.5%)
4. [목포] 씨엘비베이커리 (6.0%)

[강원]
1. [강릉] 에이엠브레드앤커피 (13.6%)
2. [양양] 바다뷰제빵소 (11.3%)
3. [고성] 바다정원 (9.9%)
4. [강릉] 만동제과 (5.1%)

[충북]
1. [단양] 단빵제빵소 (15.0%)
2. [충주] 듀레베이커리 호암점 (6.9%)
3. [청주] 트리브링 (4.5%)

[경북]
1. [경주] 천년애 (16.3%)
2. [경주] 이상복명과 황리단길점 (12.9%)
3. [포항] 시민제과 (5.1%)

[대구]
1. 빠다롱빵프랑스 (4.1%)
2. 우즈베이커리카페 수성호수점 (2.7%)

[울산]
1. 해당 일산점 (13.3%)
2. 크라상점 울산삼산점 (4.2%)

[부산]
1. 박배철 과자점 (2.4%)
2. OPS 해운대점 (2.1%)
3. 홍미당 부산광안리점 (2.0%)

[경남]
1. [통영] 명가꿀빵 (18.2%)
2. [통영] 통영명물꿀빵 (10.5%)
3. [통영] 거북당꿀빵 (3.8%)
4. [진주] 진주운석빵 (3.7%)

[제주]
1. [제주] 애월빵공장 (7.5%)
2. [제주] 애월당 애월제과 (6.3%)
3. [제주] 라 플라주 (3.5%)

01.Profile

Deep Dive into 명품 쇼핑 앱

어떤 프로파일의 사람들이 명품 앱을 많이 이용할까?

조사 데이터 | 앱 설치 이용 데이터 | 오프라인 방문 데이터

두 번째 파트에서는 최근 높은 성장세를 보이는 **명품 쇼핑 앱의 이용자**를 **앱, 방문 그리고 조사 데이터**를 통해 분석했습니다. 한 패널을 360도로 분석할 수 있는 패널빅데이터®로 또 어떤 타겟을 딥다이브할 수 있을지 상상해보면 좋을 것 같습니다.

분석 기간 | 2022년 3~5월
분석 대상 | 10~50대/n=29,361 분석 기간 동안 모든 데이터가 존재하는 지속패널 /성연령 가중치 적용

2~4번 그래프 모두 각 집단 별 **명품 쇼핑 앱 이용경험률(%)**을 나타냄.

1. 성,연령

구성비(%)

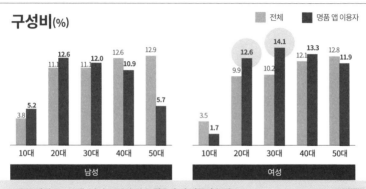

주로 여성 20~30대, 남성 20대와 같은 **젊은 층의 비중이 높다.**

명품 쇼핑 앱 이용경험률(%)

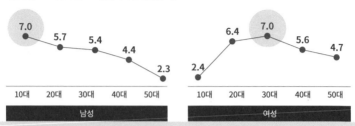

남성 10대의 이용률이 구성비가 가장 높은 여성 30대의 이용률과 비슷한 것을 보면, 남성 청소년들이 명품에 특히 더 관심이 많은 것을 알 수 있다.

2. 거주형태

단독	아파트	주상복합	오피스텔	연립/빌라	기타
4.1	5.1	6.4	9.3	4.9	4.3

3. 가구원 수

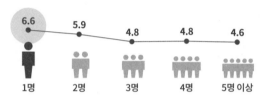

1명	2명	3명	4명	5명 이상
6.6	5.9	4.8	4.8	4.6

4. 가구 연간소득

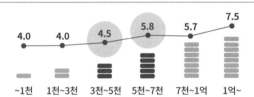

~1천	1천~3천	3천~5천	5천~7천	7천~1억	1억~
4.0	4.0	4.5	5.8	5.7	7.5

가구 연간소득이 높아질수록 명품앱을 이용하는 비율이 높아진다.
그 중, **3천~5천만 원과 5천~7천만 원 구간에서의 차이**가 눈에 띄는데,
사회에서 자리를 잡고, 경제적으로 여유가 생기면서 명품에 대한 관심이 높아진 것은 아닐까?

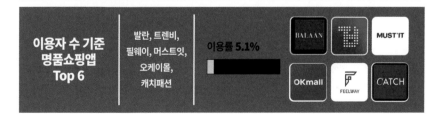

이용자 수 기준 명품쇼핑앱 Top 6

발란, 트렌비, 필웨이, 머스트잇, 오케이몰, 캐치패션

이용률 **5.1%**

BALAAN | MUST'IT | OKmall | FEELWAY | CATCH

02. APP

명품 쇼핑 앱 이용자는 어떤 앱을 많이 사용할까?
그들의 공통점이 있을까?

조사
데이터

앱 설치
이용 데이터

오프라인
방문 데이터

1. 앱 이용률(%)

전체 대비
이용률 차이가 큰 카테고리

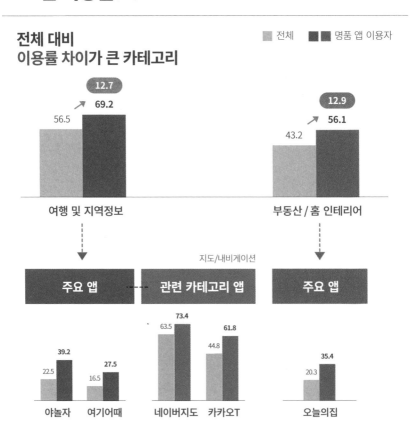

명품 앱 이용자는 야놀자, 여기어때와 같은 **여행/지역정보 앱**과 더불어 카카오T, 네이버 지도와 같은
지도/내비게이션 앱들에서도 전체 대비 높은 이용률을 보인다. 이들은 어딘가로 놀러 나가기를 좋아한다는
점을 알 수 있다. 또한, **부동산/홈인테리어** 카테고리 앱 이용률도 전체 대비 높은데,
본인을 꾸미는 것만 아니라 **공간을 꾸미는 것에도 관심이 있다**고 유추해 볼 수 있겠다.

2. 앱 평균 이용시간(분, 1개월 기준)

전체 대비
이용률 차이가 큰 카테고리

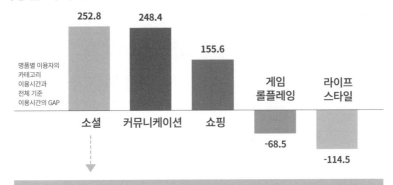

명품별 이용자의
카테고리
이용시간과
전체 기준
이용시간의 GAP

	252.8	248.4	155.6		
	소셜	커뮤니케이션	쇼핑	게임 롤플레잉	라이프 스타일
				-68.5	-114.5

소셜 앱 브랜드별 이용시간

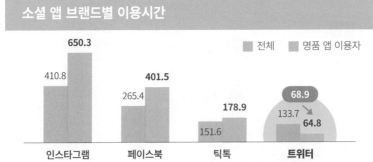

■ 전체 ■ 명품 앱 이용자

인스타그램	페이스북	틱톡	트위터
650.3	401.5	178.9	68.9
410.8	265.4	151.6	133.7 → 64.8

전체 대비 명품 앱 이용자의 **소셜** 카테고리 이용시간이 매우 높다.
인스타그램, 페이스북, 틱톡의 이용시간은 높은 반면, **트위터**의 이용시간은 전체 대비 낮다.
명품 앱 이용자들은 **본인의 모습을 시각적으로 드러내길 원하기 때문에**,
익명성 기반이면서 텍스트 중심인 트위터의 이용시간이 적은 것이 아닐까?

Deep Dive into 명품쇼핑앱

03. LBS

명품 쇼핑 앱 이용자가 많이 방문하는
공간이나 브랜드는 어디일까?

조사
데이터

앱 설치
이용 데이터

오프라인
방문 데이터

방문율(%)

1. 명품관이 있는 백화점/아울렛

■ 전체　■ 명품 앱 이용자

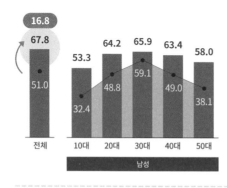

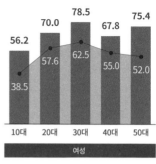

남성: 전체 67.8 (16.8), 51.0 / 10대 53.3 (32.4) / 20대 64.2 (48.8) / 30대 65.9 (59.1) / 40대 63.4 (49.0) / 50대 58.0 (38.1)

여성: 10대 56.2 (38.5) / 20대 70.0 (57.6) / 30대 78.5 (62.5) / 40대 67.8 (55.0) / 50대 75.4 (52.0)

2. 호텔

■ 전체　■ 명품 앱 이용자

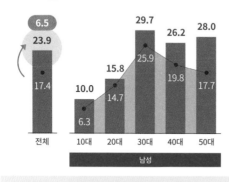

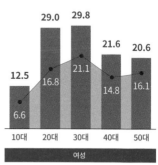

남성: 전체 23.9 (6.5), 17.4 / 10대 10.0 (6.3) / 20대 15.8 (14.7) / 30대 29.7 (25.9) / 40대 26.2 (19.8) / 50대 28.0 (17.7)

여성: 10대 12.5 (6.6) / 20대 29.0 (16.8) / 30대 29.8 (21.1) / 40대 21.6 (14.8) / 50대 20.6 (16.1)

명품 앱 이용자들은 명품관이 있는 오프라인 백화점, 아울렛 방문을 많이 하는데,
이들은 **온·오프라인을 막론하고 쇼핑에 큰 관심이 있는 것으로 보인다.** 또한, 이들의 호텔 방문율은
여성을 중심으로 높은데, 앱 데이터에서 인스타그램의 이용시간이 높았던 것을 생각하면,
사진 업로드를 위한 호캉스를 많이 가는 것이 아닌가 추측해 볼 수 있다.

3. 카페 방문율 TOP 5

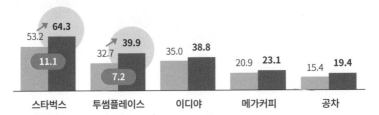

방문율 기준 TOP 5 카페 브랜드는 전체와 명품 앱 이용자 대상으로 봤을 때 모두 같지만,
명품 앱 이용자들은특히 **스타벅스와 투썸플레이스 방문을 더 많이 한다.**

1. 맥주파 VS. 소주파

소주/맥주 장바구니 구성비 (%)

📊 장바구니 분석

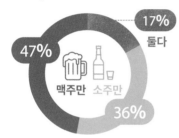

17%
둘다

47%
맥주만

36%
소주만

맥주 또는 소주가 담긴 장바구니를 보면
맥주만 담긴 장바구니가 소주만 담긴 장바구니보다 많다.
맥주, 소주를 같이 담는 **소맥 장바구니도 17%로**
가정 내 소맥파도 적지 않아 보인다.

2. 누군가의 장바구니

프로파일별 장바구니 구성비 (%)

📊 장바구니 분석

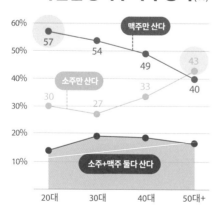

맥주만 산다
소주만 산다
소주+맥주 둘다 산다

	20대	30대	40대	50대+
맥주만	57	54	49	40
소주만	30	27	33	43

POINT 1

나이가 들수록 소주만 담는
장바구니가 늘어난다.
50대 이상에서는 소주만 담긴 장바구니가
맥주만 담긴 장바구니를 역전!

POINT 2

20대는 소주+맥주 장바구니가 가장
적고, 맥주만 담는 경우가 가장 높다.
하지만 **10번 중 3번은 소주만 구매한**
장바구니라 하니, 20대 Young Target
소주파 고객도 무시할 수 없다.

3. 맥주 VS. 소주 시장 중 어디가 더 큰가

맥주+소주 시장 금액 구성비(%)

📊 구매성과 분석

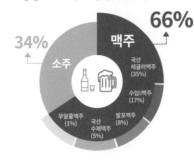

소비자에게 실제 판매되는 금액을 기준으로 보면
맥주(66%) > 소주(34%)보다 2배 가량 더 잘 팔린다.
맥주 중에서는 단연 국산 레귤러가 가장 많이 팔리지만,
수입맥주에 이어 발포맥주도 맥주시장에서
한몫을 차지 하고 있다.

---

4. 맥주 타입별 TMI

맥주 구매 6가지 특징

📊 구매성과 분석 + 가격대 분석

❶ 지난 4개월간(1~4월) 성인 인구 2명 중 1명(49%)은 단 한 번이라도 맥주를 구매했다.
❷ 국산 레귤러맥주는 여전히 가장 많이 팔리고 있고(금액 구성비 53%), 한 번 살 때는 5개 가량을 산다.
❸ 국산 수제맥주는 금액대가 다양해, 평균 단가는 수입맥주보다 더 비싼 것이 특징이다.
❹ 발포맥주(수입/국산 모두)는 개당 단가가 천 원 수준이다. 레귤러맥주에 비하면 40% 싼 금액으로 팔린다.
❺ 레귤러맥주만큼 자주 구매하지는 않아도 한 번 구매할 때 가장 돈을 많이 쓰는 것은 수입 맥주다.
❻ 성인 인구의 4%는 최근 4개월 내 무알콜맥주를 구매한 적이 있다. 한 번 살때는 약 3개를 구매했다.

맥주 소비행태 (2022. 01~04)

	합계	맥주 (무알콜 맥주포함)				
		국산 레귤러	국산 수제	발포 맥주 [3]	수입 맥주	무알콜 맥주[3]
구매 경험률(%)	49%	34%	10%	11%	23%	4%
구매 금액 구성비 (%)	100%	53%	7%	13%	25%	1%
평균 단가(500ML 기준)	1,740원	7,730원	2,560원	1,046원	2355원	1,498원
1회 구매액 (원/회)	8,538원	8,522원	8,005원	4,828원	9,778원	4,612원
1회 구매 개수 (500ML 기준)	4.9개	4.9개	3.1개	4.6개	4.1개	3.1개

[3] 발포맥주, 무알콜맥주: 국산/수입을 모두 포함함.

Easy Landscape에서는 ALPS 분석사이트를 통해 별도의 추가 작업 없이 '쉽고 간단하게' 파악할 수 있는 시장의 동향을 담았습니다.

앱 설치
이용 데이터

분석 기간	2022년 4~5월	엠브레인 패널파워App을 설치하고 빅데이터 수집에 동의한 패널회원들을 대상으로 행동 데이터와 조사 데이터를 수집합니다. 대표성 확보를 위해 전국 성인 남녀 인구 비례에 맞게 샘플링(전국 10~50대 남녀)해서 패널을 구성합니다(월 1만 명 이상).
분석 대상	10~50대/n=30,992	

01. APP

카테고리별 월간 이용률 TOP 5(%)

OTT	
유튜브	95.2
넷플릭스	32.0
웨이브	14.2
티빙	12.8
쿠팡플레이	11.7

검색엔진	
네이버	92.9
크롬	90.4
구글	82.2
Samsung Internet 브라우저	73.0
다음	19.6

여행/숙박	
야놀자	15.8
여기어때	10.0
인터파크 투어	3.0
에어비엔비	2.8
아고다	2.1

지도/교통	
네이버지도 내비게이션	55.8
TMAP	30.4
카카오맵	27.4
Google 지도	23.5
카카오 내비	10.1

뷰티	
올리브영	13.3
화해	4.9
뷰티 포인트	4.4
카카오 헤어샵	1.7
잼페이스	1.4

사진	
스노우	15.9
소다	6.2
B612	5.0
유라이크	3.9
푸디	3.4

소셜	
인스타그램	64.7
Band	43.7
페이스북	39.8
네이버 카페	27.9
카카오 스토리	18.7

식음료-배달	
배달의민족	64.5
배달요기요	36.4
쿠팡이츠	22.0
롯데잇츠	3.5
배달특급	2.8

식음료-브랜드	
스타벅스	22.7
맥도날드	7.0
이디야 멤버스	6.2
빽다방	3.1
KFC Korea	2.6

음악	
삼성뮤직	21.7
멜론	17.8
유튜브 뮤직	14.0
지니뮤직	9.2
플로	8.0

인테리어	
오늘의집	13.9
이케아	0.8
집꾸미기	0.6
하우스앱	0.6
한샘몰	0.4

건강/의료	
삼성 헬스	30.0
질병관리청	20.8
건강상태 자가진단 (교육부)	16.4
The 건강보험	7.8
여성생리달력 - 생리 및 가임기간 임신 배란	4.7

구인/구직	
알바몬	11.2
알바천국	8.5
사람인	5.8
잡코리아	5.1
워크넷	3.9

자동차	
마이클 (마카롱)	4.1
현대 블루링크	3.2
Kia Connect	2.6
엔카	2.6
MY KIA	1.5

카테고리별 월간 이용률 TOP 5(%)

쇼핑

소셜커머스	
쿠팡	71.3
11번가	40.7
지마켓	26.9
위메프	22.5
티몬	22.2

통합쇼핑/홈쇼핑	
GS SHOP	16.9
CJ 온스타일	12.4
SSG.COM	12.1
홈앤쇼핑	10.4
롯데ON	8.6

마트/식료품	
마켓컬리	13.3
이마트몰	10.9
홈플러스	9.3
롯데마트	5.7
GS FRESH MALL	5.2

패션앱	
무신사	11.7
에이블리	11.5
지그재그	10.8
브랜디	6.4
하이버	3.8

백화점	
롯데백화점	3.0
신세계백화점	2.4
현대백화점	1.2
터치AK몰	1.0
롯데백화점몰	1.2

편의점	
포켓CU	14.2
나만의 냉장고	11.8
세븐일레븐	7.0
GS25 편의점택배	2.6
이마트 편의점	2.1

쇼핑기타	
당근마켓	58.4
번개장터	11.7
아이디어스	9.3
올웨이즈	5.7
니콘내콘	4.1

금융

은행/뱅킹	
토스	63.2
카카오뱅크	53.4
KB 국민은행 스타뱅킹	38.4
신한 쏠 SOL	35.0
NH 스마트뱅킹	23.3

페이/결제	
삼성페이	65.6
카카오페이	25.3
페이코	20.4
KB Pay	14.7
경기지역화폐	10.4

신용카드	
신한플레이	29.9
ISP/ 페이북	28.1
삼성카드	22.4
현대카드	20.6
KB 국민카드	19.8

증권/투자	
한국투자증권	16.0
미래에셋증권 m.Stock	14.8
KB증권 M-able 마블	14.7
삼성증권 mPOP	12.9
신한금융투자알파	12.6

가상화폐	
업비트	20.8
Pi Network	11.7
빗썸	9.2
코인원	4.1
Bitcoin Legend	2.2

보험	
DB 손해보험	6.9
메리츠화재 공식 앱	4.6
삼성화재	3.7
삼성생명	3.4
현대해상	3.2

부동산	
직방	7.2
호갱노노	7.1
네이버 부동산	4.6
다방	4.0
KB부동산	2.0

02. LOCATION

카테고리별 월간 방문율 TOP 5(%)

편의점		
GS25	GS25	58.5
CU	CU	48.8
7-ELEVEN	세븐일레븐	28.6
emart24	이마트24	23.7
MINISTOP	미니스톱	9.6

슈퍼마켓		
다이소	다이소	29.8
No Brand	노브랜드	7.7
emart everyday	이마트 에브리데이	5.1
GS THE FRESH	GS THE FRESH	4.6
Home plus Express	홈플러스 익스프레스	3.4

대형마트		
emart	이마트	25.0
Homeplus	홈플러스	14.7
LOTTE Mart	롯데마트	12.5
하나로마트	하나로마트	7.7
KIM'S CLUB	킴스클럽	1.2

드럭스토어		
OLIVE YOUNG	CJ 올리브영	14.7
lalavla	랄라블라	1.2
LOHB's	롭스	1.2
CHICOR	시코르	0.5

창고형 할인마트		
E-MART TRADERS	이마트 트레이더스	7.8
COSTCO	코스트코	4.6
롯데마트 맥스	롯데마트 맥스	0.4

가구/생활용품		
modern house	모던하우스	1.8
IKEA	이케아코리아	1.6
JAJU	JAJU	1.0
한샘	한샘	0.8
casamia	까사미아	0.6

도서		
KYOBO	교보문고	3.9
알라딘	알라딘	2.1
YP	영풍문고	2.0
YES24	YES24	0.4
BANDI LUNI'S	반디앤루니스	0.1

카페		
스타벅스	스타벅스	31.5
이디야	이디야	16.5
투썸플레이스	투썸플레이스	14.9
MEGA COFFEE	메가커피	9.0
GONG CHA	공차	6.4

베이커리		
PB	파리바게뜨	24.3
뚜레쥬르	뚜레쥬르	8.7
bread&co.	브레댄코	1.1
artisée	아티제	1.0
PARIS CROISSANT	파리크라상	0.5

디저트		
baskin robbins	배스킨라빈스	16.5
DUNKIN DONUTS	던킨	8.2
크리스피크림도넛	크리스피크림도넛	2.7
설빙	설빙	2.3
JUICY	쥬씨	1.3

분식		
김밥천국	김밥천국	4.1
isaac	이삭토스트	2.7
고봉민김밥인	고봉민김밥인	1.9
청년다방	청년다방	1.3
김가네	김가네김밥	1.3

패밀리 레스토랑		
쿠우쿠우	쿠우쿠우	95.2
OUTBACK	아웃백스테이크하우스	1.0
ASHLEY	애슐리	0.9
VIPS	빕스	0.5
Mad for Garlic	매드포갈릭	0.3

패스트푸드		
롯데리아	롯데리아	11.9
맥도날드	맥도날드	11.3
버거킹	버거킹	6.2
MOM'S TOUCH	맘스터치	6.1
KFC	KFC	3.8

영화관		
CGV	CGV	4.0
롯데시네마	롯데시네마	2.5
MEGABOX	메가박스	1.4

03. PAY

카테고리별 월간 결제율 TOP 5(%)

편의점		슈퍼마켓		대형마트		드럭스토어		창고형 할인마트	
GS25	28.8	다이소	25.3	이마트	24.2	CJ 올리브영	7.0	이마트 트레이더스	6.2
CU	27.5	노브랜드	8.1	하나로마트	15.0	랄라블라	0.3	코스트코	4.6
세븐일레븐	14.4	GS THE FRESH	6.8	홈플러스	12.8	롭스	0.2	롯데마트 맥스	0.8
이마트24	9.5	홈플러스 익스프레스	6.3	롯데마트	11.4	시코르	0.0		
미니스톱	3.3	롯데슈퍼	6.2	탑마트	2.7				

화장품	
이니스프리	0.9
아리따움	0.2
네이처 컬렉션	0.1
미샤	0.1
네이처 리퍼블릭	0.1

외식

카페		베이커리		디저트		치킨		피자	
스타벅스	23.3	파리바게뜨	19.9	배스킨라빈스	10.6	교촌치킨	1.2	피자스쿨	1.1
메가커피	8.0	뚜레쥬르	6.1	던킨	3.5	BHC치킨	0.7	도미노피자	0.8
이디야	6.0	파리크라상	0.4	설빙	1.0	BBQ치킨	0.5	피자헛	0.8
투썸플레이스	5.8	성심당	0.1	크리스피크림도넛	1.0	굽네	0.4	피자마루	0.4
빽다방	4.2	아티제	0.1	쥬씨	0.7	푸라닭	0.3	파파존스	0.2

패스트푸드		배달앱	
맥도날드	10.9	배달의민족	20.4
버거킹	8.6	요기요	10.5
롯데리아	8.6	쿠팡이츠	3.3
맘스터치	5.5	해피오더	0.8
KFC	3.5	롯데이츠	0.5

* 주요 브랜드로만 구성되어 있습니다.

서문

1. 《일본경제 왜 무너졌나》, 사이토 세이치로 저(1999. 02.), 들녘, p.74

2. 위와 같은 책 p.75

3. 일본 야마이치 증권 파산(1997. 11. 24.), 매일경제

4. 《일본경제 왜 무너졌나》, 사이토 세이치로 저(1999. 02.), 들녘, p.72

5. 《변화하는 세계질서》, 레이 달리오 저(2022. 06.), 한빛비즈, p.90

6. 이 조사들은 매년 6~7월 사이에 1,000명씩 나누어서 10회를 모아 진행되었으며, 20~50대까지의 인터넷 이용자 남녀가 동일하게 할당되어 진행되었다.

7. 이 조사는 2021년 6~7월에 20~50대까지의 남녀 10,000명(마크로밀 엠브레인의 공식 패널 100만 명 중에서 실사를 진행)을 연령별 분석을 위해 동일하게 할당하여, 이메일을 통해 조사를 진행하였다.

8. 〈2018년 세계경제전망〉(2017. 11/12., vol. 126), 포스코(POSCO) 경영연구원

9. 2018년 부동산 전망, "내년 4월 이후 거래절벽 온다"(2017. 12. 19.), 주간동아

10. 《투자에 대한 생각》, 하워드 막스 저(2012. 09.), 비즈니스맵, p.118

PART 1. SOCIAL

Chapter 1. 목표 지향의 이대남 & 관계 중심의 이대녀

1. 1968년 3월 프랑스 파리에서 미국의 베트남전쟁 참전에 대한 항의 차원에서 아메리칸익스프레스 파리 지사를 습격한 것을 시작으로 프랑스 전역의 대학생 시위와 1,000만 노동자 파업으로 확산된 전례 없던 반체제·반문화 운동이다. 일반적으로 '육팔혁명'이라고 읽으며 반체제에는 전통뿐 아니라 자본주의에 대한 저항도 포함한다. 파리에서 시작한 시위는 냉전과 베트남전쟁 등의 시대적 문제와 결부되면서 그해 미국, 서독, 체코슬로바키아, 스페인, 일본 등 세계의 젊은이들을 저항과 해방의 열망으로 들끓게 했다. 나무위키, '68혁명' 검색&편집

2. 《대변동》, 재레드 다이아몬드 저(2019. 06.), 김영사, p.286

3. 독일과는 달리 미국에서의 1945년생들은 부모와의 갈등이 독일의 경우보다는 현저히 적었다고 재레드 다이아몬드는 설명한다. 미국에서 1945년생의 부모는 제2차 세계대전의 '영웅(승전을 이끈)' 세대였기 때문이라는 것이다. 《대변동》, 재레드 다이아몬드 저(2019. 06.), 김영사, p.287

4. 변화하는 세계질서, 레이 달리오 저(2022. 06.), 한빛비즈, p.16

5. 나무위키, '제20대 대통령선거, 출구조사' 검색

6. 이 조사는 사전 투표 전인 2022년 2월 23일 온라인으로만 진행됐으며, 선거 여론조사가 아니며, 언론 공시도 없었으며, 연령대별 라이프 스타일 파악을 목적으로 기획됐기 때문에 여론조사심의위원회의 등록과는 무관한 조사임.

7. 2022 정치(인) 및 제20대 대선 관련 인식 조사(2022. 02.), 마크로밀 엠브레인 트렌드모니터

8. 위와 같은 조사

9. 위와 같은 조사

10. 위와 같은 조사

11. 위와 같은 조사

12. 위와 같은 조사

13. 20대 남녀에 대한 가치관 & 라이프 스타일 조사(2022. 07.), 마크로밀 엠브레인 트렌드모니터. 이후 본 장에서 별도로 표시되지 않은 모든 데이터는 이 자료에 근거한 것임.

14. 《공정하다는 착각》, 마이클 샌델 저(2020. 12.), 와이즈베리, p.227

15. 《운과 실력의 성공 방정식》, 마이클 모부신 저(2019. 10.), 에프엔미디어, p.44

16. 연애 예능 (리얼리티) 프로그램 관련 인식 조사(2022. 03.), 마크로밀 엠브레인 트렌드모니터

17. [기획] 한국은 '갈등공화국'에서, '협력공화국'으로 패러다임의 대혁신이 필요한 때…(2022. 03. 21.), 투데이충남

18. [2022 다시 쓰는 젠더 리포트] 국민 67% "젠더갈등 심각"…한국 남녀, 왜 서로에게 분노하나(2022. 05. 06.), 조선일보

19. [2022 젠더리포트] "젊은 남녀가 서로 비난…한국만의 독특한 현상"(2022. 05. 06.), 조선일보

20. 日 '초식남' 넘어 '절식남'…20대 男 10명 중 7명은 여자친구 없다(2022. 06. 14.), 동아일보

21. 모태솔로 日 20대 남성 40%, 여성 25% 데이트 경험 1도 없다…4명당 1명은 '비혼주의'(2022. 06. 15.), 한국면세뉴스

22. [한중일 톺아보기 - 94] "연애·성생활은 사치" 일본 이대남 40%는 초식남 넘어 절식남(2022. 08. 06.), 매경프리미엄

23. 위와 같은 자료

24. "돈도 없고, 애인도 없어요" 한국·일본男 결혼 포기 선언(2022. 08. 08.), 서울신문

Chapter 2. '부모를 가르치는 세대'의 탄생

1. '패륜+드립' 또는 '패밀리+드립'의 합성어로, 엄마, 아빠 등의 가족(보통은 윗사람)을 농담의 소재로 삼아 사용하는 모욕을 의미한다. 나무위키

2. 2022 가족 관계 및 가족관 관련 인식 조사(2022. 08.), 마크로밀 엠브레인 트렌드모니터

3. 상처 입은 자식들이 입을 열었다(2022. 07. 08.), 경향신문

4. 《마음의 법칙》, 폴커 키츠·마누엘 투쉬 저(2022. 02.), 포레스트북스, p.20

5. 내가 '고딩엄빠'를 응원하는 이유(2022. 04. 08.), 오마이뉴스

6. 〈양육 미혼모 관련 정책 현황과 개선방안〉, 국회입법조사처, 발간등록번호 31 - 9735029 - 000641 - 14

7. 2022 가족 관계 및 가족관 관련 인식 조사(2022. 08.), 마크로밀 엠브레인 트렌드모니터

8. 권리 찾는 10대가 세상 바꾼다…인권위 진정 5년 새 2배 늘어(2022. 05. 25.), 서울신문

9. 위와 같은 자료

10. '첫 10대 기초의원' 천승아 당선인 "정치에는 나이 없다"(2022. 06. 03.), 연합뉴스

11. 2022 주식 투자 및 주식 투자 경험 관련 인식 조사(2022. 04.), 마크로밀 엠브레인 트렌드모니터

12. 위와 같은 조사

13. 작년 20대 62만 명 연금저축 가입…1년새 70% 급증(2022. 04. 12.), 동아일보

14. 재(宅)테크(나테크) 관련 인식 조사(2022. 07.), 마크로밀 엠브레인 트렌드모니터

15. 2022 명품 소비 관련 인식 조사(2022. 02.), 마크로밀 엠브레인 트렌드모니터

16. 위와 같은 조사

17. 2022 세대별 가치관(CTR) 조사(2022. 06.), 마크로밀 엠브레인 트렌드모니터

18. 자기 계발 니즈 및 재능 공유 플랫폼 관련 인식 조사(2022. 05.), 마크로밀 엠브레인 트렌드모니터

19. 《영 포티, X세대가 돌아온다》, 이선미 저(2021. 05.), 앤의서재, p.65

20. 2022 가족 관계 및 가족관 관련 인식 조사(2022. 08.), 마크로밀 엠브레인 트렌드모니터

21. '하이모 광고' 이덕화가 힙해진 까닭은?…큰손 떠오른 'A세대' 덕(2022. 06. 28.), 이투데이

22. "나도 인플루언서" 뉴미디어로 이모작 나선 시니어들(2022. 01. 29.), 미디어오늘

23. '만 나이 통일' 정책 관련 인식 조사(2022. 04.), 마크로밀 엠브레인 트렌드모니터

24. 위와 같은 조사

25. 《대한민국 인구 트렌드 2022-2027》, 전영수 저(2022. 03.), 블랙피쉬, p.67

26. 네이버 시사상식사전

27. 한국노동사회연구소 〈이슈페이퍼 2021-10〉, '2010년대 한국의 노동조합 조합원' 기고글 인용 및 편집

28. 노조 및 노사 문화 관련 인식 조사(2022. 06.), 마크로밀 엠브레인 트렌드모니터

29. 스벅-아마존 노조설립 이끄는 'U세대'(2022. 05. 10.), 동아일보

30. 《일이란 무엇인가》, 알 지니 저(2007. 01.), 들녘, p.32

31. 내가 '고딩엄빠'를 응원하는 이유(2022. 04. 08), 오마이뉴스

32. 레즈비언(Lesbian), 게이(Gay), 양성애자(Bisexual), 트랜스젠더(Transgender), 성적 정체성 탐색자
(Queer 또는 Questioning)의 앞 글자를 딴 것으로, 성적 소수자를 의미한다. 시사상식사전

33. 《공감의 배신》, 폴 블룸 저(2019. 08.), 시공사, p.22

34. "엄마·아빠가 이렇게 키웠잖아" 40대 변호사 아들의 황당소송(2021. 11. 03.), 중앙일보

35. 조건 좋은 남자에 억지로 딸 결혼시킨 엄마…혼인 무효 소송 승소(2022. 08. 06.), 나우뉴스

36. "엄마가 내 어린시절 노출해 큰 피해 봤어요" 일본서 셰어런팅 역풍(2022. 08. 20.), 조선일보

37. 어리지만 '베테랑'입니다…유럽의 청년정치인(2022. 08. 10.), 단비뉴스

38. 2022 세대별 정치 성향 및 정치 참여 관련 인식 조사(2022. 06.), 마크로밀 엠브레인 트렌드모니터

39. [글로벌 트렌드] 요즘 日기업들 "50대 베테랑 모셔요"(2022. 07. 19.), 조선일보

40. 일본 고령노동자 파견직 확대…지난해 대비 40% 증가(2022. 08. 02.), 내일신문

41. [데이트] "남자?여자?" "난 X"…달라진 미국 뒤엔 경제가 있다?(2021. 11. 20.), 머니투데이

42. K팝 듣고 삼겹살에 소주…'한국풍'에 지갑여는 일본MZ들(2022. 05. 08.), 파이낸셜뉴스

43. [중국 이해 키워드 30] 〈링링허우(00後)〉 '90년대생과도 달라' 현실적이고 합리적인 애국 청년들(2022. 06. 24.), 중앙일보

44. "성 소수자도 사람" 무지개로 덮힌 퀴어축제…인근에선 "동성애 반대"(2022. 07. 16.), 이데일리

45. '우영우 인사법'까지 인기몰이…아시아권 한류 이끈다(2022. 08. 29.), 매일경제

46. "동성애 금지"…'신비한 동물사전' 중국서 삭제된 6초(2022. 04. 13.), 서울경제

47. BL로 보는 한국과 일본(2022. 04. 07.), 한겨레

48. 위와 같은 자료

49. "성소수자 제작진 포진"…넷플릭스가 퀴어 콘텐츠 다루는 태도로 본 가치의 진정성(2022. 08. 08.), 데일리안

50. 위와 같은 자료

PART 2. CULTURE

Chapter 3. 셀럽의 영향력 약화와 5% 타깃

1. 美언론이 소개한 신조어 '갑질(Gapjil)', 진짜 영어로는 어떻게 표현할까?(2018. 04. 17.), 아시아경제

2. South Korean Workers Turn the Tables on Their Bad Bosses(2022. 05. 26.), The New York Times

3. "명품은 OK, 중소브랜드는 NO" 댄서 노제, 광고계 갑질 의혹(2022. 07. 04.), 위키트리

4. 위와 같은 자료

5. https://namu.wiki/w/no:ze, 나무위키, '노제' 검색

6. "오열 뒤 자필사과문"…'갑질 논란' 노제, 사과에도 '싸늘'(2022. 07. 12.), 국민일보

7. '갑질 논란' 노제, 폭풍오열…네티즌 "이게 울 일? 사과가 먼저"(2022. 07. 11.), 한국경제

8. 《2020 트렌드 모니터》, 최인수·윤덕환·채선애·송으뜸 저(2019. 10.), 시크릿하우스, p.53

9. 위와 같은 책, p.58

10. 세대론 관련 인식 조사(2019. 07.), 마크로밀 엠브레인 트렌드모니터

11. 위와 같은 조사

12. 위와 같은 조사

13. 2022 OTT 서비스 관련 조사(2022. 08.), 마크로밀 엠브레인 트렌드모니터

14. 위와 같은 조사

15. 위와 같은 조사

16. 위와 같은 조사

17. 7월 극장 매출액 1704억원…코로나19 이전 수준 회복(2022. 08. 17.), 조선일보

18. 2022 OTT 서비스 관련 조사(2022. 08.), 마크로밀 엠브레인 트렌드모니터

19. 위와 같은 조사

20. 위와 같은 조사

21. 위와 같은 조사

22. 위와 같은 조사

23. 《언카피어블》, 짐 매켈비 저(2020. 11.), 리더스북, p.239

24. 2022 OTT 서비스 관련 조사(2022. 08.), 마크로밀 엠브레인 트렌드모니터

25. 위와 같은 조사

26. 《2022 트렌드 모니터》, 최인수·윤덕환·채선애·송으뜸·이진아 저(2021. 10.), 시크릿하우스, p.225

27. 2022 OTT 서비스 관련 조사(2022. 08.), 마크로밀 엠브레인 트렌드모니터

28. 위와 같은 조사

29. 위와 같은 조사

30. 위와 같은 조사

31. 위와 같은 조사

32. 2022 웹 드라마 관련 인식 조사(2022. 06.), 마크로밀 엠브레인 트렌드모니터

33. 연애 예능 (리얼리티) 프로그램 관련 인식 조사(2022. 03.), 마크로밀 엠브레인 트렌드모니터

34. 필터 버블은 인터넷 정보 제공자가 이용자에 맞추어 필터링한 정보를 이용자에게 제공함으로써, 이용자가 이미 필터링된 정보만을 반복적으로 접하게 되는 것을 말한다. 나무위키, '필터버블' 검색

35. OTT의 질주…美 케이블 시청시간도 추월(2022. 08. 19.), 문화일보

36. '축구부터 UFC까지'…스포츠 중계하는 OTT 플랫폼(2022. 07. 15.), ZD넷코리아

37. 골수 스포츠팬 공략해 인지도 '쑥'…OTT, 스포츠 중계 경쟁 치열(2022. 07. 12.), 뉴스토마토

38. 일본에 부는 K예능 열풍…'하트시그널 재팬' 첫날부터 대박(2022. 08. 31.), 이데일리

39. OTT로 보는 빨간맛 어른 연애(2022. 06. 17.), 지디넷코리아

40. 전 세대에 통할 세련된 뮤지컬 코미디…'미세스다웃파이어' 개막(2022. 09. 09.), 연합뉴스

41. 파국으로 치닫는 세계…너무 현실적이라 오싹한 '이어즈앤이어즈'(2022. 08. 27.), 경향신문

42. '수리남', 공개 3일 만에 글로벌 6위…실제 사건도 재조명(2022. 09. 13.), 더리포트

43. 60억 걸고 《오징어 게임》 실제로 열린다(2022. 06. 15.), 시사저널

44. MGM 인수한 아마존, 16억원 상금 걸린 '007 예능쇼' 제작(2022. 03. 26.), 매일경제

45. 2023년 국제우주정거장에 민간인 보내는 리얼리티쇼 제작된다(2020. 09. 21.), 동아사이언스

Chapter 4. 중립지대, 이색과 익숙의 콜라보

1. '옥자', 칸 찍고 韓 상륙…흥행 파란 일으킬까(종합)(2017. 05. 15.), 조이뉴스24

2. 2021 OTT 서비스 이용 및 신규 플랫폼 기대도 평가(2021. 02.), 마크로밀 엠브레인 트렌드모니터

3. 메타버스(metaverse)의 현황과 향후 과제, 정준화 입법 조사관(2021. 07. 28.), 〈이슈와 논점〉 제1858호(국회입법조사처)

4. [아주 돋보기] 활기 찾은 극장가, 직원들은 '비명'(2022. 05. 09.), 아주경제

5. 집콕 끝나도 K-OTT는 뜬다…'2.0 시대' 개막(2022. 04. 20.), 이데일리

6. 고급 레스토랑(파인 다이닝, 오마카세 등) 관련 U&A 조사(2022. 01.), 마크로밀 엠브레인 트렌드모니터

7. 바디 프로필 등 스튜디오 사진 촬영 관련 인식 조사(2022. 01.), 마크로밀 엠브레인 트렌드모니터

8. [이용범의 행복심리학] 욕망은 왜 멈추지 않는가(2022. 05. 20.), 아시아경제

9. 반백살된 롯데푸드 '아맛나'…꾸준한 인기속 연 2500만개 판매(2022. 05. 02.), 이코노믹리뷰

10. 포켓몬빵 이어 디지몬·검정고무신·밭두렁…'추억 소환' 상품 경쟁(2022. 08. 18.), 조선일보

11. 《변환 관리》, 윌리엄 브리지스 저(2004. 04.), 물푸레, p.24

12. 《내 삶에 변화가 찾아올 때》, 윌리엄 브리지스 저(2006. 05.), 물푸레, p.207

13. '갓생'·'미라클 모닝'에 빠진 2030…강박·불안 자극 우려도(2022. 05. 24.), 뉴시스

14. 웹 소설 관련 U&A 조사(2022. 08.), 마크로밀 엠브레인 트렌드모니터

15. '할매'와 '밀레니얼 세대'의 합성어. 할머니들이 먹고 입는 음식과 패션 취향 선호하는 세대를 의미한다. 시사상식사전

16. OTT·유튜브·NFT까지 접수한 '무한도전'(2022. 04. 14.), 스포츠동아

17. 하우스푸어…카푸어…클럽푸어…"빚 내서라도 나를 빛내겠다"(2022. 07. 08.), 동아일보

18. 다시 문 연다, 美 오프라인 매장(2021. 11. 26.), 헤럴드경제

19. [2022 컨슈머]① '객단가보다 경험'…쇼룸으로 진화하는 오프라인 매장(2022. 01. 03.), 조선비즈

20. 아마존의 세계 첫 오프라인 패션매장 LA 아마존스타일 가보니(2022. 06. 04.), 조선일보

21. 메타, 첫 오프라인 매장 '메타스토어' 개장…메타버스 체험 '중점'(2022. 05. 10.), 디지털데일리

22. '메타버스로 고객 인도'…메타, 첫 오프라인 매장 열어(2022. 05. 10.), 연합뉴스

23. 일본, 한국과 유사한 식품업계에서도 레트로 열풍(2022. 08. 18.), KATI(농식품수출정보) 뉴스

24. [글로벌 식품 Biz] 2022년 중국의 식품포장 트렌드(2022. 02. 28.), 식품외식경영

25. "옛날 생각나네"…'레트로' 전기차가 잘나가는 이유(2022. 03. 15.), 머니투데이

26. 외국인 절반 "BTS의 나라, 3년내 꼭 여행하고 싶어요"(2022. 04. 26.), 디지털타임스

27. 동남아 사람들 "K팝의 나라 왔어요"…여전히 조용한 中·日(2022. 08. 03.), 머니투데이

28. 백악관 간 BTS·칸 달군 아이유…상상 이상의 'K 웨이브'(2022. 06. 05.), 한국경제

29. 한국 국격 상승+K-콘텐츠=러시아 한국어 인기 UP(2022. 08. 29.), 중도일보

30. 한류의 힘…태국 대입시험 한국어 응시생, 일본어 응시생 제쳐(2022. 04. 29.), 한국경제

31. K팝 ETF, 뉴욕증시 상장벨 울린다…작년 한국 수익 성적표는(2022. 04. 25.), 중앙일보

32. "K팝-오겜 나온 한국이 소프트파워 대표 사례"(2022. 03. 17.), 동아일보

PART 3. **LIFE**

Chapter 5. 만성적인 외로움, 익숙하면서도 새로운 인간관계 찾기

1. 《고립의 시대》, 노리나 허츠 저(2021. 11.), 웅진지식하우스, p.284

2. 미국에서 성관계없이 포옹만 해 주는 직업 '인기'(2015. 01. 10.), 연합뉴스

3. 낯선 사람 안아주기·침대 테스트·범죄현장 청소…고소득 올리는 이색 직업은?(2020. 11. 13.), 세계 일보

4. 《고립의 시대》, 노리나 허츠 저(2021. 11.), 웅진지식하우스, p.20. 이 책에서는 1978년 UCLA의 외로 움 척도를 20개 문항 전체를 번역한 내용이 21쪽과 22쪽에 공개돼 있고, 이 20개 문항은 책에 그대 로 수록돼 있다.

5. 4점 척도 20개의 문항에서 42~80점에 해당하는 사람들의 비율. 4점 척도로 구성돼 있는, 20개 문 항은 각각 다음과 같다. 1) 얼마나 자주 내 주변에 사람이 별로 없다고 느끼십니까? 2) 얼마나 자주 혼자라고 느끼십니까? 3) 얼마나 자주 수줍음을 느끼십니까? 4) 얼마나 자주 내가 외톨이 같다고 느 끼십니까? 5) 이제 어느 누구와도 가깝지 않은 것 같다고 얼마나 자주 느끼십니까? 6) 얼마나 자주 나를 정말로 잘 아는 사람은 아무도 없다고 느끼십니까? 7) 얼마나 자주 내가 의지할 사람이 아무도 없다고 느끼십니까? 8) 얼마나 자주 내 주변 사람들이 나와 함께 있지 않는 것 같다고 느끼십니까? 9) 얼마나 자주 내가 다른 사람들로부터 고립돼 있다고 느끼십니까? 10) 얼마나 자주 내가 사교적이 고 친근한 사람이라고 느끼십니까? 11) 얼마나 자주 주변 사람들과 공통점이 많다고 느끼십니까? 12) 얼마나 자주 내가 친구들 무리에 끼어 있다고 느끼십니까? 13) 얼마나 자주 내 관심사와 생각을 주변 사람들과 나누고 있다고 느끼십니까? 14) 얼마나 자주 나를 진정으로 이해해주는 사람이 있 다고 느끼십니까? 15) 얼마나 자주 내가 다른 사람들과 의미 있는 관계를 맺고 있다고 느끼십니까? 16) 얼마나 자주 사람들이 나와 가깝다고 느끼십니까? 17) 얼마나 자주 내가 의지할 수 있는 사람들 이 있다고 느끼십니까? 18) 얼마나 자주 내가 필요할 때 언제나 함께 있어줄 사람이 있다고 느끼십 니까? 19) 얼마나 자주 내 주변 사람과 마음이 잘 맞는다고 느끼십니까? 20) 얼마나 자주 내가 함께 대화를 나눌 사람들이 있다고 느끼십니까? (1~4점 척도. 11)~20)은 역채점 문항)

6. 2022 외로움 관련 인식 조사(2022. 04.), 마크로밀 엠브레인 트렌드모니터

7. 위와 같은 조사

8. 위와 같은 조사

9. 위와 같은 조사

10. 위와 같은 조사

11. 위와 같은 조사

12. 《고립의 시대》, 노리나 허츠 저(2021. 11.), 웅진지식하우스, p.63

13. 2022 외로움 관련 인식 조사(2022. 04.), 마크로밀 엠브레인 트렌드모니터

14. 위와 같은 조사

15. 2022 위드 코로나 라이프 스타일 관련 인식 조사(2022. 03.), 마크로밀 엠브레인 트렌드모니터

16. 위와 같은 조사

17. 메타버스 관련 인식 조사(2022. 01.), 마크로밀 엠브레인 트렌드모니터

18. 2022 위드 코로나 라이프 스타일 관련 인식 조사(2022. 03.), 마크로밀 엠브레인 트렌드모니터

19. 2022 모임(살롱 문화) 및 취향 소비 관련 인식 조사(2022. 07.), 마크로밀 엠브레인 트렌드모니터

20. 위와 같은 조사

21. 위와 같은 조사

22. 위와 같은 조사

23. 위와 같은 조사

24. 위와 같은 조사

25. 위와 같은 조사

26. 위와 같은 조사

27. [#복세편살] '새로운 관계'가 뜬다, 21세기 '살롱문화' 르네상스(2019. 07. 28.), 서울경제

28. [살롱문화 ①] 대한민국, 살롱 문화에 빠지다(2018. 11. 12.), 시사저널

29. 온·오프라인 서점 이용 및 책 모임 관련 조사(2022. 08.), 마크로밀 엠브레인 트렌드모니터

30. 위와 같은 조사

31. 위와 같은 조사

32. 위와 같은 조사

33. 위와 같은 조사

34. 위와 같은 조사

35. 위와 같은 조사

36. 위와 같은 조사

37. 위와 같은 조사

38. [Interview] 美 '포옹서비스' 커들리스트 창업자 "'플라토닉 접촉' 적은 30~50대 男 주 고객"(2021. 06. 17.), 조선비즈

39. 《고립의 시대》, 노리나 허츠 저(2021. 11.), 웅진지식하우스, p.64

40. 2022 외로움 관련 인식 조사(2022. 04.), 마크로밀 엠브레인 트렌드모니터

41. 2022 이웃 및 동네(지역사회) 관련 인식 조사(2022. 05.), 마크로밀 엠브레인 트렌드모니터

42. 2022 사회적 갈등 및 공동체 의식 관련 인식 조사(2022. 06.), 마크로밀 엠브레인 트렌드모니터

43. 2022 다문화 가정 관련 인식 조사(2022. 05.), 마크로밀 엠브레인 트렌드모니터

44. "아무것도 안 하지만...저를 빌려드려요" 38세 일본인 쇼지의 돈벌이(2022. 01. 10.), 한국일보

45. "외로운 노인 말 상대 되어 드려요" 애틀랜타 스타트업(2022. 09. 01.), 중앙일보

46. 인간보다도 더 따뜻한 '로봇의 백허그'…포옹기술 11계명(2022. 04. 10.), 동아사이언스

47. 한밤 학교 운동장 모여 비명 지르는 美엄마들, 무슨 일 있길래(2022. 01. 29.), 조선일보

48. 위와 같은 자료

49. 90세에도 자전거를 탈 수 있을까? 프랑스 노인들을 위한 세발자전거 타고 산책하기(2021. 11. 24.), EBS뉴스

50. 환경·빈곤·인권…목소리 내는 전세계 K팝 팬들(2022. 02. 16.), 조선일보

Chapter 6. 돈과 시간 쥐어짜내기, 생존 재테크

1. 소비자 체감경기 최악…98년 통계작성후 최저(2003. 10. 14.), 동아일보

2. 한국경제, '2011년'에 무슨 일이…(2017. 04. 23.), 한겨레

3. "삼겹살=숲겹살" 값 급등(2011. 07. 06.), 연합뉴스

4. 2011년 10大 히트상품(2011. 12. 08.), 삼성경제연구소

5. 유튜브 보고 머리 자르는 직장인도…짠내나는 '무지출 챌린지'(2022. 07. 13.), 매일경제

6. "욜로는 옛말, 하루 지출 0원"…고물가에 '무지출 챌린지' 열풍(2022. 07. 31.), 이코노미스트

7. 무지출 챌린지 관련 인식 조사(2022. 07.), 마크로밀 엠브레인 트렌드모니터

8. 위와 같은 조사

9. 국어사전 신조어

10. 2022 일상생활 습관(루틴) 및 미라클 모닝 관련 인식 조사(2022. 05.), 마크로밀 엠브레인 트렌드모니터

11. 나만의 루틴에 빠진 MZ세대, 일상 속 시간대 별 마시는 '루틴 음료' 인기(2022. 06. 08.), 세계일보

12. 《해빗(HABIT)》, 웬디 우드 저(2020. 12.), 다산북스, p.184

13. 통제감의 매개효과와 자존감의 조절효과(2020.), 한국심리학회지: 문화 및 사회 문제, Vol. 26

14. 《선택의 심리학》, 배리 슈워츠 저(2005. 10.), 웅진지식하우스, p.68

15. 《적정한 삶》, 김경일 저(2021. 03.), 진성북스, p.109

16. "재택 근무 반납합니다" 푹푹 찌는 더위 피해, 회사 간다(2022. 07. 14.), 한겨레

17. 제로 웨이스트(zero waste)는 단어 뜻 그대로 쓰레기 배출을 '0'에 가깝게 최소화하자는 취지의 운
    동을 의미한다. 구글

18. 자(自)테크(나테크) 관련 인식 조사(2022. 07.), 마크로밀 엠브레인 트렌드모니터

19. 바디 프로필 등 스튜디오 사진 촬영 관련 인식 조사(2022. 01.), 마크로밀 엠브레인 트렌드모니터

20. 《선택의 심리학》, 배리 슈워츠 저(2005. 10.), 웅진지식하우스, p.44

21. 무지출 챌린지 관련 인식 조사(2022. 07.), 마크로밀 엠브레인 트렌드모니터

22. 2022 모임(살롱 문화) 및 취향 소비 관련 인식 조사(2022. 07.), 마크로밀 엠브레인 트렌드모니터

23. 고급 레스토랑(파인 다이닝, 오마카세 등) 관련 인식 조사(2022. 01.), 마크로밀 엠브레인 트렌드모니터

24. '제로웨이스트', 덜 쓰고 사는 가벼운 삶(2022. 04. 13.), 위드인뉴스

25. "쓰레기통에 같이 다이빙하실 분" 영국서 인기 폭발, 왜?(2022. 06. 14.), 한국경제

26. "일주일에 두 번씩…" 치솟는 물가에 '피 뽑아파는' 미국인들(2022. 05. 23.), 세계일보

27. [글로벌 현장을 가다] "멀리 안 가고, 덜 쓰자"…인플레시대, '짠내' 물씬 파리 바캉스(2022. 07. 28.),
    동아일보

28. "유통기한 임박 식품 떨이로 팔아요" 中 119곳 신규 등록 호황(2022. 07. 22.), 중앙일보

29. '고물가' 日학교 급식엔 과일 대신 젤리…수족관 동물은 식사 거부(2022. 07. 07.), 머니투데이

30. '고유가 시대' 자전거 출퇴근 늘어나는 베트남(2022. 07. 09.), 아주경제

31. 2022 자(自)테크(나테크) 관련 인식 조사(2022. 07.), 마크로밀 엠브레인 트렌드모니터

32. "부장 연봉이 태국보다 낮다" 인재 경쟁력 떨어진 日의 반성(2022. 07. 19.), 아시아경제

33. 위와 같은 자료

34. 일본 기업이 종업원에 보이는 '위장된 친근함'(2022. 04. 26.), 내일신문

35. "사람에 투자" 소니·기린 등 日기업들, 내달 직원 재교육 위한 협의회 설립(2022. 07. 25.), 아시아경제

36. '고용안정' 3번 외친 리커창…중국 '최악의 취업난' 고심(2022. 05. 15.), 아주경제

37. "경쟁엔 지쳤다, 사회가 썩도록 내버려 두겠다"…중국에도 부는 '공시족 바람'(2022. 07. 26.), 경향신문

PART 4. WORK

Chapter 7. 재택근무 경험이 가져온 '개인'주의 '조직' 문화

1. 2022 직장 내 근무 시스템 및 조직 문화(인간관계 등) 관련 인식 조사(2022. 08.), 마크로밀 엠브레인 트렌드모니터

2. 《필패 신드롬》, 장 프랑수아 만초니·장 루이 바르수 저(2022. 01.), 위즈덤하우스, p.16

3. 직장 생활 전반에 대한 인식 및 직업 소명 의식 평가(2020. 06.), 마크로밀 엠브레인 트렌드모니터

4. 위와 같은 조사

5. 2020 직장인 재택근무 관련 인식 평가(2020. 05.), 마크로밀 엠브레인 트렌드모니터

6. 2021 직장인 재택근무 관련 인식 평가(2021. 05.), 마크로밀 엠브레인 트렌드모니터

7. 위와 같은 조사

8. 위와 같은 조사

9. 2022 現 직장 생활 평가 및 F.I.R.E.족 관련 인식 조사(2022. 03.), 마크로밀 엠브레인 트렌드모니터

10. 무지출 챌린지 관련 인식 조사(2022. 07.), 마크로밀 엠브레인 트렌드모니터

11. 위와 같은 조사, "재택 근무 반납합니다" 푹푹 찌는 더위 피해, 회사 간다(2022. 07. 14.), 한겨레

12. 2022 직장 내 근무 시스템 및 조직 문화(인간관계 등) 관련 인식 조사(2022. 08.), 마크로밀 엠브레인 트렌드모니터

13. 변동성(Volatility), 불확실성(Uncertainty), 복잡성(Complexity), 모호성(Ambiguity)의 첫 글자를 딴 신조어, 네이버 시사상식사전

14. 2022 직장 내 근무 시스템 및 조직 문화(인간관계 등) 관련 인식 조사(2022. 08.), 마크로밀 엠브레인 트렌드모니터

15. '힘을 숨기고 있는 찐따'의 줄임말. 사실상 힘을 숨긴다기보다 스스로에게 엄청난 힘이 있음에도 그 힘을 숨기기 위해 일부러 맞아주고 있는 것과 같은 정신 승리를 빗대는 의미

16. 美 'MZ에서 U세대로'…노조(UNION)세대에 경영계 긴장(2022. 05. 09.), 문화일보

17. 결국 위원장 '퇴사'로 끝난 현대차그룹 'MZ 노조'…금속노조와 갈등(2022. 06. 12.), 한국경제

18. 노사 문화 및 노동조합(노조) 관련 인식 조사(2022. 06.), 마크로밀 엠브레인 트렌드모니터

19. 《일의 철학》, 데이브 에번스·빌 버넷 저(2021. 08.), 갤리온, p.203

20. 《초개인주의》, 상효이재 저(2022. 04.), 한스미디어, pp.349~350

21. "재택근무 보장하면 고용주도 이득"…네덜란드의 용감한 실험(2022. 07. 28.), 한국일보

22. 미 직장인, 다양한 혜택 불구 사무실 출근 저항…재택근무 생산성 하락 보고서(2022. 09. 01.), 아시아투데이

23. "직원 다 출근시키는데 몇 년 걸릴 듯"…포스트 코로나, 미국은 출근 전쟁 중(2022. 05. 03.), 서울신문

24. "재택근무요? 일도 못배우고 집도 좁고"…출근도장 찍고싶은 Z세대들(2022. 09. 01.), 조선일보

25. 재택·출근 혼합한 '하이브리드' 근무가 대세…10명 중 3명만 매일 출근(2022. 02. 13.), 한국일보

26. 두유 노 '갑질(gapjil)'?…해외서 주목한 한국의 직장 내 괴롭힘(2022. 07. 15.), 조선일보

27. "부장님, 꼰대짓 그만하세요" 근무 여건 좋아졌는데 직장인 만족도는 사상 최저(2022. 08. 25.), 조선일보

28. [World Now] "초과근무 안 해" MZ세대의 '조용한 사직'(2022. 08. 25.), MBC뉴스

29. "최소한으로만 일할래…" 밀레니얼 직장인 '조용한 사직' 돌풍(2022. 08. 25.), 매일경제

30. [와글와글] "최소한의 일만 하기"…MZ 세대 '조용한 사직' 열풍(2022. 08. 26.), MBC뉴스

31. [심층기획] "인플레 고통 우리만 감내"…지구촌 노동계 '분노의 여름'(2022. 07. 24.), 세계일보

32. 스벅–아마존 노조설립 이끄는 'U세대'…美 2030의 '공정' 외침(2022. 05. 10.), 동아일보

33. 스물다섯 살 '바리스타'가 일으킨 바람…스타벅스 '50년 무노조 경영 원칙' 깼다(2022. 06. 20.), 경향신문

Chapter 8. 뷰카(VUCA) 시대, 직장인으로 산다는 것

1. 유통가 뒤흔드는 '무지출 챌린지'(2022. 08. 14.), 시사저널

2. '소비단식'에 여름에도 가계부 인기…2030세대 무지출 챌린지 열풍(2022. 08. 28.), 경향신문

3. 무지출 챌린지 관련 인식 조사(2022. 07.), 마크로밀 엠브레인 트렌드모니터

4. 위와 같은 조사

5. 위와 같은 조사

6. 2022 직장인 회식 문화 관련 인식 조사(2022. 04.), 마크로밀 엠브레인 트렌드모니터

7. 무지출 챌린지 관련 인식 조사(2022. 07.), 마크로밀 엠브레인 트렌드모니터

8. 위와 같은 조사

9. 자(自)테크(나테크) 관련 인식 조사(2022. 07.), 마크로밀 엠브레인 트렌드모니터

10. 2022 '좋은 직장' 및 직장 생활 만족도 관련 조사(2022. 08.), 마크로밀 엠브레인 트렌드모니터

11. 위와 같은 조사

12. 자(自)테크(나테크) 관련 인식 조사(2022. 07.), 마크로밀 엠브레인 트렌드모니터

13. 위와 같은 조사

14. 위와 같은 조사

15. 위와 같은 조사

16. 위와 같은 조사

17. 위와 같은 조사

18. 위와 같은 조사

19. 일의 재미와 의미 관련 조사(2022. 03.), 마크로밀 엠브레인 트렌드모니터

20. 《뉴타입의 시대》, 야마구치 슈 저(2020. 06.), 인플루엔셜, p.15

21. 위와 같은 책 p.27

22. 일의 재미와 의미 관련 조사(2022. 08.), 마크로밀 엠브레인 트렌드모니터

23. 2022 現 직장 생활 평가 및 F.I.R.E.족 관련 인식 조사(2022. 03.), 마크로밀 엠브레인 트렌드모니터

24. 2022 '좋은 직장' 및 직장 생활 만족도 관련 조사(2022. 08.), 마크로밀 엠브레인 트렌드모니터

25. 위와 같은 조사

26. 본 조사에서 연봉은 3,000만 원, 5,000만 원, 7,000만 원, 1억 원, 3억 원의 5단계로 구성했고, 여기에 따라 업무 시간, 영업 규모, 관리 조직의 크기를 구성해 단수 응답 형태로 질문했다. 일의 재미와 의미 관련 조사(2022. 08.), 마크로밀 엠브레인 트렌드모니터

27. 위와 같은 조사

28. 위와 같은 조사

29. 위와 같은 조사

30. 위와 같은 조사

31. 위와 같은 조사

32. 2022 '좋은 직장' 및 직장 생활 만족도 관련 조사(2022. 08.), 마크로밀 엠브레인 트렌드모니터

33. 위와 같은 조사

34. 위와 같은 조사

35. 위와 같은 조사

36. 일의 재미와 의미 관련 조사(2022. 08.), 마크로밀 엠브레인 트렌드모니터

37. 2022 '좋은 직장' 및 직장 생활 만족도 관련 조사(2022. 08.), 마크로밀 엠브레인 트렌드모니터

38. 위와 같은 조사

39. 자기 계발 니즈 및 재능 공유 플랫폼 관련 인식 조사(2022. 03.), 마크로밀 엠브레인 트렌드모니터

40. 위와 같은 조사

41. 2022 現 직장 생활 평가 및 F.I.R.E.족 관련 인식 조사(2022. 03.), 마크로밀 엠브레인 트렌드모니터

42. 《도스토예프스키, 돈을 위해 펜을 들다》, 석영중 저(2008. 03.), 예담, p.8

43. 《어떻게 나의 일을 찾을 것인가》, 야마구치 슈 저(2021. 05.), 김영사, p.209

44. [초점] 기업들이 대비해야 하는 '포스트코로나 직장문화' 트렌드 5가지(2022. 01. 11.), 글로벌이코노믹

45. 美 직장인, 출근 재개 후 점심값 등 높은 물가에 '충격'(2022. 04. 21.), 오피니언뉴스

46. 40년만 인플레 미국, 점심값 4만원...식당 이익률 5분의 1, 1%로 급락(2022. 08. 10.), 아시아투데이

47. "공짜밥 먹으러 회사 가요"…재택 직원들 출근시킨 뜻밖의 해결책(2022. 08. 19.), 머니투데이

TREND MONITOR

2023

대중을 읽고 기획하는 힘
2023 트렌드 모니터

초판 1쇄 인쇄 | 2022년 10월 19일
초판 1쇄 발행 | 2022년 10월 25일

지은이 　　|　최인수·윤덕환·채선애·이진아
펴낸이 　　|　전준석
펴낸곳 　　|　시크릿하우스
주소 　　　|　서울특별시 마포구 독막로3길 51, 402호
대표전화 　|　02-6339-0117
팩스 　　　|　02-304-9122
이메일 　　|　secret@jstone.biz
블로그 　　|　blog.naver.com/jstone2018
페이스북 　|　@secrethouse2018
인스타그램 |　@secrethouse_book
출판등록 　|　2018년 10월 1일 제2019-000001호

ⓒ 최인수·윤덕환·채선애·이진아, 2022

ISBN 979-11-92312-29-3　03320